Der Wiener Stadttempel

Der Wiener Stadttempel

Die Wiener Juden

J&V Edition Wien

DER GROSSZÜGIGE DRUCKKOSTENBEITRAG
DER FIRMA SCHÖPS & CO (KOMM.-RAT LEOPOLD BÖHM)
HAT ES UNS ERMÖGLICHT, DIESES BUCH HERZUSTELLEN.

Inhaltsverzeichnis

Zum Geleit

Eines der bedeutendsten jüdischen kulturellen Denkmäler Wiens, die einzige jüdische Synagoge, die im Novemberpogrom 1938 nicht völlig zerstört und dem Verfall preisgegeben worden war, stellt sich uns heute restauriert und im alt-neuen Glanze wieder vor.

Die erfolgreiche Fertigstellung dieser Arbeiten am Wiener Stadttempel in der Seitenstettengasse nach Plänen von Architekt Dipl.-Ing. Thomas Feiger und unter der Leitung des Vorsitzenden der technischen Kommission Dipl.-Ing. Edmund Reiss ist Anlaß für dieses Buch, welches das geistige Umfeld dieser zentralen jüdischen Institution in seiner geschichtlichen und kulturellen Dimension beleuchten soll.

Seit seiner Erbauung, die 1826 nach Plänen von Joseph Kornhäusel vollendet war, ist es das erste Mal, daß dieses Haus in der Seitenstettengasse vom Keller bis zum Dachboden, in seiner gesamten Infrastruktur erneuert und – wo es die architektonische Substanz nicht stört – den modernen Erfordernissen entsprechend, verbessert worden ist.

Die kleine jüdische Gemeinde in Wien hätte aus eigener Kraft niemals die Mittel zu einer solch umfangreichen Revitalisierung gefunden. Die Bestrebungen der Gemeinde in den vergangenen Jahren, wenigstens Teilsanierungen durchzuführen, konnten niemals voll realisiert werden. Als Präsident der Israelitischen Kultusgemeinde Wien habe ich die unverdiente Ehre, in diesem 50. Jahr nach der Zerstörung der jüdischen Gemeinde die notwendigen Mittel dafür zu erhalten, eine Möglichkeit, die anderen Präsidenten versagt geblieben ist.

Es ist natürlich nicht von ungefähr, daß es diesmal, und gerade in diesem Jahr, gelungen ist, einem langgehegten Wunsch der jüdischen Gemeinde nachzukommen, die Synagoge und vor allem auch den die Synagoge umhüllenden Profanbau in der Seitenstettengasse so zu renovieren und zu gestalten, daß dieses Gebäude wieder zum Zentrum des jüdischen Lebens in Wien werden kann. Die vorgesehene Übersiedlung der gesamten Verwaltung der Israelitischen Kultusgemeinde Wien aus dem 19. Bezirk in die wiederhergestellten Räumlichkeiten in der Seitenstettengasse entspricht einem dringenden Bedürfnis unserer jüdischen Mitbürger, welchem die zentrale Lage der Synagoge und des Verwaltungsgebäudes inmitten der jüdischen Besiedlung in Wien endlich Rechnung trägt.

Lassen Sie mich bei dieser Gelegenheit unseren Dank der österreichischen Bundesregierung, unter Bundeskanzler Dr. Franz Vranitzky, der Stadt Wien und Bürgermeister Prof. Dr. Helmut Zilk, dem Bankenverband und last, but not least, der Oesterreichischen Nationalbank unter seinem Präsidenten Komm.-Rat Dr. Hellmuth Klauhs aussprechen, die aus eigener Initiative sichtbare Zeichen der Verbundenheit mit den österreichischen Juden gesetzt haben und ohne deren großzügige Hilfe dieses Projekt niemals hätte zustande kommen können.

Man sagt, daß Bücher Schicksale haben wie Menschen auch. Sie werden in die Welt gesetzt, und sie müssen sich in dieser Welt dann bewähren. Den geistigen Vätern, den Geburtshelfern sollte ihr Buch – ihr Kind – zur Ehre, vielleicht sogar zum Ruhm und vor allem zur Freude gereichen. Jedenfalls aber sollte ihnen unser Dank für ihre Bereitschaft, ihre Mühe und ihr Engagement auch auf diesem Wege ausgesprochen werden.

So gebe ich denn diesem Buch die Hoffnung zum Geleit, daß es ein neues Kapitel, eine glücklichere Zukunft und unsere Verbundenheit mit dieser Stadt einläutet.

Paul Grosz
Präsident der Israelitischen Kultusgemeinde Wien

Zur Wiedereröffnung der renovierten Synagoge

Die Wiedereröffnung der renovierten Synagoge in der Seitenstettengasse setzt für viele Menschen ein Zeichen der Zuversicht und des Vertrauens.

Seit der Grundsteinlegung im Jahre 1824 war dieses Gotteshaus geistiger und intellektueller Mittelpunkt der jüdischen Gemeinde Wiens. Jener jüdischen Gemeinde, der Wien und ganz Österreich viel zu verdanken hat, auf deren Leistungen wir uns heute so gerne berufen und die doch durch den Holocaust der Nazi-Barbarei fast gänzlich ausgelöscht wurde. In einer Stadt, die einstmals fast 200.000 Juden beherbergte und in der die verschiedenen Kulturkreise eine fruchtbare Symbiose eingegangen waren, zählt die Kultusgemeinde heute nur rund 6.000 Mitglieder. Ihnen soll die neue alte Synagoge geistiges Zentrum und religiöse Heimstatt sein, aber auch Ort der Begegnung und der Erinnerung.

Gerade im Jahr 1988, in dem wir des Einmarsches der Hitlertruppen vor 50 Jahren gedenken, ist es der österreichischen Bundesregierung Anliegen und Verpflichtung, die Israelitische Kultusgemeinde in der Pflege ihrer Traditionen und ihres geistigen und kulturellen Lebens zu unterstützen. Diesem Ziel dient auch die Renovierung der Wiener Synagoge, die als eines der wenigen jüdischen Gotteshäuser im ehemaligen Machtbereich des Hitlerstaates die Verwüstungen des Holocaust überstanden hat. Sie ist für uns alle zum Symbol des Überlebens und der Hoffnung geworden.

Dr. Franz Vranitzky
Bundeskanzler

Ein Symbol für demokratisches Miteinander

Als Bundesminister für Unterricht, Kunst und Sport begrüße ich die Wiedereröffnung des renovierten Stadttempels in der Wiener Seitenstettengasse als Symbol für ein demokratisches Miteinander in unserem Staate.

Der architektonisch interessante, nach den Plänen von Joseph Kornhäusel erbaute Wiener Stadttempel ist Zeuge der Geschichte der Wiener Juden im 19. und 20. Jahrhundert. So mußten schon zu Beginn des 19. Jahrhunderts viele Widerstände überwunden werden, um die Genehmigung zur Errichtung des Stadttempels vom Kaiser zu erlangen. Dennoch waren die Wiener Juden zu dieser und späterer Zeit stets bestrebt, an der Entwicklung dieses Landes in anzustrebender Gleichberechtigung mitzuwirken. Auch in Zeiten eines in der Öffentlichkeit offen zur Schau getragenen Antisemitismus standen die Wiener Juden in einem positiven und loyalen Verhältnis zu unserer damals noch jungen Republik. Sie hatten wesentlichen Anteil am Wiener und österreichischen Kultur- und Geistesleben, das in aller Welt große Anerkennung fand. Diese Entwicklung wurde durch die bestialische Ermordung und Vertreibung von Millionen Juden in der Zeit des Nationalsozialismus vernichtet. So ist auch der Wiener Stadttempel Zeuge der Vernichtung von Juden und der Schändung ihrer Kultur in unserem Lande.

Zu danken ist an dieser Stelle der Israelitischen Kultusgemeinde in Wien, den Wiener Juden, für ihren Beitrag zum Wiederaufbau Österreichs nach 1945 und ihr Wirken in der Gegenwart. Möge der Wiener Stadttempel in Zukunft Zeuge einer Geschichte sein, die von demokratischen und die Menschenwürde respektierenden Grundsätzen getragen ist. In diesem Sinne danke ich allen, die an der Renovierung mitgewirkt haben.

Dr. Hilde Hawlicek
Bundesminister für Unterricht, Kunst und Sport

Mahnen und erinnern

Als am 9. April 1826 die von dem bedeutenden Biedermeierarchitekten Joseph Kornhäusel erbaute „Israelitische Betanstalt" in der Seitenstettengasse eingeweiht wurde, war dies ein bedeutungsvoller Tag für die jüdischen Bürger Wiens. Schließlich handelte es sich dabei um die erste öffentlich zugängliche Synagoge in Wien seit der Vertreibung der Juden aus der Stadt im Jahre 1670. Ihrer Erbauung war ein langer Kampf vorausgegangen, denn trotz des Toleranzpatentes von 1782 war es den Juden verboten, in der Stadt eine Gemeinde zu errichten oder öffentliche Gottesdienste abzuhalten.

Der neue Stadttempel bildete rasch den Mittelpunkt des jüdischen Lebens. Mit ihm war in der wechselvollen Geschichte der Juden in Wien, diesem grausamen Wechselspiel vom Aufblühen einer Gemeinde zu Verfolgung und Vertreibung, ein Meilenstein im Kampf um Toleranz und Anerkennung gesetzt. Wie dünn allerdings die Decke der Toleranz war, sollte die jüdische Gemeinde in Wien auch weiterhin erleben: Denn schließlich blieb es unserem „aufgeklärten" Jahrhundert vorbehalten, den grausamen Tiefpunkt in der Geschichte des jüdischen Lebens in Wien zu setzen.

In den Jahrzehnten nach der Fertigstellung des Stadttempels in der Seitenstettengasse erfolgte (insbesondere nach der Gleichstellung der jüdischen Bürger mit allen anderen Stadtbürgern durch das Staatsgrundgesetz von 1867) eine starke Zuwanderung von Juden nach Wien. Jüdischer Geist und jüdische Kultur blühten auf. Sie waren zu einem Großteil Träger der faszinierenden Epoche Wiens um die Jahrhundertwende, und man kann mit Recht sagen, daß das jüdische Wien wie kaum eine andere Erbschaft aus dem Kreis der Nachbarvölker zum Wesen dieser Stadt gehörte.

Bis zum Zweiten Weltkrieg war die Wiener Kultusgemeinde eine der größten jüdischen Gemeinden der Welt. Zeitweilig lebten fast 200.000 jüdische Mitbürger in Wien, denen 20 Synagogen, an die 100 Vereinsbethäuser, ein Rabbinerseminar, ein jüdisches Pädagogium, zahlreiche Bibel- und Talmudschulen, jüdische Museen, eine jüdische Tageszeitung und nicht weniger als 20 jüdische Wochen- und Monatsschriften zur Verfügung standen. Der Nationalsozialismus hat dieses blühende jüdische Leben in den Jahren von 1938 bis 1945 fast vollständig vernichtet. Kaum 5 000 Juden überlebten im Untergrund, und einzig der jetzt renovierte Stadttempel überstand, wenn auch verwüstet und geschändet, das nationalsozialistische Schreckensregime.

Für mich als jungen Menschen war es ein besonders berührendes Symbol des neuen Österreich, daß schon im September 1945 im wiederhergestellten Tempel in der Seitenstettengasse ein Gottesdienst abgehalten werden konnte. Seither habe ich mir – anfangs vielleicht unbewußt, mit den Jahren aber mehr und mehr bewußt – die Pflege der jüdischen Tradition und Gegenwart in allen meinen Berufen zu einer persönlichen Hauptaufgabe gemacht. Wien ist ohne seine jüdischen Mitbürger nicht denkbar. Sie haben überproportional viel zur Kultur und zum Geistes- und Wirtschaftsleben dieser Stadt beigetragen. Und sie haben auch überproportional gelitten in dieser Stadt, und zwar nicht erst zur Zeit des Nationalsozialismus. Daher freue ich mich über die Renovierung des Stadttempels ganz besonders: Er ist ein Symbol für die Existenz eines jüdischen Gemeinschaftslebens in Wien, der „Heiligen Gemeinde Wien". Sein Gebäude ruft uns die Geschichte der Juden in Wien wieder in Erinnerung. Und wenn wir schon das, was unseren jüdischen Mitbürgern angetan wurde, nicht ungeschehen machen können, so müssen wir umsomehr eines tun: mahnen und uns erinnern! Nur die Erinnerung schützt uns davor, von der Vergangenheit eingeholt zu werden. Und die jüdische Vergangenheit geht uns alle an. Sie muß uns nachdenklich und wachsam machen.

Ich wünsche dem renovierten Stadttempel viele Besucher und der jüdischen Gemeinde in Wien aus ganzem Herzen alles Gute!

Dr. Helmut Zilk
Bürgermeister und Landeshauptmann von Wien

Zeichen setzen

Als vor nunmehr bald 50 Jahren – in der berüchtigten „Kristallnacht" vom 9. auf den 10. November 1938 – die Wiener Synagogen brannten, blieb der Stadttempel in der Seitenstettengasse verschont. Was auf den ersten Blick wie ein Wunder scheint, erweist sich bei näherer Betrachtung als traurig-ironische Fußnote der Geschichte: es war die von einer antisemitischen Grundhaltung geprägte, den Bau von Synagogen an der Straßenfront untersagende Bauordnung des Jahres 1824, die schließlich den Stadttempel vor der Barbarei des Nationalsozialismus rettete: die in den Hof eingebaute Synagoge konnte dank der engen Verbauung mit den Nachbarhäusern nicht zerstört werden. Der Stadt Wien blieb ein Heiligtum der Juden und einer der schönsten Bauten von Joseph Kornhäusel erhalten.

Die jüdische Gemeinde Wiens hat seit der Erbauung des Stadttempels die wechselvolle österreichische Geschichte stets entscheidend mitgetragen, mitgemacht und leider oft genug erlitten. Es waren zu einem großen Teil jüdische Intellektuelle, Dichter, Komponisten und Künstler, die dem Wien der ausklingenden Monarchie den – so Otto Friedländer – „Letzten Glanz der Märchenstadt" gaben. Ohne diesen entscheidenden Beitrag der jüdischen Kultur ist die Hochblüte der Jahrhundertwende nicht denkbar. Im Faschismus wurde das jüdische Schaffen mit Verbot belegt, ihre Träger wurden vertrieben und deren Leistungen schließlich mit dem Greuel des Holocaust bitter vergolten. Über 180.000 jüdische Bürger zählte Wien im Jahr 1938, heute sind es 6.000.

Es ist sicherlich nicht möglich, die historische Schuld abzutragen, die uns auch heute noch aus diesen traurigen Ereignissen der Geschichte erwächst. Aber es muß möglich sein, Zeichen zu setzen: Zeichen des Verstehens, Zeichen der Freundschaft.

Mit ihrem Beitrag zur Renovierung der Synagoge in der Seitenstettengasse hat die Stadt Wien – nach den Gedenkfeiern und Ausstellungen dieses Jahres, nach der Errichtung des jüdischen Gemeindezentrums und der jüdischen Schule – ein weiteres derartiges Zeichen gesetzt: für eine Gegenwart und eine Zukunft des Zusammenstehens aller Bürger unserer Stadt. Dafür wollen wir auch weiterhin gemeinsam arbeiten.

Dr. Ursula Pasterk
Amtsführender Stadtrat für Kultur von Wien

Friede sei mit uns und mit diesem Hause

Die Wiener Synagoge in der Seitenstettengasse ist in altem Glanz wiedererstanden. Schon allein die Erhaltung einer Kultstätte einer großen Weltreligion im Herzen Wiens freut mich; – daß es erst 1988 geschehen ist, beschämt mich. Das Wien der Jahrhundertwende, dessen geistiger und künstlerischer Glanz und dessen soziale Dynamik uns heute so faszinieren, war geprägt von den Leistungen vor allem auch jüdischer Wissenschaftler, Literaten und Musiker. Wien, die Welthauptstadt des Geistes, wie wir diese Stadt in der Zeit um 1900 heute manchmal bezeichnen, war eine Weltstadt der Juden, aber auch eine Weltstadt des Antisemitismus. Der Antisemitismus hat unserem Land großen Schaden zugefügt. Jeder, der glaubt, daraus Nutzen ziehen zu können, fügt sich, fügt anderen und fügt Österreich Schaden zu. Daß dies in Österreich geschehen konnte, beschämt mich; daß wir alles dazu zu tun haben, daß es nie wieder geschieht, ist eine Verpflichtung. Es geht nicht so sehr darum, die Schuld der Großeltern- und Elterngeneration zu übernehmen und dafür zu haften; – wir müssen vielmehr die Jugend auffordern, das Wissen um die Geschichte nicht zu verweigern, die Geschichte zur Kenntnis zu nehmen, sich Wissen und Verständnis anzueignen für eine Vielfalt der Religionen, Völker, Denkweisen und Lebenszuschnitte und das Wissen um den anderen, um den es im Ursächlichen und Inhaltlichen geht, zu einem Prinzip zu machen.

Die Wiederherstellung des Tempels ist ein Zeichen: eine Erinnerung, daß Wien durch Juden etwas geworden ist, und ein Zeichen, daß Wien mit den Juden leben will. Ein Zeichen, daß wir nicht von „jüdischen Mitbürgern" reden sollen, sondern von Bürgern, die genauso selbstverständlich Juden sein können, wie es Christen und Konfessionslose in Österreich gibt. Ein Zeichen, daß wir uns gegen eine Tendenz wenden, die von Tag zu Tag stärker wird, nämlich, daß der „andere" nicht gewollt ist: ob es ein Jude ist, ein Gastarbeiter, jemand, der von außen kommt, mit dem wir nicht leben wollen.

Nur in einer Einstellung, die dem anderen das selbstverständliche Recht des Andersseins offenhält, kann es Frieden geben, einen Frieden, den nur ER, der EINE Gott, der Welt geben kann. Der Friede sei mit uns und mit diesem Hause – Schalom!

Erhard Busek

Erneuerung im Geiste

Wenn im heurigen Jahr, dem 25. Jahr nach der Neugestaltung und Neueinweihung des Wiener Stadttempels, eine notwendig gewordene Renovierung zum Abschluß gebracht wurde, so kann man dem einen gewissen Symbolgehalt nicht absprechen. Dieses Ereignis möchte ich zum Anlaß nehmen, um die Verbundenheit aller Bürger unseres Landes, egal welchen Glaubensbekenntnisses, zum Ausdruck zu bringen sowie zu betonen, daß gerade kleinere Gemeinschaften im Rahmen unseres Staates besonderen Schutz und besondere Förderung verdienen.

Wir sollten dies zum Anlaß nehmen, auch gesinnungsmäßig immer wieder zu renovieren, was durch Jahrhunderte an Schaden entstanden ist. Vor allem nach der gerade erst überwundenen Ära des Schreckens und der Unmenschlichkeit ist es an der Zeit, sich das Verbindende bewußt zu machen und, wo immer es möglich ist, tatkräftig gesinnungsmäßige Schäden zu reparieren, die entstanden sind und an deren Abtragung wir alle interessiert sein müssen.

Mit Dankbarkeit müssen wir des Wirkens des Wiener Judentums gedenken, das vor allem im kulturellen und wissenschaftlichen Bereich wertvolle und oft weltweite Impulse setzte. Denken wir an Freud, an Schnitzler, Schönberg, Kraus, Landsteiner, Ehrenhaft, um nur einige zu nennen. Die Werte, die hier für unser Land geschaffen wurden und mit denen sich Österreich im Inland und im Ausland identifizieren kann, sind von ungeheurer Bedeutung, auf die wir immer hinweisen müssen.

Die jüdische Gemeinde Wiens brachte aber auch den für das heutige Israel vielleicht bedeutendsten Sohn hervor: Theodor Benjamin Herzl. Ihm ist die Geburt des jüdischen Staates zu danken. Seine sterblichen Reste wurden hier im Wiener Stadttempel, bevor sie in das Land seiner Vision, nach Erez Israel überführt wurden, aufgebahrt. So ist der Wiener Stadttempel für das Judentum ein ganz besonderer Ort.

Wir wollen, wenn nun die Synagoge erneuert dasteht, die Gelegenheit wahrnehmen, der Leistungen zu gedenken, die der jüdische Bevölkerungsteil besonders in Wien für Österreich erbracht hat. Erneuerung im Geiste muß unaufhörlich vollzogen werden, ebenso wie Versöhnung. Wir wollen daher die Einwohner unserer Heimat nicht in Christen und Juden teilen, sondern als das nehmen, was sie sind, als Österreicher. Ich möchte die Gesinnung des ersten Predigers, der hier im Wiener Stadttempel wirkte, Isaak Mannheimers, in Erinnerung rufen, der 1848 am Grabe der Märzgefallenen sagte: „Ich bete für christliche und jüdische Brüder."

Kornhäusels schöner Bau ist wiederhergestellt. Zu diesem Anlaß möchte ich den hebräischen Gruß in einen deutschen Wunsch umwandeln: Schalom – Frieden!

Generaldirektor Komm.-Rat Dr. Hellmuth Klauhs
Präsident der Oesterreichischen Nationalbank

Ja zum Leben

Synagogen gibt es in Wien schon seit 800 Jahren.
Sie wurden im Zuge der Ereignisse errichtet und vernichtet.
Die Reichskristallnacht war der Untergang für sämtliche Synagogen, lediglich der Tempel in der Seitenstettengasse sollte nur verwüstet werden, um die umliegenden Häuser nicht zu gefährden. Jenes Gebäude also, das Joseph Kornhäusel in den Jahren 1824–1826 errichtete und das die kulturhistorisch interessanteste Synagoge Wiens ist. – Gemäß dem Gesetz des Toleranzpatents war der Stadttempel hinter einer Hausfassade verborgen und bildete einen gemeinsamen Baukörper mit den übrigen Häusern.

Nach dem Krieg wurden die Synagoge und das Gemeindezentrum wieder instandgesetzt und zu einem Ort der Aufbauarbeit. Hier waren alle jene jüdischen Organisationen untergebracht, die die ersten Schritte zu einem Weiterbestehen der Gemeinde gewährleisteten. Hier trafen Menschen zusammen, die die Kraft hatten, „ja" zum Leben und zum Fortbestand der Gemeinde zu sagen. Hier etablierten sich alle Jugendorganisationen, und hier hatte die Vereinigung Jüdischer Hochschüler Österreichs ihren Sitz. Dadurch wurde die Synagoge nicht nur zu einem Mahnmal der Vergangenheit, sondern auch zum Symbol für Gegenwart und Zukunft.

Durch die jetzige Renovierung verbeugt sich unsere Gemeinde und die Stadt Wien vor all jenen, die hier lebten und das Land und die Stadt 1938 verlassen mußten und die Erinnerung an die Synagoge in der Seitenstettengasse in aller Welt als lebende Zeugen mit sich tragen.

Prof. Dr. Leon Zelman
Jewish Welcome Service

Einleitung

Zweihunderttausend Juden lebten vor der Machtergreifung durch die Nationalsozialisten in Österreich. Davon 180.000 in Wien. Diese große jüdische Gemeinde war weit über die Grenzen des Landes, als reich an jüdischer Tradition bekannt. Trotz der über das Wiener Judentum hereingebrochenen Katastrophe konsolidierte sich nach Kriegsende wieder eine Israelitische Kultusgemeinde Wien. Es war, so die Worte eines großen Rabbiners, das „EWIGE DENNOCH".

Die kontinuierliche Arbeit des gesamten Kultusvorstandes hat es erreicht, daß unser Gotteshaus „Seitenstettentempel" renoviert, teilweise neu gestaltet und neu geweiht wird.

Einem so bedeutsamen Ereignis wird meist eine Festschrift gewidmet, in der die geschichtliche Entwicklung, aber auch das Schicksal und die Tragik zum Ausdruck kommen.

Es sind im Gedenkjahr 1988 viele Bücher erschienen, unzählige Vorträge wurden gehalten, hohe Würdenträger des Landes gedachten der jüdischen Menschen dieser Stadt und was sie für diese geleistet haben. Menschen aus den verschiedensten sozialen Schichten – vom kleinen Arbeiter bis zum großen Wissenschafter – haben für diese jüdische Gemeinde und für das Land Österreich gearbeitet und gelitten. Ihnen, die durch ihr Leben, ihr Wirken und ihr Opfer ein Kapitel – nicht nur – jüdischer Geschichte geschrieben haben, sei mit dieser Schrift ein ewiges Andenken gesetzt.

Die Redaktion

Erster Teil

Paul Chaim Eisenberg

Die Einheit der Kultusgemeinde

Das zentrale Anliegen der Wiener Oberrabbiner, ausgeführt in allen Jubiläumsreden

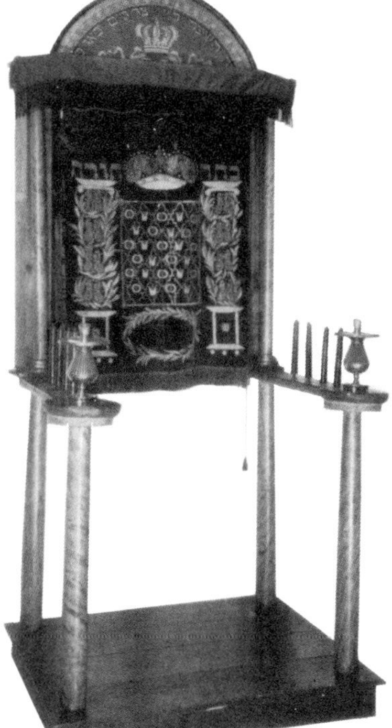

Das freudige Ereignis der Wiedereröffnung unseres Stadttempels nach den Instandsetzungsarbeiten hat mich auf den Gedanken gebracht, die *Jubiläen* des Stadttempels, soweit sie aus historischen Quellen erfaßbar waren, den Lesern näherzubringen. Es wird in dieser Arbeit die Rede sein von der Vorgeschichte der Gründung des Stadttempels und von der Einweihungsansprache des Predigers Isaak Noa Mannheimer. Es wird von der Tätigkeit des Nachfolgers Mannheimers, Jellinek, die Rede sein, der auch die Predigt zum 50. Jubiläum des Tempels im Jahre 1876 hielt. Die 100-Jahr-Feier im Jahre 1926 wurde von Oberrabbiner Prof. Zwi Perez Chajes vorgenommen, und vor 12 Jahren, im Jahre 1976, wurde die 150-Jahr-Feier von meinem seligen Vater, Oberrabbiner Prof. Dr. Akiba Eisenberg, geleitet.

Isaak Noa Mannheimer

Es kann nicht unsere Aufgabe sein, die inneren und äußeren Schwierigkeiten, die mit der Gründung des Stadttempels in der Seitenstettengasse verbunden waren, ausführlich zu beschreiben. Eine ausgezeichnete Arbeit zu diesem Thema unter dem Titel „Gründungsgeschichte des Stadttempels der Israelitischen Kultusgemeinde Wien" hat Sigmund Husserl anläßlich des 80. Jubiläums der Tempelgründung verfaßt. Sie wurde 1906 in Wien und Leipzig gedruckt. Auf einen kurzen Nenner gebracht bestanden die äußeren Schwierigkeiten darin, überhaupt vom Kaiser und den staatlichen Stellen die Erlaubnis zum Bau einer Synagoge und zur Anstellung eines Rabbiners zu erlangen.

Die inneren Probleme lagen darin, für die neue Synagoge in einer Zeit, in der in Hamburg und anderen deutschen Städten die Reform Einzug gehalten hatte, einen Ritus und eine Tempelordnung zu finden, die einerseits die Erwartungen der „modernen" Mitglieder der jüdischen Gemeinde nicht enttäuschen, andererseits die „konservativen" Mitglieder nicht vor den Kopf stoßen sollte.

„*Man fand für diese (neue Synagoge in Wien) einen Prediger, der ihr bald großen Glanz und weiterhin reichende Wirkung verlieh – Isaak Noa Mannheimer. Nachdem er schon 1821 mit Erfolg an dem A u s g l e i c h zwischen den die Wiener Gemeinde teilenden Parteiungen gearbeitet hatte, wurde Mannheimer 1824 endgültig von ihr zum geistigen Führer berufen, wenn er zunächst auch offiziell als ‚Religionslehrer' bezeichnet wurde.*" (M. Philippson, Neueste Geschichte, Bd. I, S. 172.)

Auch der berühmte Historiker Simon Dubnow würdigt Mannheimers Wirken in erster Linie in bezug auf seine rastlose Tätigkeit zur Einigung der Gemeinde nach innen und zur Erlangung der bürgerlichen Rechte nach außen:

„*Er verletzte nicht das Nationalgefühl durch Abschaffung der hebräischen Sprache und der messianischen Gebete und reformierte auf friedlichem Wege fast die ganze Gemeinde und nicht nur eine Gruppe innerhalb derselben. Die österreichische Regierung, die vor sich kein Schreckgespenst eines Schisma oder Revolte mehr sah, hinderte die Tätigkeit Mannheimers, die immer weiter um sich griff, in keiner Weise. Vierzig Jahre lang (1825 – 1865) war Mannheimer der geistliche Hirte und der weltliche Führer der Wiener Gemeinde. In seinen Predigten berührte er oft die politischen und sozialen Aufgaben der österreichischen Judenheit und beteiligte sich auch lebhaft am Kampfe um die Aufhebung des erniedrigenden Judeneides.*" (S. M. Dubnow, Die neueste Geschichte, Bd. II, S. 139.)

Auch Rabbiner Dr. M. Rosenmann bezieht sich schon in der Einleitung seiner Biographie über Isaak Noa Mannheimer unter dem Titel „Isaak Noa Mannheimer – Sein Leben und Wirken – Zugleich ein Beitrag zur Geschichte der Israelitischen Kultusgemeinde in Wien in der ersten Hälfte des 19. Jahrhunderts" auf dieselben Probleme, indem er schreibt:

„*Der weitere Einwand, der gegen die eingehen-*

dere Behandlung des Lebens und Lebenswerkes Mannheimers etwa erhoben werden könnte, daß nämlich die Gestaltung des Kultus und die Erlangung der Gleichberechtigung, beide Hauptziele Mannheimers, von neuen, bei weitem größeren Problemen im Judentume abgelöst worden seien, finde seine Widerlegung im Hinweis auf das Bibelwort, Deuteronomium K. 32,7, sowie den Ausspruch Goethes:

Was in der Zeiten Bildersaal
Jemals ist trefflich gewesen,
Das wird immer einer einmal
Wieder auffrischen und lesen."

(Es sei darauf hingewiesen, daß die Arbeit Rosenmanns 1922 erschien, als der Antisemitismus der zwanziger Jahre wieder ganz andere Probleme aufwarf und wichtig erscheinen ließ.)

Das Verdienst, Mannheimer nach Wien gebracht zu haben, muß dem dynamischen Repräsentanten der Wiener Judenschaft Michael Lazar Biedermann (1769 – 1843) zugeschrieben werden.

Gerson Wolf schreibt in seinem historischen Werk „Die Kultusgemeinde von Wien" (S. 58):

„Alles, was seit jener Zeit, seit dem Jahr 1806, geschehen ist, ist durch ihn oder mit ihm geschehen."

Rosenmann (in „Isaak Noa Mannheimer – Sein Leben und Wirken") sagt über ihn:

„Hatte Biedermann seine unverdrossene Tatkraft in jahrelangem, mühevollem Zusammenfassen aller disparaten Kräfte innerhalb der Wiener Judenheit und Hinlenkung derselben zum einheitlichen Ziel der Errichtung einer neuen Anstalt zur Veredlung des Gottesdienstes und Hebung des Religionsunterrichtes gewährt, so ging er nicht minder eifrig daran, einen Mann zu finden, der die gewünschte innere Einrichtung und Verbesserung nach dem Geist der Religion und den Bedürfnissen der Zeit zu treffen, sie zu leiten und mit dem rechten Lebensgeist zu beseelen vermochte."

In Biedermanns Selbstbiographie, im Archiv der Kultusgemeinde hinterlegt, finden wir, daß er bereits den Namen Mannheimers erwähnt als jenen Mann, der seiner Meinung nach imstande wäre, dies zu bewirken. Da es trotz des Toleranzpatentes den Juden in Wien noch nicht erlaubt war, einen Rabbiner anzustellen, wurde Isaak Noa Mannheimer am 26. Dezember des Jahres 1824, nachdem der erste Lehrer der öffentlichen Religionsschule in Wien, Salomon Herz, gestorben war, als Lehrer in dieser Schule vorgeschlagen. Allerdings gab es in seinem Vertrag einen Zusatz, in dem es hieß: „Außer dem Schulunterricht hat er auch an den Sabbaten und Feiertagen öffentliche Belehrungen in der Religion und Sittenlehre für die Jugend zu halten." Schon bei der Grundsteinlegung des neuen Tempels am *12. Dezember 1825* war Mannheimer „Wortführer seiner Glaubensgenossen", und er sprach hier in Anwesenheit der Spitzen der Behörden die folgenden Worte:

„Eine Religionsschule haben wir hier bereitet, das heißt, an dieser Stätte soll die Gotteslehre verkündet werden, unsere Jugend soll hier erzogen werden zur Ausübung aller menschlichen, aller körperlichen, aller bürgerlichen, aller gottesdienstlichen Pflichten. Gewiß gar vieles und Hohes ist in diese wenigen Worte zusammengedrängt – aber ein Größeres noch ist dieser Anstalt vorbehalten. Wir bauen hier auch ein Gotteshaus." (L. A. Frankl, Zur Geschichte der Juden in Wien.)

Am 9. April 1826, das war der 1. Nissan 5566, wurde der Tempel in der Seitenstettengasse im 1. Wiener Gemeindebezirk eingeweiht.

Im Bethausvorstand dieses ersten Tempels waren Josef Biedermann sen., Jakob Löwy, Moritz Königswarther und Sigmund Edler von Wertheimstein.

Mannheimers Predigt war ein Meisterstück der Redekunst. Über ihren Stil berichtet sogar der christliche Redakteur Johann Schrick in der Zeitung „Wiener – die Zeitschrift für Literatur, Theater und Mode" folgendes:

„Der deutsche Ausdruck des Redners war rein, ungekünstelt und kräftig, die Aussprache richtig, die Stimme stark und biegsam, die Betonung gefühlt und im ganzen angemessen."

Doch nun zum Inhalt: Die Predigt, die Mannheimer hielt, basierte auf dem 66. Kapitel des Propheten Jesaja, einem Kapitel, das am Schabbat Rosch Chodesch, am ersten des Monats, als Haftara (Prophetenlesung) im Gottesdienst gelesen wird.

Auf elegante Weise verband so Isaak Noa Mannheimer einen Text, der dem Datum (1. Nissan) entsprach und der gleichzeitig auf die Bedeutung eines Gotteshauses Bezug nahm: Er lautet:

„So spricht der Ewige: Der Himmel ist mein Thron, die Erde meiner Füße Schemel, was für ein Haus wäre das, das ihr mir bauen könntet, wo wäre der Ort meiner Ruhe?"

Mit dem Propheten Jesaja stellt Mannheimer die Frage nach dem Sinne eines Gotteshauses, wo doch der Ewige Herr über die ganze Welt und omnipräsent ist, und antwortet:

„Der Mensch, der sehnet sich doch immer nach Gottes Nähe, denn er kam aus Gottes Nähe, und in der Sehnsucht seines Herzens bauet er ein Haus und schmückt es und ziert es mit den Gaben, die ihm Gott verlieh."

Und so ist der Zweck des Gotteshauses auch nicht in erster Linie in der Anbetung zu suchen, sondern:

„Aus dem Tempel kommt dem Menschen die Hilfe, die ihn stützet und aufrecht erhält; aus dem Tempel Gottes zieht der Segen ein in alle Verhältnisse des Lebens; aus dem Tempel Gottes kommt dem Weisen seine Einsicht, dem Gottesfürchtigen seine Stärke und dem Frommen seine Hoffnung."

Diesen Gedanken untermauert Mannheimer mit dem Bibelzitat:

„... und sie sollen mir machen ein Heiligtum, da will ich wohnen unter i h n e n ."
(Exodus 25,8).

So soll Gott nicht nur während des Gottesdienstes in unserer Mitte und unseren Herzen weilen, sondern Ziel des Gottesdienstes ist es, und seine Eindrücklichkeit soll bewirken, daß der Ewige im Herzen und in den Gemütern des Volkes auch n a c h dem Gebet und a u ß e r h a l b der Synagoge lebt. Auf die zentrale Frage seiner Predigt „Was heiligt denn das Gotteshaus?" antwortet Mannheimer:

1. *„Gottes N a m e heiligt das Haus. Im Namen Gottes wird das Haus erbaut und begründet, daß es sei eine Stätte, wo Gottes Name wird genannt früh und spät:"* (Er meint damit das Gebet).
2. *„Gottes W o r t heiligt das Haus."* (Hiermit meint Mannheimer die Thora, die ja in der Synagoge gelesen und gelehrt wird.

   „Es strebt der menschliche Geist nach Einsicht und Belehrung. Es forschen die Weisen und erspähen die Wege Gottes und die Erleuchteten dringen ein in die verborgensten Tiefen der Natur. Er hat uns bereitet ein Haus zu seiner Anbetung und Verehrung, wo das Gotteswort, die Tora und die Propheten, werden verlesen, und das zu einer Zeit, da Gottes Wort teuer ist und selten in Israel."
3. *„Gottes S e g e n heiligt das Haus."* (Hier meint er, daß die Sammlung, die der Mensch in Gottes Haus findet, ihm mehr zum Segen gereicht als jeder irdische Genuß außerhalb des Glaubens.)

   „Die Aufmerksamkeit wird zerstreut in dem irdischen Treiben. Der Wille ist gefesselt und die Kraft ist gebrochen. Nur dann gelangt der Mensch zur inneren Einheit, wenn er in den heiligen Stunden der Andacht ganz und gar abwendet seinen Blick von den irdischen Dingen, die ihn fesseln; wenn er heraustritt aus der störenden Umgebung und hinter sich läßt die Versuchung und das Verderben; wenn er frei übersieht das Leben, das zu Ende geht, und sich die Ewigkeit auftut seinem frommen Sinn."

Es folgt der für mich entscheidende Absatz, in dem es Mannheimer vorzüglich gelingt, für die hohen Gäste von draußen weiter in einer feierlich-frommen Predigt zu bleiben. Für die mit den inneren Konflikten zwischen konservativen und liberalen Tendenzen bekannten „Insider" aber klingt hier ein eindeutiger Appell zur Kompromißbereitschaft und zur *friedlichen Einheit* durch. Der Tempel darf nicht Grund zum Streit sein; er ist ja das Symbol der Eintracht.

4. *„Mit dem Segen zieht der Friede ein, der heiligt das Haus."* (Mannheimer schildert, wie die Welt d r a u ß e n zu Entzweiung und Zwietracht führt, wo sogar die Gläubigen nicht zur Eintracht gelangen können.)

   „Aber wenn sie einziehen in Gottes Haus, wo sie einziehen als Kinder in des Vaters Haus, da schweiget der Haß und die Leidenschaft. Sie stehen ja vereinigt und verbrüdert vor Gott, ihrem Vater im Himmel. Die Reichen wie die Armen, die Vornehmen wie die Dürftigen, die Begünstigten wie die Verunglückten, sie stehen beide vor Gott; wer wärmer betet, wer klarer schauet Gottes Wesen, wer reiner und kräftiger seinen Gott verehrt, der ist der Reiche, der ist der Begünstigte im Tempel Gottes."

   (Ist dies eine leichte Polemik gegen die konservativen Kräfte, die Neueinführungen als Gefahr für den Glauben betrachteten?)

Und er endet mit einem Appell, in dem er die reine Absicht (wörtlich: „den frommen Sinn") der Tempelbauer hervorstreicht:

„Wollt Ihr nun, daß auch diese Stätte werde geheiligt, daß dieses Haus sei ein Heiligthum in Israel, so bewahret auch rein und warm in Euch den frommen Sinn, der das Haus hat geschaffen und gemacht."

Adolf Jellinek

Zur Zeit des Mannheimer nachfolgenden Predigers, Adolf Jellinek, kam es zu erheblichen religiösen Kontroversen innerhalb der Gemeinde. Die Auseinandersetzungen um eine Reformierung des Gottesdienstes wurden sogar anläßlich des 50. Jubiläums der Erbauung des Stadttempels aufgegriffen:

Die Jahre vor diesem Jubiläum waren in unserer Gemeinde nach innen hin turbulente Jahre. Das Problem, in welcher Form der Gottesdienst im Stadttempel zu führen sei, schien ja zunächst durch Mannheimer gelöst. Aber die Reformer, vor allem in Deutschland, ruhten nicht, und es dauerte nicht lange, daß die Frage weitergehender Reformen auch in Wien wieder auf der Tagesordnung stand. Josef Ritter von Wertheimer wurde vom Wiener Vorstand zu einer umstrittenen Synode in Leipzig 1871 entsandt. In der Plenarsitzung erstattete er dann Bericht über die Beschlüsse der Synode. Danach wurde ein Komitee eingesetzt, das über die Beschlüsse beraten sollte. Gerson Wolf berichtet ausführlich hierüber in seinem Werk „Geschichte der Juden in Wien (1156–1876)", das übrigens, wie der Einleitung zu entnehmen ist, aus Anlaß des 50jährigen Jubiläums des Stadttempels entstand.

„Da überdies das 50jährige Jubiläum des alten Gotteshauses in der Seitenstettengasse immer näher heranrückte, so wurde der Wunsch umso lebendiger, bei Gelegenheit dieses Zeitabschnittes der Vergangenheit dieser Gemeinde zu gedenken." Die wichtigsten Synodenbeschlüsse zählt Wolf (S. 200f.) detailliert auf: „In einer Plenarsitzung erstattete Herr v. Wertheimer Bericht über die Beschlüsse der Synode. Es wurde hierauf ein Comité eingesetzt, das über die Beschlüsse berathen sollte. Das Comité hielt lange eingehende Berathungen und stellte dann Anträge, welche nicht immer conform mit den Anträgen der Leipziger Synode waren. Wir heben hier die wichtigsten hervor: Alle Vorlesungen aus der Thora geschehen in hebräischer Sprache; der einjährige Cyclus wird beibehalten, mit Vertheilung auf die verschiedenen Tage der Vorlesung: Sabbath Vor- und Nachmittag, Montag und Donnerstag. (Die Synode schlug den dreijährigen Cyclus vor.) Die Tefilla soll in jedem Abschnitte des Gottesdienstes nur einmal gesprochen werden. Textveränderungen in den Stellen, wo die Bitte um Wiederherstellung der Thieropfer und die persönliche Rückkehr nach Jerusalem ausgesprochen wird, sind vorzunehmen. Die Einführung der Orgel ist empfehlenswert und es steht ihrem Spiel am Sabbat und an den Festtagen kein religiöses Bedenken entgegen."

Gerson Wolf berichtet einseitig und läßt seine reformerische Einstellung klar erkennen, wenn er die heftigen Reaktionen der Orthodoxie mit folgenden Worten beschreibt:

„Als die Anträge des Comités bekannt wurden, erhoben die ‚Frommen im Lande' ein heftiges Gezeter, als wäre das zeitliche und das ewige Heil in Gefahr. Wir nehmen gerne an, daß Personen von wahrhaft frommer Einfalt derartige Beschlüsse in die Seele schnitten, denn sie erwarten einen leibhaftigen Messias, ‚einen Mann auf einem Esel reitend'."

Der Autor (S. 203) ist auch unzufrieden über die Kompromisse, die der Vorstand später zur Vermeidung von Zwietracht und einer eventuellen Spaltung schloß:

„Wir würden der Wahrheit ins Gesicht schlagen, wenn wir sagen wollten, daß der Vorstand bei diesen Beschlüssen nach irgend einem Principe gehandelt habe. Er suchte einen Compromiss zu machen und hat sich dabei Inconsequenzen zu Schulden kommen lassen; denn was soll es heissen, wenn einmal die Bitte um die Rückkehr nach Palästina, wenn auch nicht gestrichen, doch in die stille Andacht verlegt ist, damit derjenige, der sie recitiren will, dies auch thun kann und ein anderes Mal wieder wird diese Bitte laut vorgetragen."

Die Quellen geben keinen eindeutigen Hinweis auf Jellineks aktive Teilnahme bei diesen Verhandlungen des Vorstands, inwieweit die Synodenbeschlüsse für die Wiener Judenschaft akzeptabel oder abzulehnen seien. Sicher – Adolf Jellinek war auf der Seite derer, die der Reform zuneigten, wie er dies ja auch in seinen Predigten deutlich zum Ausdruck brachte. Er wollte ein dynamisches Judentum, ,,nicht jenes beschränkte Judentum... das, vom frischen Hauch der Geschichte abgeschlossen, bei verhängten Fenstern und aus toten Buchstaben gelehrt wird"; er wollte ein Judentum für alle und sah es als ,,Erbe... der gesamten Gemeinde Jakobs", unabhängig von gesellschaftlichem Status, Alter oder Geschlecht; er wollte, daß jeder sich der ,,weltgeschichtlichen Mission" des Judentums bewußt sei, daß jeder seinen Beitrag zur heilsgeschichtlichen Aufgabe Israels für die Welt leiste (Rosenmann, Dr. Adolf Jellinek, S. 128). Doch so weit ging der Reformwille Jellineks nicht, daß er um der Reform willen die Einheit der Gemeinde aufs Spiel gesetzt hätte: ,,Das Wichtigste in einer Gemeinde ist die Erhaltung des Friedens und der Eintracht, der Harmonie zwischen dem Vorstand, dem Rabbiner und den Gemeindemitgliedern. Vor diesem Gebote müssen alle Reformbestrebungen, sobald es sich nicht um Ordnung, Anstand, Würde und Vermeidung von Chilul ha-Schem (Entweihung des Göttlichen Namens) handelt, zurücktreten." (Rosenmann, Dr. Adolf Jellinek, S. 129f., Anm. 26.)

Vier Jahre nach diesen Ereignissen wurde das 50jährige Jubiläum des Stadttempels gefeiert. Es wurde nach dem jüdischen Kalender auch am gleichen Tag, nämlich am 1. Nissan des Jahres 5566 – das war der 26. März 1876 –, abgehalten. Jellineks Rede zu diesem Anlaß war nicht nur von der Rhetorik, sondern auch vom religiös-philosophischen Inhalt her ein Meisterstück. Ausgehend von diesem historisch so bedeutungsvollen Datum (1. Nissan) rollte er die Geschichte der Konstituierung des jüdischen Volkes als Volk auf, von Gottes Eingreifen in die Geschichte Israels über den Auszug aus Ägypten bis zur Gesetzgebung am Sinai, womit Israel Freiheit, Wahrheit und Frieden erhielt. (Jellinek, Predigten, S. 2f.)

Diese Predigt nimmt Jellinek zum Anlaß, wenigstens am Rande sein Einstehen für die Seite der behutsamen Modernisierung zum Ausdruck zu bringen: ,,An diesem denkwürdigen Tage ... wurde vor einem halben Jahrhundert dieser Tempel feierlich eröffnet als eine Stätte der Andacht und der Belehrung, als Beginn eines neuen geläuterten und hoffnungsreichen Lebens und Strebens, nicht bloß hier in der Mitte einer kleinen Gemeinde, sondern in ganz Israel, in der alten und in der neuen Welt! Denn wo die Sonne sich erhebt und wo sie untertaucht, überall wo *das Licht der modernen Zeit seine aufklärende Strahlen aussendet, wird der Name Gottes in der Weise, und in den Weisen gepriesen und verherrlicht, die hier in diesem Tempel geschaffen und fortgebildet wurden.*" (Jellinek, Predigten, S. 4f.)

Es fiel Jellinek nicht schwer, dies als einen Ausdruck der Pietät darzustellen, Pietät gegenüber den verstorbenen Gründern des Stadttempels. Hier ist von Michael Lazar Biedermann und von Isaak Löw Edlem von Hofmannsthal die Rede. In Anlehnung an den frommen Brauch, vor freudigen Ereignissen die Grabstätten der Eltern aufzusuchen, forderte Jellinek seine Zuhörer auf, ,,die Gräber der Väter dieses Tempels, der Väter unserer Gemeinde zu besuchen, um zu hören am heutigen Jubelfeste *das Wort der Todten an die Lebenden;* und dann zu vernehmen *die Antwort der Lebenden an die Todten!*" (Jellinek, Predigten, S. 5.) Ihnen, den toten Gründervätern, legte er das Verständnis für den Fortschritt und damit die Bejahung der Reformbestrebungen in den Mund, wenn er sie sprechen ließ: ,,Wir wollen ... eine Stätte erhebender Andacht gründen dem heranwachsenden jüngeren Geschlechte in der Residenz, das anders erzogen und anders gebildet als das ihm vorangegangene, sich weder angeregt noch befriedigt fühlte von den überkommenen Formen des öffentlichen, gemeinsamen Cultus. Wir selbst, die Älteren und Eltern, waren unter seinen Einwirkungen groß geworden, wir dankten ihm in einer Zeit namenlosen Druckes Glaubensstärke, religiöse Ausdauer und zähe Widerstandskraft, uns begleitete er erfreuend durch die lieblichen Tage der Kindheit... seine Disharmonien lösten sich auf vor den heiligen Erinnerungen, die mit ihm verknüpft waren: allein die Jugend, in deren Brust die mächtigen Stürme am Beginne des Jahrhunderts neues Sehnen, Hoffen und Verlangen an- und aufgeregt hatten, lebte mehr in den Träumen einer ahnungsreichen Zukunft als in den Erinnerungen einer *hinsterbenden* Vergangenheit und – wir brachten ihr manche liebgewordene Gewohnheit zum Opfer: wir fingen an, leise zu beten, wie einst Hanna vor dem Hohepriester Eli um der Nachkommen willen, und überließen dem Chore den lauten Gesang im Gotteshause." (Jellinek, Predigten, S. 6f.) Und noch einmal ließ er die Toten sich ganz explizit für den Einzug der Moderne auch in religiöse Formen aussprechen: „Wir wollten den Religionslehren Israels ... eine Rednerstätte errichten im Mittelpunkte Österreichs, damit das ewig junge Wort unserer gottgeweihten Redner auflebe, hell klinge und voll töne zur Aufklärung, zur Ermuthigung, zum Schutze, zum Troste, zur Abwehr und zur Vertheidigung." (Jellinek, Predigten, S. 7) (Macht sich hier Jellinek selbst ein – verdientes – Kompliment?)

Doch bei aller Polemik gegen die Konservativen sprach sich Jellinek dafür aus, daß es darüber vor allem zu k e i n e r S p a l t u n g der Gemeinde kommen dürfe. In diesem nach Einheit strebenden Sinne ließ er die Gründer des Stadttempels den Lebenden zurufen: „... dies alles wollten und erstrebten wir nicht für einen kleinen losgelösten Bruchtheil unseres Volkes, nicht für eine Religionspartei unter anderen religiösen Parteien, sondern ein brüderliches Werk sollte es sein f ü r a l l e G l a u b e n s b r ü d e r, für ganz Israel. Wir wollten keinen Feuerbrand in die jüdischen Gemeinden schleudern und die Bande der Zusammengehörigkeit und Brüderlichkeit zerstören, sondern ein gedämpftes, das Auge erfreuendes Licht leuchten lassen, dessen mildem Schimmer die Fernstehenden allmählich sich nähern." (Jellinek, Predigten, S. 8.)

Moritz Güdemann

Es ist uns zwar keine Jubiläumsrede von Oberrabbiner Güdemann, dem Nachfolger Jellineks, erhalten geblieben, doch wäre diese Arbeit unvollständig, wenn wir nicht auch ihm einige Worte widmeten: „Dr. Güdemann, der nach dem Tode Jellineks die Kanzel des Stadttempels übernahm, war wohl kein zündender, hinreißender Prediger, aber, wenn es nottat, ein Redner von Wuchtigkeit und Zielsicherheit. Diese beiden Eigenschaften kamen auch in seinen Reden zum Ausdrucke, die er bei wichtigen Anlässen außerhalb des Tempels hielt. Wem noch in Erinnerung ist, wie in den schwersten Zeiten des russischen Beilis-Prozesses Dr. Güdemann in kühnen Worten das damals von Herrschern und Staaten gefürchtete Zarenregime auf die Anklagebank der Weltgeschichte zerrte, wird sich der Erkenntnis nicht verschließen, daß das Wiener und mit ihm das österreichische Judentum in den Worten seiner religiösen Führer ein gutes Teil seines inneren Haltes zu verdanken hatte." (Menorah, Nr. 3, 1926). Unvergleichlich erfolgreich war Dr. Güdemann auf dem bis dahin von den modernen jüdischen Theologen zumeist geringschätzig behandelten rituell-rabbinischen Gebiete. Er fühlte sich, sei es vermöge des ihm vorschwebenden Ideals seines großen Lehrers Dr. Zacharias Frankel, sei es zufolge innerer Überzeugung als konservativer Rabbiner, der nicht bloß sein Äußeres – er brach mit dem eingerissenen Usus, hinten langes Kopfhaar und vorne keinen Bart zu tragen –, sondern auch sein ganzes Verhalten danach gestaltete.

Er strebte auch den Titel „Oberrabbiner" an und war stolz, diesen zu tragen, als er schließlich zugelassen wurde.

Jellinek hingegen, der in hohem Alter stand, als dieser neue Titel verliehen wurde, zog es vor, weiter als „Prediger" bezeichnet zu werden. Wir sehen hier einen konservativen Trend, der auch durch Güdemanns Nachfolger Chajes fortgesetzt wurde.

Zwi Perez Chajes und die Hundertjahrfeier

Anläßlich der Hundertjahrfeier des Stadttempels brachte „Menorah, das Jüdische Familienblatt für Wissenschaft, Kunst und Literatur" (Wien – Frankfurt im März 1926), ein Sonderheft unter dem Titel „100 Jahre Wiener Stadttempel, Jubiläumsausgabe 5586 – 5686 / 1826 – 1926" heraus.

In der Einführung erinnerte der damalige Oberrabbiner Chajes, der dieses hohe Amt seit dem Jahre 1918 innehatte, an seine Vorgänger und deren gesegnete Tätigkeit mit den Worten: „Die Synagoge, die vor hundert Jahren in der Seitenstettengasse eingeweiht wurde, bedeutet mehr als eine Episode im Leben einer jüdischen Gemeinde. Sie wurde zu einem epochalen Ereignisse in der Geschichte des mitteleuropäischen Judentums und darüber hinaus. Bedenkt man, daß es die Zeit der beginnenden *destruktiven Reformbestrebungen* der deutschen Judenheit war, kurz nach der Errichtung des Hamburger Tempels, und bedenkt man, mit welcher Vor-

Zwi Perez Chajes, 1927

und Einsicht Mannheimer und sein Weggenosse Sulzer die Neuordnung des synagogalen Dienstes besorgten, so wird man verstehen, warum die Synagoge in der Seitenstettengasse und nicht der Tempel in Hamburg so vielen Synagogen in Europa und darüber hinaus ein Vorbild geworden ist. Es ist nicht ohne Interesse, daß vier voneinander in ihrer religiösen und nationalen Einstellung so durchaus verschiedene Menschen, wie die Rabbiner, die im Laufe dieses Jahrhunderts in der Seitenstettengasse amtiert haben und amtieren, gewissermaßen ohne anzustoßen, sich in diesen Rahmen hineinfügen konnten."

Als glühender Anhänger des Zionismus strich er die bedeutende Rolle der Stadt Wien in der Entwicklung dieser Bewegung hervor: „Sagten wir, das letzte Jahrhundert habe für das Judentum mehr bedeutet als eine Anzahl von früheren, so denken wir daran, daß in diesem Jahrhundert die Ghettopflanze sich in die aufstrebende Zeder Palästinas zu wandeln begann und daß in Wien Männer lebten und wirkten, die der geistigen, politischen und nationalen Erneuerung des Judentums die Wege ebneten (Herzl, Smolenski)."

Über Chajes' Leben ausführlich zu berichten würde über den Rahmen dieser Arbeit hinausgehen. Wir wollen erwähnen, daß er 1876 in Brody, einer Stadt des „Ostjudentums", geboren wurde. Brody war gleichzeitig ein traditionelles Thorazentrum von Galizien, aber auch eine Stadt, in der die „Haskala" (Jüdische Aufklärung) schon früh Einfluß gewann.

Von diesem zweifachen Kulturgut war auch Zwi Perez Chajes geprägt, sodaß seine Studien eine Bandbreite von der Jeschiwa über das Rabbinerseminar bis zur Hochschulausbildung hatten. Er war Professor in Florenz und Rabbiner in Triest, bevor er im Jahre 1918 die Stellung des Oberrabbiners in Wien übernahm. Für eine genauere Geschichte dieses bedeutenden Oberrabbiners verweise ich auf die beiden bedeutenden Bände, die Moritz Rosenfeld in Wien 1933 herausgegeben hat: „Z. P. Chajes, Leben und Werk" und „Z. P. Chajes, Reden und Vorträge" sowie auf die Arbeit von Professor Dr. Jacob Allerhand: „Die Rabbiner des Stadttempels von I. N. Mannheimer bis Z. P. Chajes."

Die Festrede zur Hundertjahrfeier der Synagoge Seitenstettengasse, gehalten am 16. März 1926, weist Chajes als einen ganz anderen Rednertypus als seine erwähnten Vorgänger aus.

Es fehlt ihm die blumige Sprache. Er sprach seine Zuhörer nicht als „Andächtige", sondern als „meine Freunde" an, sprach kürzer und gleich zur Sache: „Und darin war er so ganz verschieden von anderen. Sein Wort war Wirklichkeit. Es sollte, es mußte Tat werden. Er redete nicht, weil es sein Beruf erforderte. Er redete, um zu schaffen und andere zur Mitarbeit an seinem Schaffen zu verhalten. Darum wäre nichts eine ärgere Verkennung von Chajes' rednerischem Wirken, als von seiner Rhetorik zu sprechen. Er sprach, um zur Tat, zur jüdischen Arbeit anzuregen und aufzufordern, um Probleme vor seinen Hörern zu entwickeln und an ihrer Lösung zu arbeiten, um richtiges Denken, Fühlen und Wollen zu erzielen.

Das Wort, so hervorragend er es meisterte, mußte immer nur Mittel bleiben. Und so hat es niemals auch nur den Anschein gehabt, als wäre es ihm Zweck, am allerwenigsten etwa ein Weg zum persönlichen Erfolg. Er wollte nicht schön und wollte nicht gut gesprochen haben. Er wollte überzeugen und für die Notwendigkeiten der Erhaltung und Stärkung des Judentums in dessen Gedankenwelt und in Tathandlungen die Kräfte anwerben und sie dann leiten und führen." (Rosenfeld, Chajes, Leben und Werk S. 62.)

Wenn wir in einigen Schlagworten seinen Stil weiter skizzieren wollen, ging es ihm, so muß man sagen, immer um Aktualität. Und in keiner seiner Reden, auch nicht in der Jubiläumspredigt, fehlte eine klare positive Stellungnahme zum Zionismus: „Vor wenigen Jahrzehnten nahm von hier die Bewegung ihren Ausgang, die den größten und entscheidendsten Einfluß auf das Judentum und seine Zukunft hat."

Chajes ließ immer wieder seine Neigung zur Geschichte und zur Entwicklung des Judentums in dieser Geschichte anklingen und kam so von der Betrachtung einer Vergangenheitsentwicklung auch oft in sehr konkreter Weise zu einer daraus erwachsenden Zukunftshoffnung: „Viele von Ihnen werden denken, daß ich in diesem Augenblick, in dem ich hier spreche, wo vor hundert Jahren die Synagoge eingeweiht wurde, irgendwie die Flügel der Geschichte über mir schlagen höre. Ich stehe hier als Vertreter des Judentums und ein Jahrhundert der Geschichte kann mich nicht erdrücken.

Wenn mich heute besondere Gefühle erfüllen, so ist es nicht deswegen, weil die Geschehnisse *eines Jahrhunderts* an mir vorüberziehen, sondern weil ich *drei Jahrtausende* Geschichte in mir und um mich sehe. Das historische Ereignis, das vor einem Jahrhundert Wirklichkeit wurde, besteht darin, daß die geistigen Väter dieser Synagoge es ermöglicht haben, hier die Geschichte von drei Jahrtausenden fühlen zu können, daß man hier den Zusammenhang erhalten fühlt mit allen Juden der Welt, die mit uns leben.''

Und mit Blick auf die Zukunft sagte er: ,,Es ist schwer, ein Prophet zu sein, aber träumen, hoffen und wünschen dürfen wir alle. Wir können träumen, wie es nach hundert Jahren sein wird. Wir hoffen und wünschen, daß nach hundert Jahren das Zentrum des Judentums in Palästina sein werde und daß Juden aus der ganzen Welt treu ergeben ihrem Judentum dort zusammenkommen.'' Diese Prophezeiung hat sich nach schweren Zeiten 22 Jahre später bewahrheitet.

Chajes war nicht nur in bezug auf den Zionismus ein politisch denkender Jude. So kommentiert er die Errungenschaften der Gemeinde von 1826, die ja noch keine bürgerliche Gleichstellung mit sich brachten, folgendermaßen: ,,Man könnte davon erzählen, daß wir vor hundert Jahren Sklaven waren und heute doch freie Menschen sind. Gewiß, wir sind auch heute bedrückt, aber wir können auch angreifen. Vor hundert Jahren durften wir uns nicht verteidigen; denn was man uns gewährte, *war Gnade und nicht unser Recht.''*

Und wieder finden wir im Zentrum seiner Rede das Problem, das schon Mannheimer und Jellinek beschäftigt hatte, nämlich die Frage der ,,Modernisierung'' und der Reformen. Chajes fühlte sich durchaus als traditioneller Rabbiner, und es schmerzte ihn, wenn dies von Seiten der strengen Orthodoxie nicht anerkannt wurde. ,,Die in der Synagoge Seitenstettengasse eingeführten Bräuche ließ Chajes im wesentlichen unangetastet. Nur trug er, entgegen dem früheren Brauch an dieser Stätte, den Tallit offen, um damit gegen die religiöse Reform zu demonstrieren. Als die ‚stille Tefilla', die man hundert Jahre lang hatte entfallen lassen, konservativen Wünschen zuliebe neu eingeführt wurde, hatte er nichts dagegen.'' (M. Rosenfeld, Z. P. Chajes, Leben und Werk, S. 52.)

Er betonte auch die Bedeutung der hebräischen Sprache im Gottesdienst und die Behutsamkeit, mit der Altes erhalten bleiben und Neues eingeführt werden soll: ,,Man sagt, die Juden unserer Zeit verstehen die hebräischen Gebete nicht mehr und sie haben ganz andere Gefühle und Gedanken als die waren, die sich in unseren Gebeten spiegeln. Hätte man diesem Geiste Rechnung getragen, so gäbe es nicht nur ein modernes Siddur (Gebetbuch), sondern es müßte genau so viele geben wie es jüdische Menschen gibt. Was hier gebetet wurde, waren nicht Gebete einzelner Juden, es waren Gebete und Stimmungen des ganzen jüdischen Volkes. Jeder, der in dieses Haus kommt, muß sich hier heimisch fühlen, woher auch immer er komme. H i e r i n d e r S y n a g o g e d a r f m a n n i c h t s N e u e s s c h a f f e n , hier muß man nur abstauben. Sonst wird das Band zerrissen, das uns mit den Jahrtausenden verknüpft und uns mit den Millionen Juden von heute verbindet, die in allen Teilen der Welt leben. Wir können auffrischen, das Chaos lichten, aber das Wesentliche muß bestehen bleiben. Vor hundert Jahren bestand die Gefahr, daß dieses Band, das uns mit den Juden der ganzen Welt und mit den Jahrtausenden unserer Geschichte verbindet, zerrissen wird. In gewissen Teilen des jüdischen Volkes ist es zerrissen worden. Hier in dieser Synagoge aber hat man es verstanden, nichts zu unternehmen, was irgendwie den Zusammenhang mit der jüdischen Geschichte oder mit der jüdischen Gesamtheit unterbricht.''

Moritz Rosenfeld erwähnt, daß Chajes selbst nach der Feier ihm die Tendenz dieser Rede erklärte: Deren Ziel war ,,darauf hinzuweisen, daß im Ritus dieser Synagoge nichts enthalten ist, was es dem konservativen Juden unmöglich machen würde, hier seine Andacht zu verrichten. Veranlassung zur Hervorhebung dieser Tendenz bot ihm folgender Umstand: Unmittelbar vor der Synagogenfeier hatte sich der gesamte Vorstand zu einem Festakt versammelt. Während sich nun der Vorstand von dieser Feier zur Synagogenfeier in die Synagoge begab, entfernten sich die drei orthodoxen Vorstandsmitglieder, da sie es ablehnten, diese Synagoge wie überhaupt jede Gemeindesynagoge zu betreten.''

Und so beendete er seine Worte auch mit einem dankbaren Hinweis auf die Gründer des Tempels: ,,Am Eingang dieser Synagoge steht der Psalmvers:

Tretet ein durch dieses Tor mit Dankbarkeit, kommet in diese Hallen voll des Lobes.

Wir empfehlen diese Dankbarkeit für die Menschen, die vor hundert Jahren diese Synagoge mit dem Geiste des Judentums erfüllt haben, der hier heute noch herrscht. Wir sind ihnen dankbar dafür, daß sie diese Brücke zwar nicht geschaffen, aber aufgefrischt haben, die von der Vergangenheit zur Zukunft führt. Auch spätere Geschlechter werden diese Brücke tragfähig finden und ruhigen und sicheren Schrittes darübergehen.''

David Feuchtwang und Israel Taglicht

Nicht freudige Tage und Jubiläen waren es, die die Amtszeit der Nachfolger von Zwi Perez Chajes charakterisierten.

Dr. David Feuchtwang (geboren 1864 in Nikolsburg als Sohn des dortigen Oberrabbiners Dr. Meir Feuchtwang) war geprägt von der religiösen Atmosphäre dieser berühmten Kehilla und seinen theologischen Studien in Berlin und Wien und wurde so zu einem beliebten und würdigen Nachfolger der ihm vorangegangenen Oberrabbiner Wiens.

Er hatte dieses Amt vom Tode Chajes', 1927, bis zu seinem Ableben im Jahre 1936 inne.

Wenn er auch die schweren Zeiten der frühen dreißiger Jahre miterleben mußte, so blieb ihm doch erspart, die Kristallnacht und die totale Zerstörung des österreichischen und europäischen Judentums sehen zu müssen.

Weniger Glück hatte sein Nachfolger Dr. Israel Taglicht, der im November 1938 nach der Kristallnacht mit anderen Juden gezwungen wurde, das Straßenpflaster der Seitenstettengasse vor seiner Synagoge zu waschen.

Er hatte schließlich das Glück, aus Österreich fliehen zu können, lebte die letzten Jahre seines Lebens in Cambridge und verstarb dort im Jahre 1944 im Alter von 82 Jahren.

Akiba Eisenberg

Im Jahre 1948 übernahm Oberrabbiner Dr. Akiba Eisenberg das Amt des Oberrabbiners von Wien.

Geboren 1908 in Nemessur (Ungarn), wuchs er in einem streng orthodoxen Haus auf, besuchte die Jeschiwot (Talmud-Hochschule) von Papa und Weizen, wo er schon im Alter von 18 Jahren vom berühmten ,,Weizener Rov'' Jeschaja Silberstein die Hatarat Horaa (Rabbiner Diplom) erlangte.

Es folgten Studien am Rabbinerseminar und an der Universität in Budapest, die Eisenberg mit dem Doktorat in Philosophie und dem Rabbinerdiplom abschloß.

In den schweren Jahren der Schoah (Holocaust) war Eisenberg versteckt und zeitweise im Untergrund tätig.

Nach dem Krieg war er zunächst Rabbiner in Györ und folgte schließlich im Jahre 1948 dem Ruf der Israelitischen Kultusgemeinde nach Wien. Wenn er auch all seinen Vorgängern hohe Ehre erwies, so war doch insbesondere Zwi Peres Chajes sein großes Vorbild, dem er nachzustreben suchte. Dies galt vor allem in seiner Begeisterung für den Zionismus, für den er wie Chajes nicht nur in Predigten eintrat, sondern durch unermüdliche Aktivitäten für zionistische Organisationen und den Staat Israel. Zahlreiche Auszeichnungen von höchsten israelischen Stellen bezeugen diese segensreiche Tätigkeit. Es erfüllte ihn mit Stolz, daß er der Rabbiner war, der bei der Überführung der Gebeine Herzls aus Wien nach Israel im Jahre 1949 predigte und die religiöse Zeremonie versah.

Wenn das Lebenswerk fast aller seiner Vorgänger schon biographisch erfaßt ist, so steht die Aufgabe, seine 35jährige Tätigkeit für das Wiener Judentum entsprechend zu würdigen, noch vor uns. Dies kann aber nicht die Aufgabe dieser Arbeit sein.

Wenn Zwi Peres Chajes anläßlich der 100-Jahr-Feier der Synagoge Oberrabbiner einer Gemeinde von fast 200.000 Juden war, so sprach Akiba Eisenberg als Oberrabbiner zu einer kaum 10.000 Seelen geschrumpften Gemeinde zur 150-Jahre-Feier des Stadttempels.

Allein die Tatsache, daß der Stadttempel als einziges der jüdischen Bethäuser die Kristallnacht und die Schoah überstanden hatte – nicht unversehrt, aber immerhin nicht vollends zerstört und in seiner Struktur erhalten –, war bemerkenswert.

Und so ist es nicht verwunderlich, wenn Eisenberg gleich nach der Einleitung auf diesen Umstand hinwies:

,,Festlich versammelte Gemeinde! Vor einein-

halb Jahrhunderten sind die heiligen Thorarollen hier zum erstenmal feierlich eingezogen und wurde hier das ewige Licht erstmals entzündet. Die ungeheure Kraft der heiligen Thora hat auch in den trübsten Tagen dieser 150 Jahre nicht aufgehört zu wirken und ihr Licht auszustrahlen. Vorurteil, Haß, Neid und Vandalismus, Mord und verheerendes Feuer vermochten nicht, diese heilige Stätte ganz zu zerstören. Es wurden einige Thorarollen aus der heiligen Lade gerettet, und in demselben Haus, wo diese unsere Synagoge steht, wurden bis zum letzten Tag des nationalsozialistischen Regimes regelmäßig Gottesdienste abgehalten und Gott gepriesen, der letzten Endes Wahrheit und Recht über Unwahrheit und Unrecht siegen ließ. Wir verbeugen uns in Ehrfurcht vor dem rettenden Gott und gedenken in dieser Stunde der Opfer, die in diesem Haus ihr Leben ,,Al kiddusch Haschem" für die Heiligung des göttlichen Namens ließen. Ihr Angedenken sei gesegnet! Amen!"

Eisenberg, der wie sein Vorbild Chajes ein überaus politischer Mensch war, richtete sich mit diesen Worten sicher auch an die zahlreich versammelten Gäste von außen (Bundeskanzler Kreisky und mehrere Minister waren bei der Feier anwesend).

Das veranlaßte ihn zu seiner Beschreibung des Gebetes des Königs Salamon bei der Einweihung des von ihm erbauten Tempels:

,,Das markanteste Wort über diesen Tempel hat König Salamon selbst gesprochen. In seinem Einweihungsgebet sagte er: Jedes Gebet, alles Flehen, das irgend jemand von Deinem ganzen Volk Israel sprechen wird, so höre, Du Himmel, ihn an, vergib ihm seine Fehler und gewähre ihm seine Bitte, denn Du allein kennst das Herz aller Menschenkinder! A b e r a u c h w e n n e i n F r e m d e r k o m m t , d e r n i c h t v o n D e i n e m V o l k I s r a e l i s t , der aus fernem Land um Deines Namens willen kommt, betet in diesem Haus, erhöre ihn, o Gott, und erfülle seine Bitte, damit alle Völker der Erde Deinen Namen und Deine Herrlichkeit erkennen. Mit dieser Einbeziehung aller Völker in sein Gebet hat König Salamon der Idee der Zusammengehörigkeit der ganzen Menschheit prägnanten Ausdruck gegeben. Die Juden waren das einzige Volk der Antike, das einen richtigen, allumfassenden historischen Blick für das Leben der Menschen und die menschliche Gesellschaft besaßen. Die Lehre von der Einheit des Menschengeschlechtes beherrscht schon das erste Buch der Thora. Darum konnte und sollte auch das jüdische Gotteshaus ein Bethaus für alle Völker sein, damit – wie Salamon es selbst begründet –: alle Völker Deinen Namen erkennen und Dir in Ehrfurcht dienen sollen! Da, wo der Mensch das Gotteshaus als Bethaus betrachtet, da schwinden alle Unterschiede der Volksabstammung und der Religion, der Mensch betet als Mensch! So lehren es Gott und unser heiliger Glaube!"

In kurzen, aber eindringlichen Worten schilderte er das Leben und die Verdienste seiner Vorgänger und kam bei der Beschreibung Isaak Noa Mannheimers wieder auf das Thema der E i n h e i t i n d e r G e m e i n d e zu sprechen:

,,Noch heute beten wir hier nach dem Ritus, den Isaak Noa Mannheimer eingeführt hat. Er wird fälschlich als großer Reformator bezeichnet. Doch dem ist nicht so. Wahr ist vielmehr, daß er für die Beibehaltung des Hebräischen in der Liturgie erfolgreich eingetreten ist und hat dadurch die Spaltung unserer Gemeinde verhindert. Ihm haben wir zu verdanken, daß wir in Wien heute noch eine einheitliche Kultusgemeinde haben. Er hat die Wichtigkeit der hebräischen Sprache im Religionsunterricht festgelegt, wie wir es heute noch halten. Zum Unterschied von der damaligen Gepflogenheit in manchen modernen Synagogen, in Deutschland und in Amerika, behielt Mannheimer in seinem Gebetbuch die Gebete um die Wiederherstellung Zions bei."

Seit der Gründung des Staates Israel hatte Oberrabbiner Eisenberg das Gebet um das Wohl des jüdischen Landes, von dem Chajes nur träumen konnte, neben das um die Republik Österreich gestellt. Und so ließ er sich auch nicht von der Anwesenheit der höchsten politischen Persönlichkeiten Österreichs bei der Feier von diesem Brauch abbringen, wenn er abschließend das folgende Einweihungsgebet sprach:

,,Himmlischer Vater! Du hast in Deiner heiligen Lehre das Wort gesprochen: Sie sollen meinen Namen über die Kinder Israel sprechen, und Ich will sie segnen. Darum beten wir zu Dir, unser Vater im Himmel, daß Deine Augen in Gnade

diesem Hause zugewandt bleiben, auf daß es seine erhabene Bestimmung allezeit erfülle.
Segne unsere Gemeinde, ihre Lehrer und Leiter, segne das ganze jüdische Volk! Segne die Republik Österreich, daß Eintracht und Friede ihre Bürger einige, Tugend und Gotteserkenntnis die innere Lebenskraft im Staate bilde. Segne den Staat Israel. Gib Frieden für Israel und für die ganze Menschheit! Segne alle, die durch ihre Anwesenheit die heutige Feier gehoben haben und lasse den Segen der Heiligen Schrift in Erfüllung gehen:
‚Gott segne und behüte euch. Er lasse Sein Antlitz euch leuchten und sei euch gnädig. Er wende Sein Angesicht euch zu und gebe euch und der ganzen Menschheit den Frieden!' Amen!"

Abschluß und Ausblick

Wir haben uns zur Aufgabe gestellt, durch die Jubiläumsreden der Oberrabbiner von Wien im Stadttempel den roten Faden aufzufinden, der die Suche nach Frieden und Eintracht in unserer Gemeinde ist.

Fasziniert von den großen Persönlichkeiten sind wir wohl manchmal ein wenig von diesem eng gesteckten Pfad abgewichen, aber wir sind sicher, daß die Einblicke in Charakter, Leben und Leistungen der großen Oberrabbiner Wiens für unsere Gemeindemitglieder, aber auch weit darüber hinaus von Interesse sind.

Auch heute sehe ich die Aufgabe des Oberrabbiners in Wien vor allem darin, verstärkt in die Richtung zu wirken, daß Religion und Kultus in unserer Gemeinde auch im Stadttempel bei aller notwendigen Aufgeschlossenheit jenen traditionellen Zug beibehalten, der für die weitere Einheit unserer Gemeinde notwendig ist.

Nicht nur das Nebeneinander erstreben wir, sondern das Suchen nach einem Modus, wodurch der Stadttempel wirklich die zentrale Synagoge für *alle* Juden Wiens wird, im Sinne dessen, was M. Rosenmann im Jahre 1926 in einer Arbeit über die drei ersten Oberrabbiner schrieb, was aber für alle nachfolgenden nicht weniger galt:

„Alle drei Männer: Mannheimer, Jellinek und Güdemann, so verschieden sie in ihren Anlagen, Anschauungen und Antrieben waren, von einem Gedanken waren sie beseelt, einem Ziele strebten sie mit aller Kraft ihrer Persönlichkeit in Worten und Werken zu: die Einheit der Gemeinde – im Gegensatz zu den Verhältnissen in Deutschland und Ungarn – zu wahren. Diese Geschlossenheit, im Stadttempel sowie in der im selben Gebäude befindlichen gemeinsamen Ratsstube festgehalten, ist dem Wiener Judentum trotz mancher Stürme unversehrt erhalten geblieben."

Bibliographie

ALLERHAND, Jacob: Die Rabbiner des Stadttempels von I. N. Mannheimer bis Z. P. Chajes. In: Studia Judaica Austriaca, Bd. VI. Der Wiener Stadttempel 1826–1976, Eisenstadt 1978, S. 5–28.

DUBNOW, S. M.: Die neueste Geschichte des jüdischen Volkes. 1789–1914, 2 Bde., Berlin 1920.

FRANKL, Ludwig August: Zur Geschiche der Juden in Wien. 2. Aufl., Wien 1853.

GOLD, Hugo: Die Juden in Wien, Tel Aviv.

HÄUSLER, Wolfgang: „Orthodoxie" und „Reform" im Wiener Judentum in der Epoche des Hochliberalismus, In: Studia Judaica Austriaca, Bd. VI, Der Wiener Stadttempel 1826–1976, Eisenstadt 1978, S. 29–56.

HUSSERL, Sigmund: Gründungsgeschichte des Stadttempels der Israelitischen Kultusgemeinde Wien, Wien und Leipzig 1906.

JELLINEK, A.: Festpredigt zum 50. Jubiläum des Stadttempels.

MANNHEIMER, I. N.: Gottesdienstliche Vorträge, gehalten im israelitischen Bethaus in Wien, aus dessen schriftlichem Nachlaß herausgegeben von S. Hammerschlag, Wien 1876, Bd. I. u. II.

MENORAH: Jüdisches Familienblatt für Wissenschaft, Kunst und Literatur, IV. Jg., Nr. 3, Sonderheft „Hundert Jahre Wiener Stadttempel 5586–5686 / 1826–1926", Wien–Frankfurt/M. 1926.

PHILIPPSON, M.: Neueste Geschichte des jüdischen Volkes, 3 Bde., Leipzig 1907, 1910, 1911.

ROSENFELD, Moritz (Hrsg.): Z. P. Chajes, Reden und Vorträge, Wien 1933.

DERS., Z. P. Chajes, Sein Leben und Werk, Wien 1933.

ROSENMANN, M., Dr. JELLINEK, Adolf.: Sein Leben und Schaffen, Wien 1931.

Ders., Isaak Noa Mannheimer, Sein Leben und Wirken. Zugleich ein Beitrag zur Geschichte der Israelitischen Kultusgemeinde in Wien in der ersten Hälfte des neunzehnten Jahrhunderts, Wien und Berlin 1922.

WILLMANN, A.: Famous Rabbis of Vienna. In: Josef Fraenkel (Hrsg.), The Jews of Austria, Vallentine 1967.

WOLF, G.: Geschichte der Juden in Wien 1156–1876), Wien 1974, Reprogr. Ndr. d. Ausg. 1876.

Ders., Vom ersten bis zum zweiten Tempel, Geschichte der Israelitischen Kultusgemeinde in Wien (1820–1860), Wien 1861.

Thomas Dombrowski

Salomon Sulzer und die „Neue“ Synagogenmusik

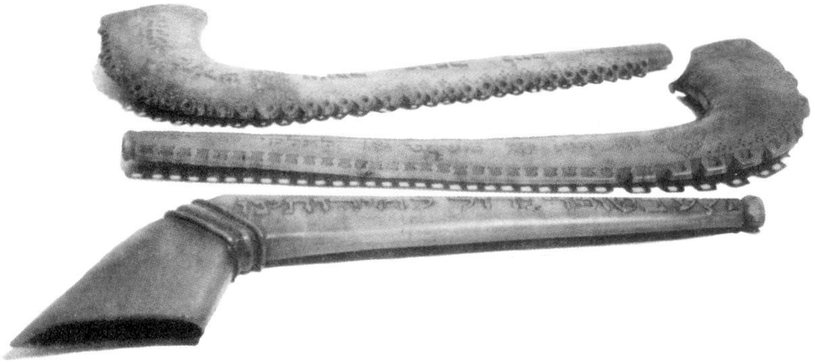

I. Die Synagogenreform

Vieles hatte die Synagoge im Laufe ihrer 2000 Jahre alten Geschichte schon vernommen, doch noch nicht jene Töne, die am 17. Juli 1810 im Tempel des Konsistorialpräsidenten Israel Jacobsohn in Seesen im Harz zur Einweihung erklangen. Die zeitgenössische jüdische Zeitschrift ,,Sulamith" (Bd. 3) schilderte die Zeremonie teilnahmsvoll:

Um 9 Uhr wurde durch das Geläute der Glocken angedeutet, daß die Ceremonie ihren Anfang nehmen sollte. ... Beim Eintritt in das Schiff des Tempels erscholl von der Orgel herab eine schöne von 60–70 Musikern und Sängern ausgeführte Musik, die Aller Herzen in die feierlichste Stimmung versetzte. ... Hierauf nahmen die Ceremonien nach israelitischem Ritus ihren Anfang, wobei Hr. Jacobson selbst das Amt des Oberpriesters versah und die Rabbiner ihm hilfreiche Hand leisteten. Nach Beendigung derselben hielt Herr Präsident Jacobson eine Rede usw. Nun erscholl von der Orgel unter voller Begleitung der Musik ein Chorale, das zuerst in hebräischer und dann in deutscher Sprache abgesungen wurde.

Was sich hier abgespielt hatte, war nicht mehr und nicht weniger als die Geburtsstunde der modernen Synagogenreform. Der Historiker Heinrich Graetz, der die jüdische Tradition zu gut kannte, um nicht die peinliche Anbiederung an christliche Vorstellungen und Ritualformen in diesem ,,israelitischen Ritus" zu durchschauen, goß in seiner ,,Geschichte der Juden" (Bd. 11) Spott und Hohn über das Unternehmen Jacobsohns, der dergleichen zuvor schon in seiner jüdischen Privatschule in Kassel noch unter Ausschluß der Öffentlichkeit versucht hatte.

Doch der Zeitgeist im assimilationsbereiten deutschen Judentum dieser Tage war danach, dieses reformierte Ritual mit Freuden zu empfangen. Peinlich war den arrivierten und kulturell bereits voll integrierten Juden etwa in Berlin der altgewohnte lärmende und undisziplinierte Gebetsablauf in der ,,Schul"; ,,Würde" und ,,Weihe" der Kirche waren das wünschenswerte Vorbild, und so griffen sie historisierend auf den antiken Jerusalemer Tempel zurück, wie sie ihn sich vorstellten. Dabei konnten sie auch erfolgreich demonstrieren, daß ihnen als patriotischen Deutschen an einer messianischen Rückkehr nach Zion nichts mehr lag.

1815 weihte Jacobsohn einen Reformtempel in Berlin ein, wo er indes nicht bloß mit jüdisch-orthodoxen Gegnern zu rechnen hatte, sondern auch mit einer mißtrauischen Behörde, der jeglicher Neuerungsgeist von vornherein suspekt war. Ein königliches Edikt brachte 1823 die Reform in Berlin schließlich zu Fall. Aber das Pflänzlein der Reformbewegung hatte bereits im liberalen Hamburg Wurzeln geschlagen, wo 1818 der erste öffentliche Reformtempel für breite Kreise die Pforten öffnete.

Aber schon im Hamburger Tempel, dem Urbild aller späteren Reformsynagogen, erwies sich die Liturgiereform als eine bloß äußerliche, die sich in formalen Aspekten wie deutschen Gebeten, die zu protestantischen Chorälen abgesungen wurden, erschöpfte. Es sollte die Aufgabe der zweiten Reformergeneration mit Abraham Geiger an der Spitze werden, das neue jüdisch-religiöse Selbstverständnis ideologisch und religionsphilosophisch vertieft zu formulieren.

Diese imitierende Äußerlichkeit nach kirchlichem Muster prägte auch die ersten Ansätze zur musikalischen Gestaltung der reformierten Liturgie nachhaltig. Nur in geringem Maße griffen Jacobsohn und die Kompilatoren des Hamburger Gesangbuches auf den reichen Schatz der Chasanut, der traditionellen synagonalen Gesangsweisen, zurück. Im Gegenteil bestand vielmehr die Tendenz darin, die Funktion des solistischen Vorbeters, für den es in der Kirche kein Pendant gibt, sukzessive zurückzudrängen. Auch lag gerade in Hamburg, wo demonstrativ die portugiesische Tradition in Ritus und Aussprache des Hebräischen gepflegt wurde, der Minhag-aschkenas, der Ritus Mittel- und Osteuropas, in denkbar schlechten Händen.

Wesentliche Anstöße zu einer charakteristischeren Synagogenmusik für das Reformzeitalter kamen zuerst aus dem süddeutschen Raum: Salomon Sulzer in Wien, Maier Kohn in München und Samuel Naumbourg in Paris versuchten pionierhaft, eine Synthese von Tradition und musikalischem Zeitgeist in gedruckter Form festzuhalten. Ihnen folgten Hirsch Weintraub in Königsberg, der aus der osteuropäischen Schule kam, und schließlich Louis Lewandowski in Berlin, dem die Integration dieser auseinanderstrebenden stilistischen Wege meisterhaft gelang.

II. Die Elemente der neuen Synagogenmusik

Fünf wesentliche Elemente prägten die moderne Synagogenmusik des 19. Jahrhunderts in allen ihren Erscheinungsformen:

1. **Der Kantor** als ein neuer Typ des Vorbeters, der im Gegensatz zum traditionellen Chasan nicht mehr in improvisatorischer Freiheit spontan gestalten darf, sondern sich nach Noten und im Einvernehmen mit Chor und Orgel disziplinieren muß. Moderne musikalische Schulung war von ihm gefordert, er sollte nicht nur die traditionelle Liturgie kennen, sondern auch imstande sein, den Chor zu leiten und neue Stücke zu komponieren. Über das ganze Jahrhundert hinweg wurde von „Kantorenvereinen" und „Kantorenzeitschriften" unablässig eine „Kantorenschule" gefordert, was allerdings erst 1948 (!) in den USA vom reformierten Hebrew Union College in Cincinnati verwirklicht wurde.

2. **Der vierstimmige Chor** (meistens Knaben und Männer, seltener, vor allem in Amerika, gemischt mit Frauen) hatte die Nachfolge jener jahrhundertealten Institution der Meschorerim angetreten, der beiden Begleitsänger (Singer und Baß), die den Chasan in Terzen- und Sextenparallelen, mit ruhenden Akkorden oder durch Imitation von Melodieformeln improvisierend begleiteten. Die Funktion des Chordirigenten kam mit wachsender Größe des Chors hinzu. Die nach den klassischen Regeln des vierstimmigen Satzes komponierten Chorpartien waren die massivste Neuerung der modernen Synagoge, wurden aber auch von traditionellen Gemeinden wie der Neo-Orthodoxie in Frankfurt nach und nach akzeptiert.

3. **Der Gemeindegesang** nach protestantischem Vorbild sollte die traditionell ungeordneten Gemeinderesponsen in disziplinierte Bahnen lenken und die von Kantor und Chor zum Schweigen verurteilten Betenden reaktivieren. In diesem Bereich dominierten Norddeutschland und vor allem Amerika, wo gegen Ende des Jahrhunderts eine Fülle populärer „Hymnals" entstand. Im katholischen Bereich blieben dagegen auch die Synagogen- so wie die Kirchengemeinden- weitgehend stumm; die Kantoren des Sulzer-Typus, die sich als Künstler begriffen, wehrten sich im Verein mit den Chören gegen die dilettierende Konkurrenz aus den Sitzreihen außerhalb ihres „Altarraumes".

4. **Die Orgel** war das wohl am heißesten umstrittene Kapitel in der gesamten Reformbewegung. Der Widerstand kam nicht allein aus den Reihen der Orthodoxen, die jegliche Neuerung ablehnten, sondern regte sich auch in gemäßigt fortschrittlichen Kreisen, wo „zeitgemäße" Reformen ansonsten durchaus begrüßt wurden. In den unverwechselbaren Orgelklängen empfanden selbst aufgeschlossene Geister die Kirchennähe als allzu auffällig und zudringlich. Die praktisch eingestellten Reformer dagegen priesen die Nützlichkeit eines Führungsinstruments, das Schwächen im Gemeindegesang zudecken und liturgische Übergänge gestalten könnte. Auch ein erzieherischer Aspekt wurde in die Diskussion geworfen: Die künstlerische Attraktivität der Orgel würde die Jugend zum Synagogenbesuch animieren. Die Auseinandersetzung wurde mit emotionalen, aber auch mit halachischen Argumenten in außerordentlicher Heftigkeit ausgetragen, für die eine reichhaltige Bibliographie dieses „Orgelstreits" Zeugnis ablegt. In Wien vermochte sich die Orgel nicht durchzusetzen.

5. **Die Kompositionen** in gedruckter Form, aber auch in unzähligen Manuskripten definierten unmißverständlich den Grad von Assimilation oder von Selbständigkeit der reformierten Synagogenmusik. In vierstimmigen Chorsätzen (a cappella oder zu Orgelbegleitung), kantoralen Rezitativen sowie in responsorialem Zusammenwirken von Kantor und Chor wurde die traditionelle Liturgie von Schabbat und Feiertagen gestaltet. Von Sulzer und Kohn (1839/40), Naumbourg (1847), Weintraub (1859) und Lewandowski (1871) waren Standardwerke erschienen, die sich großer Verbreitung

erfreuten, vor allem Sulzers „Schir Zion" sowie Lewandowskis „Kol rinnah" und „Todah W'simrah".

Zahlreiche Epigonen schlossen sich an, vor allem in den Jahrzehnten um die Jahrhundertwende erschienen diese musikalischen Liturgien (zumeist im kostspieligen Selbstverlag) in inflationärer Fülle und mehr oder weniger durchschnittlicher Qualität. Die schlichte Satztechnik der oft nur dürftig ausgebildeten Kantoren und Chorleiter trug nicht selten die Handschrift ihrer christlichen Lehrer und bot nur in Ausnahmefällen Bemerkenswertes. Von den interessanteren Komponisten sind zu nennen: in Mittel- und Westeuropa Chaim Wasserzug, Marcus Hast, Moritz Rosenhaupt, Israel Mombach, Max Löwenstamm, Hermann Zivi, Emanuel Kirschner; in Osteuropa Osias Abrass, Jacob Bachmann, A. Dunajewski, David Nowakowsky, Elieser Gerowitsch, Abraham Ber Birnbaum, Baruch Schorr, Baruch Leib Rosowsky; in Amerika Morris Goldstein, Alois Kaiser, Sigmund Schlesinger, Edward J. Stark sowie eine große Anzahl von Meistern im 20. Jahrhundert, bei denen die Grenze zwischen Gebrauchs- und Kunstmusik zu verschwimmen begann.

III. Salomon Sulzer (1804 – 1890)

Salomon Sulzer, der als der „Schöpfer der modernen Synagogenmusik" in die Geschichte eingehen sollte, kam am 30. März 1804 in Hohenems, der bedeutendsten jüdischen Gemeinde Westösterreichs, zur Welt. Die Familie stammte aus Sulz in Vorarlberg und war im Zuge einer Judenvertreibung in den Nachbarort Hohenems gezogen, wo sie 1814 in Erinnerung an diese Herkunft den Namen Sulzer annahm. Salomon sollte wie sein Vater Kaufmann werden, doch nachdem der siebenjährige Knabe aus Hochwasserfluten glücklich gerettet worden war, beschlossen die frommen Eltern, ihn auf eine religiöse Bestimmung hin zu erziehen; die frühzeitig hervortretende, wohlklingende Stimme prädestinierte ihn zum Vorbeter.

1817 wurde in Hohenems die Vorbeterstelle vakant, und der gerade erst „Bar mizwa" Gewordene wurde vorgeschlagen. Man darf annehmen, daß dies nicht bloß oktroyierter Elternwille war, sondern mit den Wünschen des Knaben übereinstimmte. Allerdings stellte sich ein Teil der Gemeinde der Berufung dieses noch sehr jungen Kandidaten entgegen, und es bedurfte einer kaiserlichen Bestätigung, um die Anstellung durchzusetzen. Als Voraussetzung wurde ihm eine dreijährige Lehrzeit eingeräumt, die er dazu benützte, um als Meschorer einen Kantor Lippmann auf „Kunstreisen" durch Ostfrankreich und die Schweiz zu begleiten, Eindrücke, die seine grundsätzlich westaschkenasische Kulturzugehörigkeit noch verfestigten. Nach dieser gründlichen traditionellen Praxisausbildung strebte Sulzer als Kind des heraufdämmernden Assimilationszeitalters auch nach „europäischen" musiktheoretischen Kenntnissen, die er sich im protestantischen Karlsruhe aneignete.

1820 trat er sein Amt in Hohenems an und erwies sich trotz seiner Jugend als der Aufgabe gewachsen. In den fünf Hohenemser Jahren entfaltete er bereits eine rege idealistische Aktivität, die auf den späteren Reformer hinweist. Der Biograph Wurzbach berichtet:

> *Er organisirte alsbald einen gut geschulten Chor, sowie ein kleines Orchester für Streichinstrumente, in welchem alle Mitglieder Israeliten waren. Da sein Gehalt nur 100 fl.* [= Gulden] *Reichswährung betrug, er überdies einen Bassisten aus eigener Tasche zahlte und den Sopranisten in gänzliche Verpflegung nahm* [die beiden Meschorerim], *so können wir uns diese sonst unbegreiflichen Dinge nur durch den Umstand erklären, daß er bei seinen vermögenden Eltern eine ausgiebige Unterstützung fand.*

Sein Ruf breitete sich schnell aus und drang bis nach Wien, wo sich die „Vertreter" der tolerierten Juden unter Mannheimers Führung gerade an die Planung des Ritus für den neuerbauten Stadttempel machten. Deren Vorstellungen vom zu berufenden Kantor, der gleichermaßen musikalisch wie judaistisch qualifiziert und dabei moralisch untadelig sein sollte, formulierte Mannheimer treffend in seinem Brief vom 9. Dezember 1825 an Sulzer:

> *Die Vertreter der israelitischen Tolerirten in Wien wünschen bei dem allhier neu errichteten Bethhause, dessen Bau nächstens beendigt sein muss, einen Mann als Vorbeter anzustellen, der nebst einem in religiöser und moralischer Rücksicht unbescholtenen Charakter und Lebenswandel auch noch folgende Eigenschaften besitzt.*

1. Eine kräftige, sonore, ausgebildete Stimme
2. Musicalische Einsicht und Fertigkeit um theils bei der Anfertigung von Melodien theils bei der Organisation eines Chores nöthigenfalls selbst eine hilfreiche Hand bieten zu können
3. Grammatische Kenntniß der hebräischen Sprache.

Sulzer traf am 28. Jänner 1826 in Begleitung seiner beiden Meschorerim in Wien ein, erhielt bei seinem Probevortrag allgemeine Zustimmung und fungierte erstmals bei der Einweihung des Stadttempels am 9. April 1826. Bei diesem Anlaß, aber auch in den unmittelbar darauffolgenden Jahren mußte Sulzer für seine Chorsätze auf Fremdkompositionen zurückgreifen, die er zum Teil selbst bei befreundeten Komponisten bestellte. Den größten Teil davon lieferte der Wiener Theaterkapellmeister Joseph Drechsler, einiges der Musiktheoretiker (und Lehrer Sulzers) Ignaz von Seyfried und die Komponisten Würfel, Volkert und Fischhof (der einzige Jude neben Sulzer). 37 Werke dieser Art nahm Sulzer in sein „Schir Zion I" (1840) auf; 18 davon sollen auch regelmäßig verwendet worden sein.

Eine Sonderstellung nimmt der 92. Psalm „Tow Lehodot" ein, den Franz Schubert nur wenige Monate vor seinem Tod im November 1828 für seinen bevorzugten Liedinterpreten Sulzer schrieb (D 953). Bemerkenswert sind auch Indizien, die beweisen, daß die Vertreter im Jänner 1825, also noch lange vor Sulzers Ankunft in Wien, zuerst an Ludwig van Beethoven um liturgische Kompositionen herangetreten sind. In den Konversationsheften des tauben Meisters ist von einer Kantate zur Einweihung des Tempels die Rede, die aber nie zustande kam. Offensichtlich hatte sich aber Beethoven mit Synagogenmelodien befaßt, denn eine unverkennbare Spur der „Kol nidre"-Melodie findet sich im Streichquartett op. 131 von 1826.

Sulzer hatte sich also recht schnell an die Wiener Musikerkreise assimiliert, nahm an den Schubertiaden teil, sang oft und gern Schuberts Lied „Die Allmacht" (am darin mehrfach ausgesprochenen Gottesnamen scheint er sich nicht gestoßen zu haben) und dürfte mehrmals als Konzertsänger öffentlich aufgetreten sein, denn 1837 wurden ihm diese Auftritte von den Vertretern der jüdischen Gemeinde ausdrücklich untersagt, da sie mit der Würde des Vorbeteramtes unvereinbar seien. Der Verdienstentgang wurde ihm indes großzügig entschädigt.

Daß sich Sulzer dieser Entscheidung beugte, ist umso bemerkenswerter, als es in einem Zeitalter geschah, das musikalische Virtuosen über alles schätzte, und noch dazu in einer Stadt, in der Musik einen hohen Stellenwert einnahm. Bei einigen Talenten, die Sulzer für die Synagoge ausbilden wollte, wurde die weltliche Verlockung übermächtig, nicht zuletzt bei seinem eigenen Sohn Julius. 1844–47 erteilte er am Konservatorium der Gesellschaft der Musikfreunde Gesangsunterricht; die Revolution von 1848, an der Sulzer neben Mannheimer aktiv teilnahm, setzte dem ein Ende.

Die intime Kenntnis des musikalischen Zeitgeschehens, die ihm dieser Umgang mit führenden Exponenten des Wiener Musiklebens vermittelte, floß in seine eigene Schaffenstätigkeit für den Stadttempel ein – gewiß durch Tradition gefiltert, aber dennoch unüberhörbar. Sein wesentlichstes Instrument war der Chor, der aus etwa zwölf Knaben- und zwei bis vier Männerstimmen bestand. Dieses besoldete Ensemble erreichte unter Sulzers Schulung ein außerordentlich hohes Niveau und wurde von Zeitgenossen sogar über den Sängerknabenchor der Hofburgkapelle gestellt.

Auf die Orgel verzichtete Sulzer entgegen Mannheimers Intentionen; die damals herrschende Tendenz zum a-cappella-Gesang, die sich in den blühenden Liedertafeln und Männergesangsvereinen auf der weltlichen und in der cäcilianischen Palestrina-Bewegung auf der kirchlichen Seite manifestierte, förderte wohl diesen Entschluß, den Sulzer in späteren Jahren übrigens revidierte. In „Schir Zion II" (1865) ist der Orgelbegleitung ein Platz eingeräumt.

Eine weitere Grundsatzentscheidung, in der Sulzer sich gegen Mannheimer durchzusetzen vermochte, war die konsequente Beibehaltung des Hebräischen als Gebetssprache. Den deutschen Nachdichtungen und Neuschöpfungen nach Hamburger Muster blieb also in Wien der Eintritt verwehrt, die von Mannheimer herausgegebenen und übersetzten Gebetbücher Siddur und Machsor (1840/41) hielten sich weitgehend an die überlieferte Gestalt der Liturgie. Sulzer zog es vor, die Möglichkeiten der hebräischen Prosodie auszuschöpfen, nachdem er allerdings die Aussprache der Vokale nach westaschkenasischem Modus reguliert hatte (‚o' statt ‚u', ‚au' statt ‚oi', usw.).

Salomon Sulzer beim 20jährigen Jubiläum des Stadttempels (1846)

Salomon Sulzer 1857 mit Bildnis seiner 1855 verstorbenen Gattin

1840 erschien im Selbstverlag „Schir Zion", als Zusammenfassung eines 14jährigen Schaffens, das bisher schon in Manuskriptform in andere, auch ausländische Synagogen eingedrungen war. Der Erfolg und die Resonanz dieser Publikation waren bahnbrechend und begründeten Sulzers Ruf als führenden kreativen Kantor der modernen Synagoge, wofür seine zahlreichen Schüler in nicht geringem Maße mitverantwortlich waren, die in diesen Jahren mit „Schir Zion" in der Hand wichtige Kantoratsstellen in der Habsburgermonarchie und in Deutschland eroberten.

Stilistisch ist hier nur wenig genuin Jüdisches anzutreffen, die uralten, sogenannten „Mi-sinai-Melodien" tauchen nur vereinzelt und entstellt auf, die einfache Dur-Moll-Harmonik und Periodizität der Wiener Klassik dominieren. Charakteristisch synagogal dagegen sind vor allem die Solorezitative für den Kantor und das responsoriale Wechselspiel zwischen Kantor und Chor, das die traditionelle Teilnahme der Gemeinde am Gottesdienst stilisiert.

Es waren schließlich Chasanim aus dem von Sulzer und seinesgleichen geringgeschätzten, orthodox-konservativen Osteuropa – sie waren zu dem bewunderten Kantor nach Wien gekommen, um sich den neuen Stil anzueignen, – die ihn in Kontakt mit der in Polen und Rußland noch liebevoll gepflegten traditionellen Chasanut brachten, ein Einfluß, der seine Spuren im zweiten Band „Schir Zion" unübersehbar hinterließ. Für Gemeindegesang war in Salomon Sulzers Synagogenreform, die einer rein künstlerischen Ästhetik huldigte, kein Platz vorhanden.

Neben dem kompositorischen Hauptwerk „Schir Zion" existieren noch der Band „Dudaim" (1860) mit Chorsätzen für Kleinstbesetzung und eine Fülle von Gelegenheitsarbeiten weltlicher Natur, Lieder und Chorwerke zu deutschen Texten.

IV. Sulzers Erbe

In den späten Lebensjahrzehnten wurden Sulzer zahlreiche öffentliche Ehrungen zuteil, etwa anläßlich der Jubiläumsfeiern zur Tempeleinweihung 1856/66/76. 1876 rekapitulierte er in einer „Denkschrift" an die Kultusgemeinde das halbe Jahrhundert seines Wirkens, wobei das Bemühen, das eigene Werk vor der damals gerade blühenden Konkurrenz zumindest in Wien zu beschützen, in dieser Selbstbespiegelung kaum verborgen blieb.

Dem bereits legendären Altmeister blieb eine kritische Öffentlichkeit bis zu seinem Tod erspart; das kompositionstechnisch überlegene Werk des Berliner Chordirigenten Louis Lewandowski verdrängte „Schir Zion" keineswegs. Doch selbstherrliche Bearbeitungen sonder Zahl ersetzten das schwer erhältliche Original mehr und mehr, zumal 1905 zum 101. Geburtstag eine ziemlich willkürlich verfahrende Neuausgabe aus der Hand des zweifellos autoritativen Sohn Sulzers, Joseph, erschien. Erst die 1983 begonnene Kritische Ausgabe von „Schir Zion", herausgegeben von Eric Werner, in der Reihe der „Denkmäler der Tonkunst in Österreich" (DTÖ) machte Sulzers diffizile Intentionen mit bis zu 8stimmigen Chorsätzen wieder zugänglich. Die erste seriöse wissenschaftliche Aufarbeitung seines Wiener Wirkens fand 1985 in der Dokumentation „Kantor Salomon Sulzer und seine Zeit" von Hanoch Avenary statt.

56 Jahre lang stand Sulzer an der Bima des Wiener Stadttempels, erst im 77. Lebensjahr 1881 wurde er abgelöst. Sein Nachfolger Joseph Singer war kompositorisch kaum tätig und engagierte sich dagegen auf dem Gebiet der kantoralgeschichtlichen Forschung, die gegen Ende des 19. Jahrhunderts zunehmend an Interesse gewann. Es ging hier vor allem um die Frage des Alters der synagogenmusikalischen Tradition, wieweit sie wirklich authentisch „jüdisch" sei oder vielleicht doch nur im Mittelalter aus der Volksmusik der nichtjüdischen Umgebung assimiliert wurde, wie viele damals meinten.

Erst Singers sogenannte „Steiger-Theorie", die bestimmte charakteristische Skalen und Motive, auf jiddisch Steiger genannt und den arabischen Makamen vergleichbar, als ursprüngliche Grundbausteine der Chasanut postulierte, begründete die seriöse jüdische Musikwissenschaft, die schließlich in der Gestalt des großen Forschers Abraham Z. Idelsohn gipfelte. Idelsohn gelang zu Beginn des 20. Jahrhunderts auf dem Weg der direkten Feldforschung mit Hilfe phonographischer Aufnahmen der Nachweis, daß auch die jemenitischen Juden, die seit der talmudischen Zeit nahezu isoliert vom restlichen Judentum gelebt hatten, dieselben melodischen Bestandteile in ihrer Liturgie besaßen wie weit entfernte aschkenasische Gemeinden.

Auch diese Entwicklung darf in gewisser Hinsicht als Folge der Sulzerschen „Restauration", wie er es selbst anstelle von Reform nannte, der alten Synagogenmusik angesehen werden oder zumindest als Reaktion auf die zeitgebundenen Irrtümer Sulzers und seiner Zeitgenossen. Auch eine indirekte Folgeerscheinung ist zu erwähnen, nämlich die Bemühung um eine „Jüdische Nationalmusik", die in Rußland von Joel Engel eingeleitet wurde und 1908 zur Gründung einer „Gesellschaft für jüdische Volksmusik" führte. Das osteuropäisch-jüdische Volkslied galt hier als Ausgangspunkt, das gesammelt und aufgezeichnet wurde, um im Sinne Bartóks in die Kunstmusik einzufließen. Die Blüte des jüdischen Musiklebens in Amerika zwischen den 30er und 50er Jahren (Bloch, Achron, Bernstein, aber auch Schönberg und Milhaud) basierte auf diesen Vorgaben, die dann im Staat Israel unter dem Gesichtspunkt des orientalisch-europäischen Schmelztiegels fortgesetzt wurden.

Ein Streifblick sei noch gestattet auf die weiteren Nachfolger Sulzers als Wiener Oberkantoren, wobei den Sängern am Leopoldstädter Tempel mindestens ebensolche Bedeutung zukam; die meisten von ihnen wechselten im Falle einer Vakanz in den Stadttempel hinüber. Von 1858 an wirkte in der Tempelgasse Josef Goldstein, der mit seinem osteuropäischen Virtuosenstil eine Enklave im vom Sulzerstil dominierten Wien bildete. Nach ihm sang dort bis 1911 der früh verstorbene Béla Guttmann. 1911 bis 1921 fungierten Don Fuchs und Josef Morgenstern, nach ihnen kamen Heinrich Fischer und Mátyás Mátyás, zu denen sich 1932 noch Gerson Herz Margulies gesellte. Es ist anzunehmen, daß sie bis zur Reichskristallnacht im November 1938 fungierten. Zu nennen sind auch die berühmten Oberkantoren des Türkischen Tempels, der wie viele Vereinstempel nicht der Kultusgemeinde unterstand: Jacob

Bauer, der Begründer des oesterreichisch-ungarischen Cantoren-Vereines (1882), und Isidor Löwith.

Nach 1945 fungierten nur mehr am Stadttempel Oberkantoren. Es waren dies David Harmelin (1946 – 1961), Gutman Elias (1958 – 1975) und Abraham Adler seit 1975. Erwähnung verdient auch der langjährige Kantor David Rottenberg, der von 1960 bis 1985 das Amt des Baal-tefilla versah. Die Geschicke des Chors waren wechselhaft: Der Knabenchor, der bis 1938 auch in verschiedenen Bezirkstempeln existiert hatte, verschwand nach dem Krieg. Die Anzahl der erwachsenen männlichen Choristen schwankte ständig, zur Zeit sind es vier.

Salomon Sulzer, ein Kind des 19. Jahrhunderts, starb am 17. Jänner 1890 in Wien und wurde unter reger Anteilnahme beerdigt. In seiner berühmten, oft zitierten Grabrede erinnerte sich der Prediger Adolf Jellinek in poetischen Bildern des verstorbenen Sängers:

Diese Stimme, wer vermag sie zu schildern? Ihre Stärke und ihre Zartheit, ihre Höhe und ihre Tiefe, ihre Fülle und ihre Feinheit, ihre Weihe und ihre Wirkung, ihren Wohlklang und ihren erschütternden Gesang. Diese Stimme entzückte, überwältigte, begeisterte, öffnete die Pforten des Himmels, drang ein in die Tiefen der Seele, entlockte dem Auge Tränen der Freude, der Trauer und der Reue. Ihr lauschten zwei Generationen, ergriffen und hingerissen. ... Und woher kam die übermächtige Wirkung dieser Stimme? Waren es der Klang und die Kunst allein, die ihr einen unwiderstehlichen Zauber verliehen? O nein! Sie war das Echo einer inneren Stimme, eines Seelengesanges, einer Herzensmelodie, seiner eigenartigen Persönlichkeit.

Literatur (Auswahl):

AVENARY, Hanoch: Kantor Salomon Sulzer und seine Zeit: Eine Dokumentation. In Gemeinschaft mit W. Pass, N. Vielmetti, I. Adler . Sigmaringen 1985. 300 S.

DOMBROWSKI, Thomas: Synagogenmusik des 19. Jahrhunderts im Spiegel der „Allgemeinen Zeitung des Judenthums". Phil. Diss., Typoskript. Wien 1987. XVI + 329 S. (Drucklegung ist in Vorbereitung.)

FRIEDMANN, Aron: Lebensbilder berühmter Kantoren. 3 Bd. Berlin 1918 – 1927.

IDELSOHN, Abraham Z.: Jewish Music in Its Historical Development. New York 1929 (reprint 1967). S. 232 – 336.

RABINOVITCH, Israel: Of Jewish Music ancient and modern. Montreal 1952. (Verschiedene Aufsätze zu jüdischer Musikforschung und Nationalmusik.)

ROTHMÜLLER, Aron Marko: The Music of the Jews: A Historical Appreciation. New Jersey 1967, S. 124 – 269 (1. Aufl. Zürich 1951 in dt.)

SENDREY, Alfred: Bibliography of Jewish Music. New York 1951. 404 S.

STEINER, Maximilian: Salomon Sulzer und die Wiener Judengemeinde: Zur hundertjährigen Geburtstagsfeier Sulzer's. Wien 1904. 22 S.

SULZER, Salomon: Denkschrift an die hochgeehrte Wiener israelitische Cultus-Gemeinde. Wien 1876. 17 S. (Nachdruck bei H. Avenary, Kantor Salomon Sulzer...; (s. o.).

WERNER, Eric: A Voice Still Heard: The Sacred Songs of the Ashcenazic Jews. London 1976. S. 191 – 240.

WURZBACH, Constant von: „Sulzer, Salomon." Biographisches Lexikon des Kaiserthums Oesterreich, Bd. 40. Wien 1880. S. 311 – 317.

Thomas Feiger

Neue Funktion in historischer Architektur

Eine wesentliche Rolle im baulichen Veränderungsprozeß spielen immer der Wandel in der Nutzung und Funktion von Gebäuden und die veränderten Ansprüche und Bedürfnisse. Daher entwickelten schon frühere Epochen häufig sehr viel Phantasie und Improvisation, und früher wie auch heute wird versucht, aus einem nicht mehr im ursprünglichen Sinne nutzbaren Bauwerk mehr als ein Museum zu machen. Daher sind Umnutzungen und damit verbundene Umbauten zu allen Zeiten durchgeführt worden, in vielen Fällen wurden sie geradezu integrale Bestandteile der Bauwerke, die ihre Flexibilität und Anpassungsfähigkeit dadurch an neue Nutzungen bzw. Nutzungsveränderungen bewiesen.

Für jeden, der ein altes Bauwerk renoviert, umbaut, erweitert oder verändert, ist die Eingebundenheit in einen lebendigen Prozeß die wesentliche Erfahrung, da die Tätigkeit vom Architekten die ständige Beschäftigung und Erforschung der Planungsgedanken und der damit beabsichtigten Gestaltungs- und Funktionsprinzipien des Erbauers der bestehenden Substanz erfordert.

Einerseits dominieren die bauliche Substanz, der Erhaltungszustand, die Konstruktion, andererseits der historische Charakter, der Stil, jedoch nicht nur jener der Erbauungszeit, sondern der ganzen Geschichte des Hauses, seiner Umbauten, seiner verschiedenen Nutzungen im Wandel der Zeit, aber auch sein Bezug zum Bewohner und Benutzer sowie zu seiner Umgebung und umgekehrt.

Die Idee des historisch stilreinen Bauwerks ist eine Illusion, und die Praxis widerspricht der gewachsenen Realität. Bei jedem Gebäude und zu jeder Zeit waren und sind Reparaturen notwendig geworden, und im Zusammenhang damit wurden und werden Veränderungen, Adaptierungen, Anpassungen, Sanierungen durchgeführt, die als technische Verbesserungen, entsprechend dem technischen Fortschritt jeder Zeitepoche, notwendig werden beziehungsweise auch als Verbesserung der veränderten Nutzung, der Funktion und Anpassung an die veränderten Ansprüche und Bedürfnisse erscheinen.

Ein Einfrieren bzw. Konservieren der Architektur ist somit undenkbar, wie die unveränderte Erhaltung von bestimmten Stil-Epochen.

Ohne Zweifel bedeutet Denkmalpflege auch Erhaltung der historisch gewachsenen Substanz unter Berücksichtigung des Umstandes, daß das Erscheinungsbild eines Raumes, eines Gebäudes, einer Gebäudegruppe, eines Ensembles, eines Ortsbildes bis hin zur Stadt kein starrer Begriff sein darf, sondern ein Prozeß, also das Ergebnis einer stetigen und unaufhaltsamen Wandlung und Veränderung.

Bauwerke sind lebendige Organismen, die sowohl aus technischen und historischen als auch aus ökonomischen, sozialen, gesellschaftlichen, soziologischen und politischen Komponenten bestehen, deren Veränderungen als natürlicher Prozeß akzeptiert werden müssen, in den der Architekt und seine Aufgabe sich harmonisch einfügen muß.

Die Altbausanierung in Verbindung mit der Altbaumodernisierung bedeutet mühevolle Detailarbeit in der Planung und erfordert in der Durchführung mehr Zeit und Kosten. Die Erhaltung alter Bauwerke in ihrer Struktur erfordert daher auch aus wirtschaftlichen Gründen nicht zuletzt eine Verbesserung ihrer Nutzung entsprechend den technischen und funktionellen Maßstäben und Standards unserer Zeit.

Hier liegt die Herausforderung und zugleich das Risiko für den Architekten, der solche Aufgaben gestellt bekommt: er gerät nämlich in eine Ahnenreihe von Kollegen – vielleicht von schlichten Baumeistern, vielleicht von bedeutenden Vorgängern, von historisch einzigartigen Baukünstlern – an deren Werk er weiterarbeiten soll.

Der Umbau Seitenstettengasse 2–4

Diese allgemeingültigen Gedanken bewegen einen Architekten, der mit der Aufgabe konfrontiert wird, ein sowohl für das Wiener Judentum als auch für die Wiener Architekturgeschichte so bedeutendes Bauwerk wie den vom bekanntesten Architekten seiner Zeit, dem damaligen Modearchitekten, Joseph Kornhäusel, erbauten Wiener Stadttempel einer Generalsanierung zu unterziehen.

Der Wiener Stadttempel in der heutigen Seitenstettengasse in der Wiener Innenstadt wurde in den Jahren 1824–1826 erbaut und schließlich am 9. April 1826 feierlich eingeweiht.

Ohne auf die Entstehungsgeschichte, die Gründung, die langwierige Vorgeschichte des Tempelbaues sowie ohne auf die wechselvolle Vergangenheit der Juden in dieser Stadt und deren Schicksale, von denen dieses Gebäude in den 162 Jahren seines Bestehens Zeugnis ablegen könnte, eingehen zu wollen – dies ist eher den Historikern und Soziologen zu überlassen –, muß die Entwicklung dieses Gebäudes, das schon bei seinem Neubau als mit besonderen technischen Schwierigkeiten behaftet galt, als steinerner Zeuge einer bemerkenswerten Entwicklung der jüdischen Gemeinde in Wien betrachtet werden: von seiner prächtigen Blüte über die Tage der Schändung, dem furchtbaren Leid und der Verfolgung bis zur jetzigen Wiedergeburt und Wiederaufleben.

Das Gebäude, ein Denkmal der damals und heute zwiespältigen Zeit, außen – da die Juden ihre Gotteshäuser nicht an der Straße kenntlich machen durften – wie ein Zinshaus, innen wie ein Theater, verdankt sein Überleben – als das einzige Gotteshaus in Wien – in der Reichskristallnacht ausschließlich diesem Umstand. So verhalf die 1825 gar nicht gutgemeinte Auflage dazu, daß dieses Gebäude der Zerstörung durch das Naziregime entgehen konnte, da ansonsten auch die benachbarten Wohnhäuser gefährdet gewesen wären.

Im Jahre 1963 wurde unter der Leitung von Architekt Prof. Otto Niedermoser, nach provisorischer Benützung seit 1946, eine Renovierung des Gotteshauses vorgenommen.

Im Bedenkjahr 1988 soll, 50 Jahre nach dem Beginn der Zerstörung und Verfolgung, der Stadttempel in neuem Glanz erstrahlen.

Die nunmehrige Generalsanierung und Adaptierung des Stadttempels, samt Nebenräumen und dem gesamten übrigen Gebäude, war schon seit Jahren beabsichtigt und geplant, jedoch fehlte bis dato die finanzielle Bedeckung, um dieses für die kleine Wiener jüdische Gemeinde so bedeutende – wie manche behaupten – „Jahrhundertprojekt" zu verwirklichen.

Das Prinzip der Sanierung bzw. Adaptierung schien eindeutig: die denkmalgeschützte Linie Joseph Kornhäusels mußte erhalten, teilweise wiederhergestellt und fortgesetzt werden. Zugleich war es vom Standpunkt des Denkmalschutzes eine schwierige – aber reizvolle – Aufgabe, die einzelnen Teile des Gebäudes, einerseits den Bestand je nach Erhaltungszustand, andererseits die adaptierten bzw. einer neuen, zeitgemäßen Nutzung und Funktion zugeführten Bereiche zu einem homogenen Ganzen zu verbinden, selbstverständlich unter Erhaltung der charakteristischen Merkmale der bestehenden Architektur Kornhäusels und der harmonischen Anpassung der neuen Elemente an die vorhandenen „Kornhäuselschen" Gestaltungsprinzipien.

Im wesentlichen sind, wie schon erwähnt, zwei Funktionen in dem Gebäude untergebracht, einerseits der innenliegende Stadttempel samt Nebenräumen, der sich über drei Geschoße erstreckt, andererseits die Amtsräume der Israelitischen Kultusgemeinde Wien, in allen Geschoßen, wobei sich die Bereiche teilweise überschneiden.

Generalsanierung Stadttempel

Die nunmehrige Generalsanierung des Stadttempels und der zugehörigen Eingangs- und Nebenbereiche hat im wesentlichen, unter Erweiterung und Einbeziehung von zusätzlichen Flächen, umfaßt:

- Errichtung einer mechanischen Be- und Entlüftungsanlage, die für ein angenehmes Raumklima und bessere Luftqualität, insbesonders zu den hohen Feiertagen sorgen wird und somit eine unerträglich gewordene Situation beseitigt.
  Die Installierung dieser Lüftungsanlage war nur unter erheblichem baulichen Aufwand (Luftkanalführung durch das alte Gemäuer, Errichtung von Haustechnikräumen im Gewölbe unter dem Tempel usw.) und unter Anwendung neuester und energiesparender Technologien möglich.
- Anordnung von zusätzlichen und neuen, einfacheren Ausgängen bzw. Notausgängen und Stiegenläufen aus dem Tempelinneren in die Vorräume und von diesen ins Freie.
- Schaffung eines großzügigen, repräsentativen Foyers samt Garderobe, das als Stau- und Aufenthaltsraum für die Tempelbesucher dienen und

überdies wesentlich zur Verbesserung der Sicherheitssituation vor dem Tempelgebäude beitragen wird.

- Zusätzliche Garderobe und erweiterter Aufenthaltsbereich für die Damen im 1. Stock.
- Installierung neuer, allen hygienischen Anforderungen entsprechender Sanitäranlagen in allen Ebenen, sowie Erneuerung der gesamten elektrischen und haustechnischen Anlagen, einschließlich Notbeleuchtung.
- Restaurierung des gesamten Innenraumes, insbesonders des Tempelraumes und der Kuppel (Malerei, Vergoldung, Anstrich), die Neuadaptierung der Tempeleinrichtung (Überarbeitung der Holzoberfläche, Polsterung der Sitzflächen, Lehnen und Balustraden, Erneuerung der Fächer) und der Wandvertäfelung sowie Erneuerung der Bodenbeläge.
- Anbringung von Jahrzeittafeln, links und rechts vom Eingang ins Tempelinnere, mit einzelnen einschaltbaren Kerzenleuchten sowie von Gedenktafeln aus Messing auf der Wandvertäfelung, die den Gemeindemitgliedern individuell zur Verfügung stehen.
- Errichtung einer Gedenkstätte für die jüdischen Opfer des Holocaust.
- Schaffung eines neuen Wintertempels für die Abhaltung des Gottesdienstes wochentags, mit eigenem Zugang, Garderobe und Sanitäranlage.
- Erneuerung sämtlicher Türen und Fenster unter Verwendung von schußsicherer Verglasung.
- Verblechung mit Kupferblech und Sanierung des gewaltigen Kuppeldaches des Tempels, wobei mit dieser relativ aufwendigen Art der Sanierung eine langfristig wartungsfreie und pflegeleichte Dacheindeckung gewählt wurde, weiters werden die Glasdächer über den Wendeltreppen erneuert.

Umbau der Verwaltungsräume für die IKG-Wien

Schon 1984 mit der Errichtung der Zwi-Perez-Chajes-Schule im 2. Wiener Gemeindebezirk eröffnete sich für die Kultusgemeinde die einmalige Möglichkeit, durch das Freiwerden der in den Jahren davor von der Schule benutzten Räumlichkeiten in der Seitenstettengasse 2 an jene Stätte zurückzukehren, die ihr bereits seit 1826 als Sitz ihrer Administration diente und an der sie bis zur Mitte unseres Jahrhunderts wirkte.

Die Rückkehr der Administration der Israelitischen Kultusgemeinde Wien an ihren angestammten Standort ist eine der bedeutendsten und zukunftsorientiertesten Entscheidungen der Gegenwart für die Wiener Juden nach der Schaffung des Jüdischen Gemeindezentrums und der Jüdischen Schule.

Die Entscheidung, den Verwaltungsapparat vom Stadtzentrum in den 19. Bezirk zu verlegen, hat zu Beginn der siebziger Jahre aus finanziellen Erwägungen heraus vielleicht seine momentane Berechtigung gehabt. Jedenfalls bedeutet die Wiedererrichtung der Administration im historisch gewachsenen Mittelpunkt der Gemeinde im Stadtzentrum, im Ballungsraum der jüdischen Bevölkerung, die Möglichkeit, den Gemeindemitgliedern eine maximale Serviceleistung unter dem viel strapazierten Motto „Bürgernähe" als wichtige Anlauf- und Schaltstelle der Wiener Juden und des Judentums zu sein.

Es ist selbstverständlich, daß ein solches Unternehmen naturgemäß die Neuadaptierung der gesamten Räumlichkeiten nach dem neuesten Stand der Technik und den aktuellen Sicherheitsbedürfnissen bedingt. Das Raum- und Funktionsprogramm wurde nach modernen und betriebsorganisatorischen Erkenntnissen unter Hinzuziehung sämtlicher Abteilungsleiter gestaltet und sieht im Endeffekt folgende räumliche Gliederung vor:

Erdgeschoß:
Eingangsbereich, Sicherheitsschleuse, Sicherheits- und Haustechnikzentrale, Portierloge, Sozialabteilung.
1. Stock:
Künftiger Festsaal mit eigener Küche und Bibliothek samt Lesesaal – derzeit werden die Räumlichkeiten zur Vorbereitung des künftigen Jüdischen Museums im Nebenhaus verwendet, wobei diese Bereiche eine Schnittstelle zwischen den Räumlichkeiten des Museums und der Kultusgemeinde zur gemeinsamen Nutzung bilden werden.
2. Stock:
Präsidium, Rabbinat, Amtsdirektion, Sekretariat, Konferenz- und Empfangsraum, Hauptbuchhaltung, Personalverrechnung.
3. Stock:
Steueramt, Matrikelamt, Organisationsabteilung,

Redaktion der „Gemeinde“, EDV-Zentrale und Archive.

4. Stock:

Gebäudeverwaltung und technische Abteilung, Hauptkassa, Personalaufenthaltsraum, Reserveräume, Archive.

Die Durchführung des Umbaues des Gebäudekomplexes beweist, daß auch eine kleingewordene und auf ein Minimum dezimierte jüdische Gemeinde es verstanden hat, den an sie gestellten Aufgaben voll gerecht zu werden und trotz ihrer fast verschwindenden Minderheit wieder eine aktive, lebendige und stets präsente Gemeinschaft ist.

Planung und Baudurchführung

Am 18. Januar 1988 wurde endlich mit den Bauarbeiten begonnen, und schon zu diesem Zeitpunkt war die Tatsache allen Beteiligten klar, daß durch die hohen Feiertage, Rosch Haschanah und Jom Kippur – beginnend am Vorabend des 11. September 1988 – der Fertigstellungstermin unaufschiebbar fixiert war.

In jenen Tagen schien die vorgegebene Bauzeit, trotz der leider zu spät erfolgten Planungsfreigabe und der von Anfang an schwierigen Aufgabenstellung einer so umfangreichen Umbautätigkeit unter besonders erschwerten Bedingungen – wie z. B. minimale Zufahrt- und Lagermöglichkeit, teilweise Fremdmieter im Gebäude usw. – unter dem Aspekt, daß keine wesentlichen Probleme und Verzögerungen zusätzlich auftreten und unter enormem Leistungsaufwand sämtlicher Beteiligten, gerade noch vertretbar.

Der tatsächliche Bauablauf verlief jedoch völlig anders.

Wesentliche und mehrmalige Planungsänderungen in der bereits fortgeschrittenen Bauphase, bedingt einerseits durch eine prinzipielle Änderung des Raum- und Funktionsschemas seitens der Kultusgemeinde, nämlich die Verlegung der gesamten Administration in das Haus Seitenstettengasse 4, entgegen dem ursprünglichen Konzept, die freistehenden

Räume in beiden Häusern, Seitenstettengasse 2 und 4, zu nutzen, und andererseits durch die dadurch erforderliche Absiedlung sämtlicher Fremdmieter im Hause und Schaffung von neuen Räumlichkeiten für diese im Nachbarhause, führten schon kurz nach Baubeginn zu einer prekären Termin-, aber auch Finanzsituation.

Die Ausmietung der verbliebenen Mieter verlief keineswegs so reibungslos wie angenommen, und wiederum mußten Umplanungen vorgenommen werden, um trotz fehlender Flächen und verbleibender Fremdmieter im Bereich der neu geschaffenen Amtsräume ein akzeptables und funktionierendes Raumkonzept zu erstellen.

Nachdem diese Planänderungen abermals durchgeführt wurden und die gesamte Baustelle und sämtliche Professionisten mit der neuen Situation vertraut gemacht wurden, ergab sich wider Erwarten die Möglichkeit, das gesamte Gebäude, bis auf eine kleine Wohnung, für die Zwecke der Administration der Kultusgemeinde zu nutzen, ein Umstand, der wiederum Änderungen erforderlich machte.

Bedingt durch die anfangs angespannte finanzielle Lage, die Überlegungen in Richtung wesentlicher und rigoroser Einsparungsmaßnahmen in der Ausstattung und Ausgestaltung aufkommen ließ, wurden weitere Verzögerungen geschaffen, die auch durch schließlich großzügig gewährte zusätzliche Förderungen nicht wieder wettgemacht werden konnten.

Wenn auch unter den erwähnten Umständen, wobei die schwerwiegenden Entscheidungen von sämtlichen Beteiligten im Bewußtsein der hohen Verantwortung getroffen wurden, die Baudurchführung zum vorgeschriebenen Termin ein fast schier unmögliches Unterfangen zu sein schien, stand jedenfalls fest, daß am Vorabend des Neujahrsfestes, Rosch Haschanah, am 11. September 1988, der Stadttempel und das neue Amtsgebäude der Israelitischen Kultusgemeinde Wien in neuem Glanz erstrahlen müssen.

Epilog

Alle, die unmittelbar an der Realisierung dieses für die jüdische Bevölkerung Wiens voraussichtlich bedeutendste Bauvorhaben dieses Jahrhunderts beteiligt waren, haben sich mit allen ihnen zur Verfügung stehenden Mitteln, Möglichkeiten und Fähigkeiten bemüht, sämtliche scheinbar nahezu unlösbaren und kaum absehbaren Probleme und Schwierigkeiten gemeinsam aus dem Weg zu räumen und die Hürden zu überwinden.

In Anbetracht des eindrucksvollen Resultats kann man sagen, daß alle Mühe und Sorgen sich gelohnt haben.

Die Herausforderung dieses Projektes an meine Person war eine mehrfache: es war die einmalige Chance und die Ehre, die mir, als relativ jungem Architekten, von der Isrealitischen Kultusgemeinde erteilt wurde, dieses „Jahrhundertprojekt" in dieser – sowohl für das Wiener Judentum als auch für die Architekturgeschichte – traditionsreichen Umgebung planen und durchführen zu dürfen; es war die Erfüllung des mir bereits mehrfach entgegengebrachten Vertrauens und der in mich gesetzten Erwartungen der Kultusgemeinde als Bauherr; es war schließlich die Möglichkeit, als ein Mitglied dieser Gemeinde den Juden in Wien, vor allem den jüngeren Menschen meiner Generation und deren Kindern, ein räumliches und geistiges Zentrum schaffen zu dürfen.

In der Hoffnung, daß dieses neue – alte Zentrum der Israelitischen Kultusgemeinde Wien, bestehend aus Stadttempel, Administration, Jüdischem Gemeindezentrum, koscherem Restaurant und verschiedenen Institutionen, die sich zu einem symbolträchtigen Ensemble vereinen, zu einer Heimstätte des traditionsreichen jüdischen Lebens im Herzen der Stadt und der Gemeinde werden möge, so sehe ich auch der Schaffung des geplanten Jüdischen Museums, das diesen Mittelpunkt des jüdischen Wien als Gesamtwerk demnächst abrunden und ergänzen soll, voller Optimismus entgegen.

Ruth Heidrich-Blaha

Joseph Kornhäusels Synagoge in Wien – Architektur als Zeichen

Als ich mich vor einigen Jahren mit dem Werk Joseph Kornhäusels beschäftigte, konnte ich mich des Eindrucks nicht erwehren, daß die glatte, elegante Biedermeier-Architektur eine gewisse Spannung und Unruhe in sich birgt. Im folgenden möchte ich zeigen, wie Kornhäusel sich mit der Bauaufgabe auseinandersetzte und warum diese Spannung gerade hier so stark zum Ausdruck kommt.

1. Das Zeichen:

An Hand des Vergleiches zweier „Tempel" möchte ich den Begriff näher erklären: der „Theseustempel" im Volksgarten von Peter Nobile und der „Husarentempel" bei Mödling von Joseph Kornhäusel.

Nobiles Gebäude, das ursprünglich A. Canovas Theseusstatue aufnehmen sollte („Theseus tötet den Minotaurus" befindet sich heute auf dem Treppenabsatz der Hauptstiege des Kunsthistorischen Museums), ist die verkleinerte Kopie des Theseustempels in Athen, einfärbig weiß gehalten. Die Hauptmerkmale sind: eine Cella umgeben von kannellierten dorischen Säulen, und auch die Entasis wurde nicht vergessen. Der Bau steht auf dem obligaten Stufenpodest mitten im Park.

Kornhäusels „Husarentempel" hingegen sieht anders aus: Er ist ein steinernes Gerüst, das an der Vorderseite aus Eckpfeilern und sogenannten etruskischen Säulen gebildet wird. (Es handelt sich um dorische Säulen ohne Kannellierung.) Die Seitenteile sind aus römischen Rundbögen gebildet. Diese sind im römischen Stile kassettiert. Ein rundum laufender Architrav, der mit einem römischen Ornamentfries verziert ist, verbindet alle vier Seiten miteinander. An der Vorderseite befindet sich der Giebel mit figürlicher Gestaltung. Das Gebäude steht auf dem Gipfel eines Berges und ist daher sowohl für Fernsicht als auch für Nahsicht konzipiert. Die Giebelfront für die Fernsicht – die römischen Bögen als Überraschung für die am Ziel angelangten Wanderer. Diese Giebel-Säulenfront und die Rundbögen sind archäologische Details und werden hier als Fragmente und damit als hinweisende Zeichen eingesetzt. Erst in der Vorstellung des Betrachters erzeugen sie den „Tempel".

Der Theseustempel ist unzweifelhaft ein Tempel, nämlich die Kopie des Theseustempels in Athen, der Husarentempel ist ein Zeichen für einen Tempel und überläßt es daher dem Betrachter, sich weiter Gedanken zu machen, sie z. B. zu sammeln oder sie schweifen zu lassen. Diese, den Betrachter zur Reflexion einladende Gestaltungsweise wird uns auch

Mödling, Husarentempel, ca. 1916

bei der Besprechung von Kornhäusels verschiedenen Werken, vor allem bei der Synagoge, begegnen.

Sie resultiert aus dem Prinzip der ,,Verfügbarkeit der Formen" und dem Gebrauch des ,,hinweisenden Zeichens". Dieses entsteht, wenn die Formen sowohl aus ihrem architektonischen als auch inhaltlichen ursprünglichen Zusammenhang gelöst, neu kombiniert und mit neuen Inhalten versehen werden, d. h. schon der Architekt muß die vorhandenen Formen analysieren und zu einer neuen Synthese vereinen. Damit wirkt die Architektur Joseph Kornhäusels eigentümlich beunruhigend, obwohl sie auf den ersten Blick aus eindeutigen, klaren, dem Betrachter geläufigen Formen zusammengesetzt erscheint.

Sie ist nicht, was sie scheint. Und schon ist man in das manieristisch-ironische Spiel ,,so ist es – ist es so?" hineingezogen.

Wenden wir uns nun dem nächsten ,,Tempel" zu:

Als am 9. April 1826 Zinshaus und Bethaus in der Seitenstettengasse eingeweiht wurden, empfing den Besucher folgende Inschrift in goldenen Buchstaben auf schwarzem Marmor über dem Portal:

Ziehet ein
In seine Pforten mit Dank,
Lobet, preiset Gott!
Er erweckte das Gemüt seines Gesalbten
Kaisers Franz I.,
welcher
Den Israeliten Wiens huldvoll bewilligte,
zu weihen dieses Haus
Dem Dienste Gottes,
Dem Unterrichte der Jugend
Und frommen Werken
im 34. Jahre seiner glorreichen Regierung.

Der Besucher betrat das Bethaus von der Hofseite her, und der Architekt hatte eine repräsentative Fassade entworfen. (Die abgerundeten Seitenteile waren bis vor kurzem noch als Rückwand eines Abstellkammerls in der heutigen Eingangshalle zu sehen.) Triumphbogenmotiv, Säulen und Gebälk sowie die teilweise flache Bossierung der Wand wiesen auf den ehrwürdigen und erhabenen Charakter des Bauwerks hin, das hinter einer alltäglichen Zinshausfassade verborgen werden mußte. (Es war eine Vorschrift des Toleranzpatentes, daß nicht-katholische Gotteshäuser von der Straße aus nicht sichtbar sein durften und auch kein Zeichen auf sie hinweisen durfte.) Der Anblick, der sich dem damaligen Besucher bot, unterschied sich stark vom heutigen Zustand. Der Besucher sah nicht nur den ovalen Raum, die Säulenreihe, die eingehängten Galerien, die Kuppel, den Thoraschrein und die Bimah, sondern auch zwei Luster, die von der Decke hingen, eine mit einem Ornamentsnetz überzogene Kuppel und die Interkolumnien rechts und links des Thoraschreins ohne Galerien.

Sieht man sich heute Pläne und künstlerische Abbildungen des Innenraums an, so fällt die klare architektonische Gliederung des Raumes auf, der nach außen hin fast vollkommen abgeschlossen ist – die einzige Öffnung nach außen ist die Laterne, durch die das Tageslicht einströmt. In diesen kleinen Kosmos ist eine Kolonnade – aus zwölf Säulen, im ,,ionischen Stil" gebildet, – eingesetzt. Diese dient als Träger der Galerien und umschließt gleichsam einen zweiten inneren Raumkern, wo sich die Männersitze des Parterres befinden. Solche Kolonnaden (Säulenreihen) werden sonst als Ordnungselemente für öffentliche Versammlungsräume eingesetzt, um diese in einen unbegrenzten ,,chaotischen" und in einen begrenzten und geordneten Raum zu teilen. Einen solchen öffentlichen Raum finden wir nun in einen Innenraum versetzt. Wiederum ein Zeichen – hier für ,,geordnete Versammlung". Der ganze Raum, den die äußere Schale umschließt, muß unter diesen Umständen auch als ein sichtbares und überschaubares ,,Stück" Kosmos (Universum) interpretiert werden.

Der Thoraschrein ist als ,,Einbauschrank" gestaltet und nicht als dreidimensionaler Schrank. Nur die vergoldeten Türflügel weisen, wiederum als Fragment zum abstrahierten Zeichen geworden, auf das sakrale Zentrum des Raumes hin. Dieser Teil des Raumes wird nun von einer an einen Triumphbogen gemahnenden Architektur umgeben. Allerdings wiederum nur als Fragment und Zeichen eingesetzt. Wenn wir ihn mit einem Triumphbogen, den der Architekt selbst entworfen hat, vergleichen, so sehen wir, daß in der Synagoge wieder nur das Grundgerüst – Säule-Interkolumnium-Säule-Arkade-Säule-Interkolumnium-Säule – geblieben ist, der Architrav verbindet als ,,zweite Galerie" diesen Teil mit der umgebenden Kolonnade. Die massiven Teile des Triumphbogens fallen weg.

Hier, wie beim anderen „Tempel", wird die Architektur erst im Kopf des Betrachters fertiggestellt. Kornhäusel verlangt von den Besuchern ästhetische Arbeit. Die Betrachtung der Kunstwerke wurde damals, den romantischen Vorstellungen folgend, dem Gebete gleichgestellt.

„Ich vergleiche den Genuß der edleren Kunstwerke dem Gebet. .... Es ist frevelhaft zu nennen, wenn jemand in einer irdischen Stunde, von dem schallenden Gelächter seiner Freunde hinwegtaumelt, um in einer nahen Kirche, aus Gewohnheit, einige Minuten mit Gott zu reden."[1)]

Es ist anzunehmen, daß die Besucher dieses Gotteshauses, die sich selbst als die „gebildete Klasse der hiesigen Israeliten" bezeichneten, diese Ideen kannten.

Joseph Kornhäusel, der Architekt, muß sich wohl sehr gründlich mit seiner Aufgabe auseinandergesetzt haben, bis er dieses Konzept des Zeichens gefunden hatte. Leider gibt es keine diesbezüglichen schriftlichen Quellen, auch eine eventuelle Korrespondenz mit den Auftraggebern fehlt völlig. Als einziges Dokument ist der Bauvertrag zwischen Joseph Kornhäusel, dem Baumeister Jakob Hainz und Vertretern der Gemeinde vom 28. Januar 1824 erhalten. Es wird u. a. festgehalten, daß das Gebäude bis 19. September 1825 bezugsfertig sein sollte. Es findet sich jedoch kein Hinweis auf das Aussehen der Synagoge. Tatsächlich vorhanden sind nur die Entwürfe der Albertinamappe 41 und der Aufruf der Gemeindevorsteher vom 18. November 1819:

„Die täglich fühlbarer werdende Notwendigkeit, unsere gottesdienstlichen Verrichtungen verständlicher, erbaulicher und mehr dem Zeitgeiste gemäß einzurichten, hat bei den Unterzeichneten den Wunsch erregt, den zu Berlin und Hamburg mit so günstigem Erfolg entstandenen israelitischen neuen Kultus nachzuahmen und auch hier in der k. k. Residenzstadt Wien einen ähnlichen Gottesdienst einzuführen ... wobei vorzüglich auf die Jugend – auch des weiblichen Geschlechtes – welche nicht ferner, wie bisher, teils in einer ihr unverständlichen Sprache beten, teils ganz von der öffentlichen Gottesverehrung ausgeschlossen bleiben soll – ein Hauptaugenmerk gerichtet werde; bei welcher neuen Einrichtung sie sich nicht nur der Genehmigung, sondern selbst der gnädigsten Unterstützung der höchsten und hohen Behörden im voraus erfreuen dürfen. Sie ersuchen daher jeden, der von gleichem Wunsche beseelt und dessen Ausführung befördern zu helfen geneigt ist, sich unterzeichnen zu wollen, um dann über das Lokale und die fernen Einrichtungen beraten zu können."[2)]

Kornhäusel hatte noch zu beachten: Das unregelmäßige und technisch schwierige Gelände, die Vorschriften des Toleranzpatents (an der Außenseite kein Hinweis auf ein nicht-katholisches Gotteshaus), den Einbau der Frauengalerie und die Lokalisierung von Thoraschrein und Bimah im östlichen Teil des Raumes.

2. Die Vorentwürfe

Kornhäusel hat sich in erster Linie mit verschiedenen, damals bekannten Bautypen, die für Synagogen möglich waren, beschäftigt. Bemerkenswert daran ist, daß er keine von den damals gängigen zeitgemäßen Typen, wie James Spillars „Große Synagoge" in London, 1790 erbaut, und die Synagoge in München, entworfen von J. B. Metivier und 1825 fertiggestellt, verwendet, sondern solche, die schon zu seiner Zeit als historisch galten und die er nun, in seinen spezifischen Stil verwandelt, entwarf. Nebeneinander betrachtet, weisen sie keine in sich geschlossene Entwicklungsreihe auf. Es ist nicht möglich, einen als den ersten oder letzten anzunehmen.

Von allen Vorentwürfen ist nur einer – U4 – differenziert ausgeführt und signiert. An Hand dieses Entwurfes lassen sich verschiedene Aspekte, die für Kornhäusels Architektur in diesem Zeitraum wichtig und bestimmend sind, präziser herausarbeiten: Ihn hielt Kornhäusel wahrscheinlich für den geeignetsten.

Er besteht aus 14 Blättern. Für unsere Betrachtung sind nur Grundriß, Längsschnitt und Querschnitt von Bedeutung. Dieser Typus geht auf den hugenottischen Tempel von Charenton zurück, der von Salomon de Brosse 1622/23 erbaut wurde. Er ist eines der Vorbilder der protestantischen Predigerkirche, die ihrerseits wieder auf die Formen der römischen Basilika zurückgreift. Dieses Vorbild übertrug der Architekt Elias Bouman auf die Portugiesische und die Deutsche Synagoge in Amsterdam, die nach seinen Plänen 1671—75 erbaut wurden.

Die Portugiesische Synagoge ist ein Hallenbau, über einem rechteckigen Grundriß errichtet, und wird durch drei fast gleich breite und gleich hohe Tonnen, die auf zwei Reihen monumentaler ionischer Säulen aufliegen, in einen dreischiffigen Raum verwandelt. Die Frauengalerien in den ,,Seitenschiffen" werden von kleineren Säulen gehalten. Durch große Fenster fällt das Tageslicht in den weiten Raum und füllt ihn ganz aus. Die Synagoge war ein frei stehender Bau, denn in den Niederlanden des 17. Jahrhunderts gab es keine, den österreichischen Restriktionen vergleichbaren Bauvorschriften für Synagogen. Der Raum, so wie ihn E. de Witte auf seinem Bild darstellt, rückt den sakralen Charakter in den Hintergrund und betont eher den des Versammlungsraumes, in dem sich der Besucher frei bewegen konnte.

In Kornhäusels Zeichnung wird der längsrechteckige Raum mittels der beiden Säulenreihen in ein breites Mittelschiff und zwei schmälere Seitenschiffe unterteilt. Das Mittelschiff wird hier von einer Tonne überspannt, die ,,Seitenschiffe" von flachen Platzgewölben bedeckt. In die Tonne ist eine rechteckige Laterne als Lichtquelle eingesetzt. Die Galerien in den Seitenschiffen werden von Konsolen getragen.

Kornhäusel greift hier weit hinter die Predigerkirche zurück und nimmt hier nochmals das Motiv der römischen Basilika auf, die ein Profanbau war. Sie bestand aus einem hohen und zwei oder mehreren niedrigeren Schiffen, durch Säulenreihen oder Pfeiler voneinander unterschieden. Das höhere Mittelschiff wurde durch Lichtgaden erhellt. Sie war flach gedeckt. Die Tonne in der Entwurfszeichnung hat ihr Vorbild in den Thermen der späten Kaiserzeit und ist hier im Empire-Stil abgewandelt.

Ebenso verändert der Architekt die Beleuchtungssituation und die Dekoration. Tatsächlich findet sich auf dem Plan die Beleuchtung nicht angegeben, aber auf Grund der Laterne kann sie ungefähr rekonstruiert werden. Dazu verhilft auch ein Vergleich mit der Bibliothek des Schottenstifts, die ab 1826 gleichzeitig mit anderen Adaptionen des Stifts errichtet wurde.

Für diese hat Kornhäusel den Entwurf minimal verändert, mit einer Apsis versehen und die Galerien, wie in der Synagoge, zwischen Wand und Säulen eingehängt.

Das Licht in diesem Raum wirkt kühl und konturierend, die architektonischen Elemente setzen die einzelnen Teilräume voneinander ab und machen damit dem Betrachter die massiven hellen Architekturteile und den dazwischen entstehenden dunklen Leerraum bewußt, im Gegensatz zur römischen Basilika, in der das Licht zwar gedämpft, aber einheitlich, mit leichter Veränderung in den Helligkeitswerten, den ganzen Raum erfüllte und damit zu einer Einheit gestaltete. Hier zeichnet sich bereits ein wichtiges Gestaltungselement Kornhäusels ab, um eine additive Raumkonstruktion und eine deutliche Differenzierung der Einzelteile herbeizuführen. Die scharfe Konturierung und den Hell-Dunkel-Kontrast werden wir auch in der Synagoge wiederfinden.

Ein weiterer Aspekt, der hier bereits auftritt, ist die Verwendung von spätrömischen monumentalen Architekturelementen, die dann in verkleinerter Form ihre tatsächliche Verwendung finden.

Projekt U5 sieht eine in drei Teile gegliederte Rechteckskomposition vor: einen eigenen Frauenraum mit Galerie, einen Raumteil für die Männer und einen eigenen für den Thoraschrein. Der ganze Raum wird von einer Tonne einheitlich überspannt, die nur, je nach ,,Raumaufgabe", verschieden dekoriert wird. Die Wände des mittleren Raumes sind durch Blendarkaden, Pfeiler und einen Fries mit figürlichen Darstellungen gegliedert. Vor den Pfeilern stehen Säulen, welche die Tonne tragen. Hier versucht Kornhäusel eine Variante der osteuropäischen Synagogen, die getrennte Räume für Männer und Frauen vorsehen, mit der zeitgenössischen Festsaalarchitektur zu verbinden. Dieses System der Raumgliederung ohne Fries verwendet Kornhäusel im Korridor der Albertina, die er zu dieser Zeit (1822—24) für Erzherzog Karl adaptierte, und leicht variiert, ohne Säulen, im Festsaal derselben.

Entwurf U7 ist eine direkte Übernahme des Grundkonzeptes der reformierten evangelischen Kirche in Wien, 1784 nach den Plänen Gottlieb Nigellis erbaut. Wie schon R. Wagner-Rieger gezeigt hat, ist diese eine vereinfachte Form des Pariser Panthéon (begonnen 1757 nach den Plänen des Architekten Jaques Germain Soufflot).

Es gibt in diesem Konvolut keine Aufrißzeich-

Durand, Pièces centrales. Entwürfe für Zentralräume

Rom, Pantheon. Alte Innenansicht

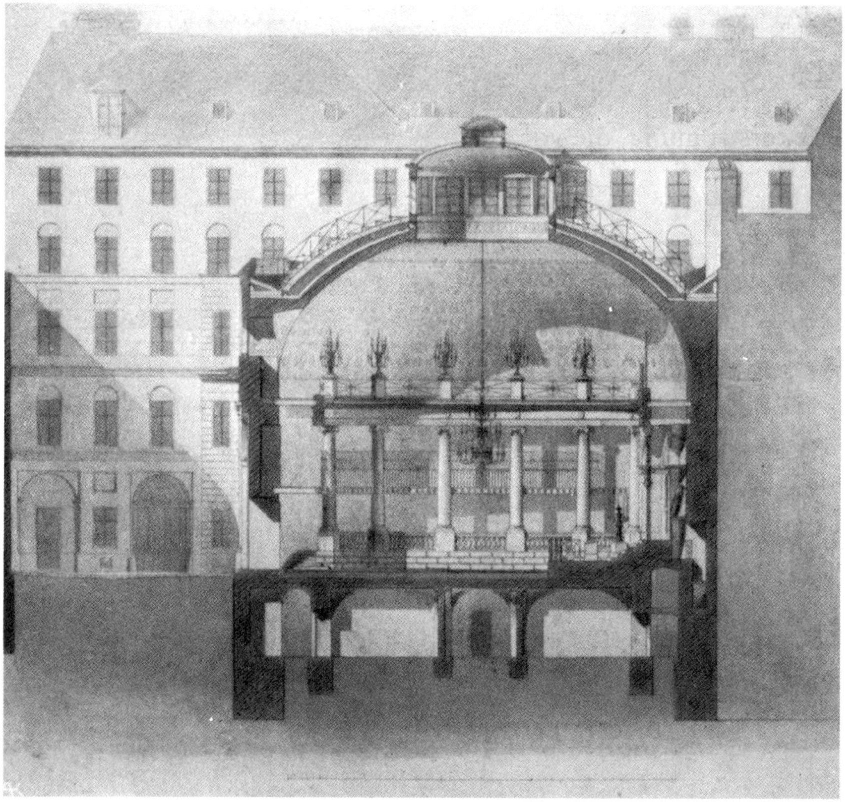

Wien, Durchschnitt des Tempelgebäudes, um 1825

nungen, und wie eine Kornhäuselsche Variation dieses Kirchenraumes ausgesehen hätte, ist kaum vorstellbar, da Kornhäusel in diesem Stile der Auflösung der Mauer durch Pfeiler und Säulen nicht gebaut hat. Es widerspräche auch seiner Tendenz zur Verblockung der großen Formen und zur Fragmentierung der kleineren, der Reduzierung auf das Nötigste und der gezielten Sparsamkeit in der Dekoration.

Keiner der Entwürfe wurde genehmigt. Die Gründe dafür sind nicht bekannt.

Ich nehme an, daß die Methode des Umwandelns der Grundkonzepte in den „Empirestil" zu deutlich erkennbar war und der durch Zerlegen in Einzelteile und deren Wiederzusammensetzen entstandene Stil noch nicht die richtige Formensprache für das angestrebte Ziel war.

3. Einfluß des Revolutionsklassizismus

Kornhäusels Formensprache war jedoch nicht nur eine Auseinandersetzung und ein „Spiel" mit historischen Formen, eine weitere Wurzel liegt im sogenannten „Revolutionsklassizismus".

Dies war eine Architekurströmung, die vor allem von zwei Architekten getragen wurde: Etienne – Louis Boullée (1728—1799) und Claude-Nicolas Ledoux (1736—1806).

Bekannt wurden sie vor allem durch ihre Architekturphantasien. Sie kombinierten die „Urformen" der Geometrie: Kugel, Zylinder, Kuben und verbanden diese für sie idealen Formen mit der Idee von der idealen Gesellschaft. Ledoux entwarf eine Idealstadt: Arc et Senans, die z. T. verwirklicht wurde. Boullée entwarf Bibliotheken, Parlamente und Museen.

Alle diese Entwürfe zeichnen sich durch Strenge, Klarheit und Monumentalität aus. Die Räume werden durch kaltes Schlaglicht von oben erhellt. In etwas abgeschwächter Form faßte Jean-Nicolas-Louis Durand die Entwürfe in einem Musterbuch zusammen: Lecons d'architecture, erschienen 1819. Durand (1760—1834) war Schüler Boullées und Professor an der Pariser Ecole polytèchnique.

Dieses Musterbuch war wohl allen Architekten bekannt. Es enthielt Anregungen für ärarische Bauten, vor allem seine Vorschläge für „pièces centrales" sind in unserem Zusammenhang wichtig.

Das Musterbuch zeigt immer nur das Grundthema. Die Variation bleibt dem jeweiligen Architekten überlassen. Einen dieser Vorschläge wird Kornhäusel in seiner bewährten Art der Anpassung und Verwandlung als einen Teil der Bibliotheksräume im Stift Klosterneuburg einsetzen. Ein anderer weist eine große Ähnlichkeit mit unserer Synagoge auf. Sie alle sind Variationen des römischen Pantheon, einer fensterlosen Rotunde mit kassettierter Kuppel. Durch das Opeion (kreisförmige Öffnung im Zenit der Kuppel) fällt Licht in den Raum.

Diese Rotunden wurden als Zentren größerer Anlagen gebaut.

Ich greife hier als Beispiel Karl Friedrich Schinkels Bau des „Berliner Museums" heraus. Er war der berühmte preußische Kollege Kornhäusels. Schinkel mußte um die Erbauung (1825) der Rotunde kämpfen und setzte sich mit folgendem Argument durch:

„Endlich auch kann die Anlage eines so mächtigen Gebäudes, wie das Museum unter allen Umständen werden wird, eines würdigen Mittelpunktes nicht entbehren, der das Heiligtum sein muß, in dem das Kostbarste bewahrt wird... hier muß der Anblick eines schönen und erhabenen Raumes empfänglich machen und seine Stimmung geben, für den Genuß und die Erkenntnis dessen, was das Gebäude überhaupt bewahrt."[3)]

Hier setzte K. F. Schinkel Wackenroders Theorie in die Praxis um. Der Raum war für die Präsentation berühmter Statuen gedacht.

Die Veränderungen, die Kornhäusel mit dem Grundthema vornimmt, sind hier jedoch von einer anderen Art und wesentlich gravierender als in den Vorentwürfen. Denn er verändert hier nicht nur die vorgefundenen Formen, sondern auch die inhaltliche Bedeutung.

4. Der sakrale Raum

Aus dem kreisförmigen Grundriß wird ein Oval, die Kugelkalotte der Kuppel wird zu einem halben ovalen Drehkörper, und auf das ovale Opeion setzt er zwei Laternen übereinander auf.

Er bricht also Formen auf, zieht sie auseinander und rückt sie zusammen, verdoppelt sie, und aus der vorgesehenen Kassettierung wird ein Ornamentnetz. Der ganze Raum wird in ein kaltes, scharf konturierendes Licht getaucht.

Doch diese Methoden, die im Barock zur Bewegung des Raumes und des Betrachters im Raum Anlaß gaben, erstarren hier und werden dadurch zu Monumenten ihrer selbst, was durch die ,,Zeichenhaftigkeit" der Einrichtung noch verstärkt wird. Ebenso erstarrt der Betrachter.

Die zum Ornament verwandelte Kassettierung und das scharf konturierende kalte Licht unterstreichen noch die Abstraktheit des Raumes. Der dadurch entstehende denkmalartige Charakter des Baus, der hier aus dem Verband herausgelöst wurde, läßt sich gut mit der Idee des ,,ästhetischen Schatzhauses" von Wackenroder und Schinkel verbinden.

Hier kommt nun ein Element dazu, das bereits zu Beginn angedeutet wurde: das Theaterhafte, im Sinne des ,,heiligen Theaters".

Schon ein Zeitgenosse berichtete:

,,Man tritt in eine Rotunda, die durch eine kühngeschwungene Kuppel reichliches Tageslicht empfängt. Zu beiden Seiten des hohen Portales, in einiger Entfernung von der Hauptmauer, laufen zwölf Säulen von ionischer Ordnung und den reinsten Verhältnissen in gemessenen Zwischenräumen, die eine Doppelgalerie bilden, gegen die Schranken hin, welche die erhöhte Bühne im innersten Halbkreis von dem übrigen des Tempels abscheidet. Sie steigt auf einigen Stufen von den Schranken zu der Bundeslade empor; diese insbesondere, ja diese allein fordert und fesselt mit großartiger Einheit des Eindruckes den Blick des Beschauers."[4)]

Weiters behauptet er, daß das Bauwerk an Größe und Pracht übertroffen werden könnte, aber, was den Geschmack betrifft, sich mit jedem messen kann.

Kornhäusel war zu dieser Zeit auch mit dem Bau des Theaters in der Josefstadt (1822) beschäftigt und bereits ein erfahrener Theaterarchitekt (Schloßtheater in Eisgrub, Badener Stadttheater, Theater in Heiligenstadt, Theater in Hietzing).

Auch dieses ,,Theater" hat zwei Wurzeln. Einerseits wurde der Gedanke der Vernunft, der ursprünglich eine Möglichkeit des praktischen Handelns darstellte, im Laufe der Zeit zu einer abstrakten Idee umgewandelt. Da abstrakte Ideen als unverrückbar und immerwährend galten, kommen sie dem abstrakten Gottesbegriff sehr nahe. Das 1. Gebot verbot jegliches Abbild und damit jegliche bildliche Vorstellung von der Welt.

Mit dem Einsatz des Kunstgriffes ,,Zeichen" wird nun dem Betrachter der Anstoß vermittelt, sich dem Abstrakten und Unfaßbaren zuzuwenden. Der Synagogenraum ist mittels hinweisender Zeichen gestaltet, deren Ursprung zwar wahrnehmbar ist, deren Ausführung jedoch keine Kopie oder Wiederholung ist.

Gleichzeitig wird die Bühne (Bimah), durch die Schranken vom übrigen Innenraum getrennt, zum sakralen Zentrum des ,,Lithurgischen Theaters", deren Kulissen-Zeichen der Triumphbogen und die goldenen Schranktüren sind.

Die Theatertheoretiker der Zeit der Aufklärung wiederum berufen sich auf die kathartische Wirkung des Dramas, die Aristoteles ihm zugeschrieben hat.

Durch die Erschütterung der Seele sollte der Mensch zum Denken angeregt, dadurch seine Seele verwandelt und für das Gute und Richtige empfänglich werden. Der Aufbau der Liturgie und die Predigt ,,moralischen" Inhalts sollten die Seele der Gläubigen erheben.

Der Inhalt des Aufrufes hatte seinen ihm gemäßen Rahmen gefunden.

Joseph Kornhäusel gilt als der Architekt der Synthese und der Harmonie. Auf den ersten Blick scheint dies auch so. Wie aber auf den vorangegangenen Seiten an einigen besonders signifikanten Beispielen gezeigt wurde, liegt dem eine spannungsgeladene Dialektik zugrunde. Es ist immer der Versuch, eine historische Grundform in ein neues Konzept einzupassen oder sie formal zu verändern, um sie mit einem neuen Gedanken zu verbinden, der noch keinen formalen Ausdruck gefunden hatte, wie zum Beispiel eine Synagoge in Wien zur Zeit der Ära Metternich, mit allen ihren politischen, geistigen und religiösen Implikationen.

Umbauten:

Der erste quellenmäßig nachweisbare Umbau wurde von Wilhelm Stiaßny zwischen 1895 und 1904 vorgenommen.

Die erste Frauengalerie wurde bis zur Thoraschreinnische erweitert. In der zweiten Galerie entfielen die Kandelaber und die Sockel.

Die Kuppel wurde nun mit ,,Sternenradien" versehen, die auf den schon erwähnten K. F. Schinkel zurückgehen. Sie entstammen einem Bühnenbild für die Erscheinung der Königin der Nacht in Mozarts Zauberflöte.

Auch die Beleuchtungssituation wurde vollkommen verändert. Die Luster und die Kerzenhalter der ersten Galerie fielen weg. Im unteren Drittel der Kuppel wurden Wandleuchten angebracht. Die erste Galerie erhellten nun Luster, auch hier wurden Wandleuchten montiert. Die Zylinderwand wurde durch eine kaffeehausartige Lederpolsterung neu gestaltet. Stiaßny verwandelte den Raum in einen einheitlichen längsovalen Zentralraum und beseitigte damit Kornhäusels mit Bedacht differenziert gestalteten Raum und damit auch die Gedankenwelt dieser Zeit. Nun war er das Zeichen für das Wiener jüdische Establishment und vermittelt vielleicht auch deswegen die Stimmung eines Ringstraßencafés, einer selbstgenügsamen, in sich geschlossenen Welt.

Auch die Generalrenovierung im Jahre 1963, nach den Plänen Prof. Otto Niedermosers, brachte nur formale Wiederaufnahmen des Kornhäuselschen Repertoires und verband diese gleichzeitig mit den formalen Änderungen Stiaßnys.

Die Kuppel wurde nun hellblau-rosa changierend gehalten, und die Sterne unregelmäßig gesetzt. Dabei wurde leider übersehen, daß Kornhäusel keine schöne Biedermeierarchitektur geplant hatte. Der Himmel, der gleichzeitig ein Nacht- und ein Taghimmel ist, läßt sich vielleicht als ein Zeichen der Wiedergeburt nach schwerer Prüfung ansprechen.

Die ernsten Gedanken der Reformer und des kongenialen Architekten gehörten nun endgültig der Vergangenheit an.

Bibliographie:

Festschrift ,,150 Jahre Wiener Stadttempel", Wien o. J.

FRANKL, Ludwig: Zur Geschichte der Juden in Wien, Wien 1853.

HERZMANSKY, Hedwig: Joseph Kornhäusel, unveröffentlichte Dissertation, Wien 1965.

KASCHNITZ-WEINBERG, Guido: Das Schöpferische in der römischen Kunst, Hamburg 1961.

PRIBAM, Alfred F.: Urkunden und Akten zur Geschichte der Juden in Wien, Wien – Leipzig 1918.

RIZZI, G. W.: Joseph Kornhäusel, Katalog zur Ausstellung: Bürgersinn und Aufbegehren, Biedermeier und Vormärz in Wien 1815 bis 1848, Wien 1973.

ROSENAU, Helen: The synagogue and protestant church architecture, Journal of the Warburg Institute, 1941.

TAUSSIG, Paul: Joseph Kornhäusel, Wien 1916.

WAGNER-RIEGER, Renate: Vom Klassizismus bis zur Sezession, in: Geschichte der Stadt Wien, Neue Reihe, Band VIII/3, Wien 1973.

Anmerkungen

1) WACKENRODER, Friedrich: Herzensergießungen eines kunstliebenden Klosterbruders, Kapitel: Wie und auf welche Weise man die Werke der großen Künstler der Erde eigentlich betrachten und zum Wohle seiner Seele gebrauchen müsse. Wackenroders Werke und Briefe I, Jena, 1910, S. 79f.

2) FRANKL, Ludwig: Zur Geschichte der Juden in Wien, Wien 1853, S. 48.

3) RAVE, Ortwin P.: Karl Friedrich Schinkel, Bauten für die Kunst, Kirchen, Denkmalpflege, Bericht Schinkels aus dem Bauausschuß als Antwort auf einen Brief Hirts an Schinkel vom 6. Februar 1823.

4) Wiener Modezeitung, 27. April 1826, Nr. 50.

Klaus Lohrmann

Die Geschichte der Juden in Wien 1782 – 1938

Ein Überblick

Der Zeitraum zwischen der Erteilung des Toleranzpatentes für die Juden in Wien und Niederösterreich und dem Beginn der Demütigung, Vertreibung und Ermordung der Juden 1938 kann als in sich geschlossene Epoche betrachtet werden, in der die Juden schrittweise in den Genuß aller bürgerlichen Rechte kamen, also einen Schutz wie jeder andere Staatsbürger genossen, zugleich aber in einer Atmosphäre lebten, in der sie immer wieder mit Judenfeindschaft und später Antisemitismus konfrontiert wurden.

Das Toleranzpatent Josephs II. und seine Folgen

Das Toleranzpatent selbst bedeutete für die Wiener Juden eine bedeutsame klimatische Verbesserung, die von vielen Juden mit Enthusiasmus begrüßt wurde. Die Gegenstimmen waren weniger von Mißtrauen gegen die Behörden bestimmt als von den Bedenken, ob dieses Patent nicht eine Gefährdung jüdischer Identität darstellen könnte. Dies mit Recht, denn einige Passagen des Toleranzpatentes drücken klar aus, daß gerade die im Sinne der Aufklärung fortschrittlichsten Kräfte von tiefem Mißtrauen gegen das traditionelle, vor allem rabbinische Judentum geprägt waren. Eine an sich logische Haltung, wenn man bedenkt, daß die Träger dieser Gedanken auch an der traditionellen Formenwelt des Christentums Kritik übten.

An der Rechtsstellung der Juden änderte das Toleranzpatent indes wenig. Es blieb bei der Regelung, daß jeder Jude nur mit einer ,,Toleranz'', einer Bewilligung, sich in Wien niederlassen durfte, der ein genaues Prüfungsverfahren vorausgegangen war. Die strikte Überwachung der Juden blieb erhalten, was allerdings auch in die Gesamtkonzeption des josephinischen Zentralstaates paßte. Eine wesentliche Neuerung stellte die Aufhebung der Leibmaut dar, womit eine der diffamierendsten Abgaben für die Juden gefallen war. Die nivellierenden Tendenzen des Patents äußerten sich auch darin, daß nach wie vor keine jüdische Gemeinde gebildet werden durfte. Der Hauptantrieb für die Herausgabe des Toleranzpatentes war die einführend erklärte Absicht, die Juden für den Staat nützlicher zu machen.

Diesem Ziel diente die Einführung einer jüdischen Normalschule, die garantieren sollte, daß jeder Jude grundsätzlich in die säkulare Bildung eingeführt werden sollte, wobei zu bemerken ist, daß in josephinischer Zeit lediglich eine sehr praxisbezogene Bildung vermittelt wurde. Gut gemeint, aber wenig realistisch war die Absicht des Kaisers, die Juden in der Landwirtschaft arbeiten zu lassen; alle brauchbaren Böden waren ja längst vergeben, und so stellte sich das Ergebnis dieser Maßnahme ziemlich kläglich dar. Dem Toleranzpatent selbst folgte eine Fülle ,,flankierender Bestimmungen'', wie eine Normierung der zu gebrauchenden jüdischen Namen oder die Verwendung der Juden im Militärdienst, allerdings in sehr eingeschränkter Weise, nämlich beim Troß. Nachdrücklich wurde auch darauf hingewiesen, daß Juden die Universität besuchen konnten, was eigentlich nie verboten war, in der Praxis durch gewisse religiöse Voraussetzungen aber unmöglich gewesen war. Das erste von Juden frequentierte Studium war die Medizin.

Nach 1790 wurden bei prinzipieller Aufrechterhaltung des Toleranzpatentes Bestimmungen erlassen, die seinen Tendenzen bisweilen zuwiderliefen. So wurde die Aufhebung der Leibmaut durch die Einführung der Bollettentaxe unterlaufen. Die Zulassung von Vertretern der Juden, die mit den Behörden verhandeln sollten, diente mehr der Spaltung der Wiener Juden in eine Gruppe angesehener reicher Juden und in die Masse der armen Juden, gegen deren Ausweisung die Vertreter nichts einzuwenden hatten. Allerdings waren diese Vertreter sicher als Vorläufer der Kultusgemeinde zu betrachten; zumindest in dem Sinne, daß nun ein Organ bestand, das Wünsche konkret äußern konnte.

Es wäre eine falsche Vorstellung, würde man

Franz II. (I.) unterstellen, daß seine Judenpolitik der Josephs II. zuwiderlief. Manche Schwierigkeiten waren gewissermaßen vorprogrammiert, da Joseph in einem großen Bogen manchen Problemen ausgewichen war. Zudem brachte die Normierung des rechtlichen Lebens durch das Allgemeine Bürgerliche Gesetzbuch manche Probleme mit sich, da z. B. ein Ausgleich mit dem jüdischen Eherecht gefunden werden mußte. Was heute als Druck auf die Eigenart des jüdischen Rechts erscheint, war damals eigentlich nur das Streben nach möglichst großer Vereinheitlichung, hinter der vor allem das Streben nach gerechter Behandlung aller Staatsbürger als Motiv stand. Während dieser Entwicklung kam es eben immer wieder zu Reibereien mit Sonderrechten, gegen die man mißtrauisch war, da sie an das privilegiale Zeitalter gemahnten, dem man ja den Kampf angesagt hatte.

Die berufliche und damit soziale Stellung der Juden um 1800 unterschied sich noch wenig von der Situation, die um die Mitte des 18. Jahrhunderts herrschte. Aus einer Familienliste des Jahres 1804 geht hervor, daß die meisten Familienväter in irgendeiner Form als Händler tätig waren. Die Spitze bildeten dabei die Großhändler. Es ist interessant, daß die meisten Großhändler aus den alten berühmten Familien wie Eskeles, Arnsteiner oder Wertheimer stammten. Einer der Arnsteiner beschäftigte sich sogar noch mit dem Wechselgeschäft. Die anderen Händler vertrieben die verschiedensten Waren: Pferde, Papier, inländische Fabrikate, Wolle, Leder, Seidenerzeugnisse und vieles mehr. Von den klassischen Handelszweigen war noch der Juwelenhandel übriggeblieben, dem sich aber nur mehr sehr wenige Juden widmeten. Man darf sich diese Händler nicht alle als reiche Leute vorstellen. Die Großhändler verdienten sicher sehr gut, doch ein Papier- oder Wollhändler gehörte bestenfalls dem Mittelstand an. Es wäre also falsch zu vermuten, daß alle in Wien zugelassenen Juden sehr reich waren. Von den 113 Haushaltsvorständen waren etwa zehn als Fabrikanten tätig, vier als Ärzte, von ihnen war nur einer im jüdischen Spital angestellt. Damit begann der Zuzug der Juden in die Berufe, für die akademische Ausbildung benötigt wurde. Bereits eine größere Zahl von Familienvätern arbeitete für die Bedürfnisse anderer Mitglieder der Judenschaft. So die Koscherweinhändler, Koschermilchhändler, der jüdische Bademeister oder der Schulklopfer im Hause Arnsteiner. Daneben waren auch einzelne bedürftige Personen zugelassen, die auf Kosten ihrer Verwandten lebten. Wir haben also vom sozialen Standpunkt aus eine ziemlich vollständige Gesellschaft von Führungsschicht, Mittelstand und Bedürftigen vor uns. Außer den mit behördlicher Erlaubnis in Wien lebenden Juden arbeitete hier eine große Zahl versteckt und heimlich. Jedermann wußte zwar, daß die Zahl der Nichttolerierten in Wien weit größer war, die Schätzungen gingen bis zu 4000 Personen, doch offiziell nahm man sie nur zur Kenntnis, wenn wieder einmal einige abgeschoben wurden.

Die führenden tolerierten Familien standen in engem Kontakt mit Politikern und der hohen Beamtenschaft, also vor allem mit jenen Schichten, die den Geist der Josephinischen Toleranzpolitik weitertrugen; dabei assimilierten sie sich weitestgehend. Diese Entwicklung wurde bei der Errichtung des Stadttempels und der Etablierung des Ritus besonders deutlich erkennbar. Schon die Berufung des Predigers Mannheimer, der in Hamburg und Berlin gewirkt hatte, zeigte, daß der Ritus, der am Stadttempel herrschen sollte, zumindest einen reformistischen Einschlag haben sollte. Es war klar, die Familien, die mit gebildeten Christen täglich Umgang hatten, wollten jeden Eindruck vermeiden, der sie als rückständig und abergläubisch ausweisen könnte. Der Wiener Minhag, nach dem der Gottesdienst gestaltet wurde, gilt als eine Mischung von konservativ und reformistisch.

Es gab allerdings auch unter den führenden Juden eine orthodoxere Bewegung, die vor allem von Isaak Löw Hofmann, später geadelt von Hofmannsthal, gefördert wurde. Er wirkte zwar an der Gründung des Stadttempels mit, er selbst zog es aber vor, die Schule im Lazenhof zu besuchen, und er berief den orthodoxen Rabbiner Lazar Horwitz aus Deutschkreuz nach Wien. So wie Mannheimer durfte sich auch Horwitz nicht als Rabbiner bezeichnen, sondern führte den Titel eines Ritualienaufsehers.

Jene Juden, die traditionell als Förderer des vormärzlichen Kulturlebens in Wien Berühmtheit erlangten, sind in den geschilderten Zusammenhängen nur als kleinste Minderheit zu begreifen, und der Salon der Arnsteins kann nicht als repräsentativ für das Wiener Judentum der Jahre vor 1848 gewertet werden. Dabei ist zu betonen, daß für den Zeitabschnitt, den man als Vormärz bezeichnet, nur der Salon der Fanny Arnstein nachzuweisen ist und sich überhaupt die Frage erhebt, ob dieses Phänomen nicht nur als individuelle, singuläre Erscheinung zu beurteilen ist.

Die Juden und die Revolution 1848

Schon in den dreißiger Jahren entwickelte sich das Streben der Juden nach Emanzipation im Rahmen der bürgerlichen Emanzipation. Die Toleranz wurde als etwas Empörendes gesehen. Die Gleichstellung aller Menschen vor dem Gesetz wurde auch von vielen Juden verlangt. 1842 faßte Joseph von Wertheimer in seinem anonym erschienenen Buch ,,Die Juden in Österreich vom Standpunkt der Geschichte, des Rechts und des Staatsvorteils" die Forderungen zusammen. Er verlangte für die Juden ein einheitliches Bürgerrecht und die Abschaffung der Sondergesetze, die in den einzelnen Teilen der Monarchie gültig waren. Diese Veränderungen konnten aber nur in einer umfassenden Neuordnung der Verfassung stattfinden. Es waren junge Männer jüdischer Herkunft, die an der geistigen Vorbereitung der Revolution mitwirkten. So kritisierte der aus Baja in Ungarn stammende Dichter Karl Isidor Beck die Haltung des Salomon Mayer Rothschild, den er als bedeutende Stütze der herrschenden Reaktion charakterisierte. Beck selbst, durch dessen geistige Entwicklung ein deutlicher Bruch läuft, beteiligte sich nicht an der Revolution; dagegen standen Ludwig August Frankl und Moritz Hartmann während der Revolution in vorderster Linie. Frankl schrieb das Gedicht ,,Die Universität", das während der Revolution zu einer Art Freiheitshymne wurde. Das Verhalten der Juden während der Ereignisse des Jahres 1848 war keineswegs einheitlich. Die Schicht der Großhändler war ein Bündnis mit dem vormärzlichen System eingegangen und wollte an ihren privilegierten Vorrechten festhalten.

Als am 13. März 1848 die Revolution mit dem Zug zum Niederösterreichischen Landhaus begann, hielt dort ein junger Arzt namens Adolf Fischhof eine zündende Rede, in der er für Pressefreiheit und den Sturz des alten Regimes eintrat. Nach Fischhof sprachen auch andere jüdische Ärzte, und Max Schlesinger fungierte als Schriftführer eines von Bürgern und Studenten gebildeten Ausschusses. Durch das Vorgehen des Militärs wurden Verhandlungen unmöglich, und als ein Schießbefehl ausgegeben wurde, fielen auch zwei Juden: der Technikstudent Karl Heinrich Spitzer, der als Freiheitsheld in die Geschichte einging, und der Webergeselle Bernhard Herschmann. Die katholischen, protestantischen und jüdischen Gefallenen wurden gemeinsam am Schmelzer Friedhof bestattet; für die Juden hielt Isaak Noa Mannheimer seine berühmte Trauerrede.

Zu denen, die engagiert an der Vorbereitung der Revolution mitgearbeitet hatten, gehörte der Schriftsteller und Publizist Ignaz Kuranda. Er gründete vor 1848 ein internationales Büro der Liberalen in Paris und gab in Brüssel das deutschsprachige Blatt ,,Die Grenzboten" heraus, in dem Artikel publiziert wurden, die in Österreich und Deutschland der Zensur zum Opfer fielen. 1848 wurde er Mitglied des Frankfurter Parlamentes und gab in Wien von 1848 bis 1866 die ,,Ostdeutsche Post" heraus.

Im Juli 1848 trat der Reichstag in Wien aufgrund allgemeiner Wahlen zusammen. Auch die Juden waren wahlberechtigt, und Fischhof sowie Goldmark zogen als Abgeordnete in das Gremium ein. Die Judenemanzipation war ein wichtiger Punkt im Gesamtprogramm der Revolution, so wurde auch die Aufhebung der Judensteuer beschlossen. Die Oktoberkämpfe, in denen die Revolution zusammenbrach, bedeuteten auch das vorläufige Ende der Bestrebungen nach rechtlicher Gleichstellung der Juden. Wenn es auch einige Monate lang so ausgesehen hatte, als stünde die Emanzipation der Juden knapp vor ihrer Verwirklichung, fehlte es damals nicht an Schriften, die eine neue Form von Judenfeindschaft vertraten, die in ihrer Form schon an den politischen Antisemitismus der achtziger Jahre gemahnte. Damals schon sammelten sich antiliberale Kräfte, vertreten durch Sebastian Brunner, Joseph Sigmund Ebersberg und vielleicht am umfassendsten durch Johann Quirin Endlich, der schon vom Juden schlechthin sprach und dieser Phantasiegestalt alles Böse andichtete. Breitenwirkung hatte die Judenfeindschaft in dieser Phase noch nicht, da das Kleinbürgertum noch nicht unter

I. N. Mannheimer und S. Sulzer
am Grab der Märzgefallenen des Jahres 1848

Karl Heinrich Spitzer

Adolf Fischhof als Legionär

bedrohlichen sozialen Druck geraten war. Es ist aber wesentlich festzuhalten, daß sich die Kräfte bereits formierten, die eine Generation später den Antisemitismus zu einer entfesselten politischen Bewegung machen sollten.

Mit dem Ende der Revolution im März 1849 blieb von den hochfliegenden Plänen des vergangenen Jahres nur eines übrig: die neue Verfassung kannte keinen Unterschied der Konfessionen mehr, und der junge Kaiser Franz Joseph hielt eine Ansprache an die israelitische Gemeinde von Wien. Im allgemeinen gilt das Jahr 1852, in dem ein provisorisches Gemeindegesetz erlassen wurde, als das Gründungsjahr der Kultusgemeinde. Die Jahre zwischen 1851 und 1867 waren von einer rechtlichen Instabilität gekennzeichnet, da bedeutende politische Kräfte am Werk waren, die den vorrevolutionären Zustand wieder zur Gänze herstellen wollten. So verloren die Juden vorübergehend sogar wieder das Recht, Grund und Boden zu besitzen. Ebenfalls umstritten war die Zulassung zum Beruf des Notars. Schon im Laufe der sechziger Jahre wandelten sich die Verhältnisse in günstiger Weise, wie auch aus dem sprunghaften Anwachsen der jüdischen Bevölkerung in Wien zu entnehmen ist. Wohnten 1860 nur 6.200 Juden in Wien, waren es 1870 schon 40.200.

Die Wiener Juden in der liberalen Ära

Zweifellos begünstigten der Liberalismus und der bürgerliche Parlamentarismus zunächst die Lage der Juden. Eingebettet in einen gewaltigen Fortschrittsglauben, der darauf gegründet war, daß die Prinzipien der Achtundvierzigerrevolution doch mit einiger Verspätung verwirklicht worden waren, fanden die nach Wien ziehenden Juden nun endlich ein geistiges und politisches Klima vor, in dem sie sich entfalten konnten. Allerdings ging diese soziale und ökonomische Entfaltung zu einem beträchtlichen Teil auf Kosten der jüdischen Substanz, die jedoch von vielen Juden, die eingewandert waren, als etwas Überholtes betrachtet wurde. So schilderte der Wiener Gemeinderat Sigmund Mayer seinen Weg aus dem Preßburger Ghetto nach Wien geradezu enthusiastisch und begrüßte begeistert die Lage der Juden in einer neuen Gesellschaftsordnung. Ein charakteristischer Zug war die Assimilation an die deutsche Kultur, was sich schon 1848 angedeutet hatte. Die schon erwähnte „Ostdeutsche Post" unter der Leitung von Ignaz Kuranda zeigt deutlich die deutschliberale Haltung, die für viele Juden in Wien typisch wurde. Doch war diese politische Haltung nicht nur für die Wiener Juden typisch; auch in Ungarn, Böhmen und Galizien wurden die Juden mehr und mehr zu Trägern deutscher Kultur und gerieten dadurch in einen Gegensatz zu den slawischen Völkern.

Entscheidend für den wirtschaftlichen Aufstieg der nach Wien wandernden Juden wurde das Ende der Zunftverfassung 1859 und die damit eingeführte volle Gewerbefreiheit. 1861 zogen die ersten Juden in den Wiener Gemeinderat, sodaß ab nun Juden auch direkt am politischen Leben teilnahmen. Die Finanzierungsformen hatten sich gründlich verändert, die Staatsbanken, wie sie Arnstein und Eskeles geführt hatten, wurden bedeutungslos, da die Banken nun ihre Funktion innerhalb der Zirkulation des Industriekapitals zu erfüllen hatten. So gründete Rothschild schon 1856 unter Beteiligung finanzkräftiger Hochadeliger die Creditanstalt für Handel und Gewerbe. Es war natürlich nur eine kleine Gruppe, die der Hochfinanz im Rahmen der Industrie und der Banken angehörte; wichtiger war es, daß viele Zuwanderer in neuen Gewerbezweigen Fuß fassen konnten. Insbesondere gewann das Zeitungswesen für die Juden große Bedeutung. Dieses stand wieder eng mit der Finanz in Zusammenhang, denn 1848 hatte der (nichtjüdische) Begründer der Presse, August Zang, die Parole von der Käuflichkeit der Presse ausgegeben. Es war klar, daß in einer Zeit des lebhaften Aktienhandels die Meldungen mit Interesse verfolgt wurden und es notwendig war, über Zeitungen zu informieren, da bei der wachsenden Zahl der Interessenten an Börsengeschäften Informationen nur mehr über Zeitungen abgesetzt werden konnten. Diese selbstverständliche Rolle der Zeitungen im Wirtschaftsleben wurde später von den Antiliberalen bewußt mißverstanden und antisemitisch interpretiert. Tatsächlich waren viele Juden als Journalisten tätig, da es für einen Juden noch immer schwer war, eine Beamten- oder wissenschaftliche Laufbahn einzuschlagen. Dazu kamen Berufe, die sich aus dem Zeitungswesen entwickelten, wie Nachrichtenagenturen oder die Sammlung von Zeitungsausschnitten, also eine Art Zeitungsarchiv. Zeugnis von dieser sozialen Entwicklung legt das Gräberbuch des jüdischen Friedhofs an der Währinger Linie, heute Nußdorfer Straße, ab. Der Friedhof wurde von 1784 bis 1874 belegt, und es zeigte sich, daß neben den alten Familien neue Namen auftauchten, die in Produktion und Handel eine große Bedeutung hatten.

Diese Entwicklung bekam durch den sogenannten Schwarzen Freitag, den Börsenkrach des Jahres 1873, einen dramatischen Kontrapunkt. Dieses Ereignis stellt durchaus nicht das Ende der liberalen Epoche dar, doch bekamen durch die enormen Kapitalverluste kleiner und mittlerer Anleger die Gegner des liberalen Systems spürbaren Aufwind. Die politisch führenden Personen in Wien waren zunächst nicht angreifbar, aggressiv konnte man das System aber als „jüdisch" behandeln. Ein Strukturproblem wurde mit einer Bevölkerungsgruppe identifiziert.

Äußerlich änderte sich zunächst nicht viel. 1880 wohnten 72.600 Juden in Wien, weit mehr als die Hälfte hatte sich in der Leopoldstadt niedergelassen. Der Zuzug hielt also unvermindert an. Sieht man von den besonderen Verhältnissen des Jahres 1923 ab, bildete die Zahl der Juden 1880 den höchsten Prozentsatz in der Geschichte der Stadt. Die starke Vermehrung der jüdischen Bevölkerung schuf nun zusätzliche Probleme der Sozialversorgung, sodaß der politische Antisemitismus auch aus diesen Verhältnissen Auftrieb bekam. Die oftmals bedrückenden Lebensumstände, in denen sich die nun Zugewanderten befanden, stellte einerseits beachtliche Anforderungen an die Leistungsfähigkeit der Kultusgemeinde, andrerseits führte sie zu einem Engagement einiger Juden in der neu entstehenden sozialdemokratischen Bewegung. Diese traten nicht für die besonderen Probleme der jüdischen Arbeiter ein, glaubten aber, daß sich deren Probleme im Zusammenhang mit der Veränderung der Gesamtlage würden lösen lassen.

Die Vielfalt des Lebens spiegelte sich in zahlreichen Vereinen, die künstlerischen, sozialen und religiösen Zwecken dienten. Äußeres Zeichen der religiösen Vereinigungen waren private Vereinsbethäuser, die besonders gegen die Jahrhundertwende in großer Zahl entstanden. Den weitverbreiteten Assimilationstendenzen entsprechend, herrschten in Wien liberale rituelle Gewohnheiten vor, es fehlte aber auch nicht an orthodoxen Einrichtungen, von denen die Schiffschule das berühmteste Beispiel ist.

Antisemitismus

Seit den achtziger Jahren wurde das Leben der Juden in Wien zunehmend von antisemitischen Angriffen beeinflußt, wobei zu Beginn der antisemitischen Bewegung noch der herrschende Liberalismus in der Presse ein starkes Gegengewicht bildete, das manchen Angriffen die Spitze nahm. Einen interessanten Brennpunkt bildeten die Verhandlungen über das Israelitengesetz des Jahres 1890, in denen Karl Lueger die Gelegenheit benützte, seinen auf Wählerstimmenfang angelegten Antisemitismus umfassend darzustellen. Als sein Gegner stand ihm besonders Joseph Samuel Bloch, der aus Galizien stammende Rabbiner von Floridsdorf, gegenüber. Lueger entrollte das gesamte Inventar der Judenfeindschaft, das er mit antiliberalen Grundsätzen verband. Wesentlich war die Darstellung, daß der Liberalismus antiklerikal sei, weil er von jüdischem Denken durchdrungen sei. Wenn Lueger ausführlich auf sogenannte Ritualmorde zu sprechen kam, bewegte er sich nicht nur auf literarischer oder historischer Ebene. Fanden doch in diesen Jahren tatsächlich Ritualmordprozesse in Ungarn und Böhmen statt, und in Wien kam dieses Thema in Presseprozessen ebenfalls zur Sprache. Eine zentrale Rolle spielte der Prager Professor für Altes Testament, August Rohling, der – auf Eisenmengers Buch „Entdecktes Judentum" fußend – die Schrift „Der Talmudjude" herausgegeben hatte, in der er in völlig unqualifizierter Weise die Juden als die Feinde der Christen schlechthin darzustellen suchte. Bloch griff darauf den Prager Professor in einem Zeitungsartikel scharf an und wurde deshalb von Rohling geklagt. Als Bloch ihm schließlich nachwies, daß er keinen einzigen Satz aus dem Talmud übersetzen konnte, zog Rohling seine Klage gegen Bloch zurück.

Neben Rohling war es der Pfarrer von Weinhaus im heutigen 18. Wiener Gemeindebezirk, Joseph Deckert, der 1893 mit dem Buch „Ein Ritualmord. Aktenmäßig nachgewiesen" für Aufregung sorgte. Wieder zog Bloch in die Schlacht und konnte seinen Standpunkt vor Gericht glänzend bestätigen. Obwohl ein Teil der Presse über die Niederlage Deckerts jubelte, gab es gegen die irrationalen Gefühle gegenüber den Juden kein erfolgreich anzuwendendes Mittel.

Zu den religiösen und gewerbewirtschaftlichen Argumenten Luegers gesellte sich in immer stärkerem Maße der Rassenantisemitismus, der in Österreich vor allem von Georg Ritter von Schönerer getragen wurde. Jene Juden, die in politisch verantwortungsvollen Positionen saßen, mußten reagieren, und es wurde eine Gesellschaft gegründet, die der Abwehr des Antisemitismus diente. Sie hatte ganz konkrete Aufgaben, nämlich die Vertretung von Klägern vor Gericht, die gegen unsinnige Beschuldigungen auftraten. In dieser Zeit wurden auch von seiten der historischen Forschung wesentliche Schritte gesetzt. So wie heute glaubte man, daß eine rationale Auseinandersetzung mit der Geschichte der Juden Aufklärung schaffen könnte. So entstand die Reihe ,,Quellen und Forschungen zur Geschichte der Juden in Deutsch-Österreich'', die von dem berühmten Wiener Rabbiner Moritz Güdemann gegründet wurde. Herausgeber war die Historische Kommission der Israelitischen Kultusgemeinde. Diese Unternehmen waren alle sehr vernünftig, doch entbehrten sie der politischen Kraft.

Die Reaktion auf diese Verhältnisse wurde auch bei einigen der großen jüdischen Schriftsteller, die in Wien lebten, deutlich. So wandte sich Arthur Schnitzler, dem es in seinem Werk um die Kritik an allgemeinen gesellschaftlichen Mißständen ging, in seinem berühmten Theaterstück ,,Professor Bernhardi'' auch der sogenannten ,,Judenfrage'' zu. Im Gegensatz zu ihm schöpfte Richard Beer-Hofmann seine Themen immer aus der jüdischen Tradition; auch Jakob Wassermann wandte sich immer wieder jüdischen Themen zu.

In diesem letzten Jahrzehnt des vorigen Jahrhunderts wurde der Antisemitismus zu einer tragenden weltanschaulichen Säule auch unter den Gebildeten. Mit dem Schwinden der Wertvorstellungen der sogenannten Achtundvierziger gewannen einerseits biologische Vorstellungen von Volk und Rasse und eine katholische Erneuerungsbewegung an Gewicht. Dies führte zu einer Absage, die Welt pluralistisch zu begreifen, und an die Stelle rationalen Abwägens trat der Versuch, alle Probleme des täglichen Lebens auf einen Hell-dunkel-Konflikt zu reduzieren. Ein fast lächerliches Beispiel dafür ist Lanz von Liebenfels, der mit seinen Ostara-Heften einen großen Einfluß auf den jungen Adolf Hitler gewinnen sollte. Die Verbreitung des Antisemitismus in jenem Sinne, daß die Juden Träger aller Untugenden der Menschheit sein sollten, erfaßte sogar das Denken von Menschen jüdischer Herkunft. Dieses Phänomen, das oftmals als ,,jüdischer Selbsthaß'' bezeichnet wird, war in Wirklichkeit der Kampf gegen rationales Denken, Verrat an den Traditionen der Aufklärung und dem Gewinn humanitärer Qualitäten, wie dies zum Teil 1848 und den folgenden Jahren gelungen war. In diesen übermächtigen Trend ließen sich auch Juden einbinden; ein ganz berühmtes Beispiel dafür ist Otto Weiningers Buch ,,Geschlecht und Charakter'', der ja in seinem Werk betont, daß es nicht um die Frau oder den Juden geht, dem man im täglichen Leben begegnet, sondern um das weibliche bzw. jüdische Prinzip.

Wenn man diesen Fragen auch in einer Geschichte der Weltanschauungen begegnen kann, blieb für die Wiener Juden doch die Bewältigung der prekären Situation das wesentlichste Anliegen. Diese wurde durch weitere Wanderungen nach Wien verschärft; 1900 lebten bereits 147.000 Juden in Wien, dazu kam eine große Zahl, die Wien auf ihrer Reise in die Neue Welt berührten.

Zionismus und andere Nationalismen

Die weitestgehende Auflösung des liberalen Lagers in neue politische Gruppierungen, die als gut organisierte Massenparteien funktionierten, zwang zu neuen Formen der Artikulation des politischen Willens. Es war die erste Stunde der Demagogen und zähen Arbeiter in den Parteien. Da die mächtigste Massenpartei, die Christlichsozialen, frivol den Antisemitismus zum Stimmenfang einsetzte, konnten sich Juden nur in den Resten der alten Honoratiorenparteien der Liberalen, in der Sozialdemokratie oder in neuen Gruppierungen heimisch fühlen. Zunächst klein und belächelt, gewann der Zionismus bald große Bedeutung. Der Zionismus ist sowohl als utopische Bewegung als auch in seiner politischen Spielart im Rahmen einer nationaljüdischen Reaktion auf die verschiedenen Nationalismen Europas zu verstehen.

Auch der Rabbiner Joseph Bloch gründete die ,,Österreichische Wochenschrift'' zu dem Zweck, die Selbstbehauptung der Juden nach außen und das Selbstbewußtsein nach innen zu stärken, zugleich aber trat er für gegenseitiges Verständnis der Konfessionen und das friedfertige Zusammenleben der Völker in der Monarchie ein. Bloch regte auch die Gründung der ,,Österreichisch-Israelitischen Union" an, die im April 1886 ihre Arbeit aufnahm. Obwohl die Partei jüdische Interessen im Auge hatte, lehnte sie eine nationale Sonderstellung der Juden ab und sah ihre Aufgabe vor allem darin, die den Juden zustehenden verfassungsmäßigen Rechte zu erhalten. Die von der Union veranstalteten Vorträge befaßten sich neben allgemeinen Themen mit jüdischer Kultur, dem Wiener Judentum, jüdischer Geschichte, aber auch mit Palästina. Der Kampf gegen den Antisemitismus gehörte natürlich im Geiste des Gründers der Union zu den wesentlichen Aufgaben. Obwohl sich in der Union assimilierte Juden sammelten, wurde doch das jüdische Bewußtsein gepflegt. In der Festschrift zum fünfzigjährigen Bestehen der Union hieß es, daß ihre Mitglieder Österreicher mosaischen Glaubens seien und nicht österreichische Juden, sondern jüdische Österreicher. Wenn die Union einerseits gegen den Antisemitismus Front machte, setzte sie sich auch manchmal recht scharf mit dem Zionismus auseinander. Man warf den Zionisten vor, Scheidemauern zu errichten und daß deren Forderung, die Juden als nationale Minderheit in Österreich zu betrachten, nur den Antisemiten in die Hände arbeite. Noch 1938 bekämpfte die Zeitung der Union, ,,Die Wahrheit", den jüdischen Nationalismus in schärfster Weise: Wer vaterlandslos ist, muß nach Palästina; wer sich vaterlandslos macht, soll nach Palästina. In dieser Weise wirkten viele jüdische Denker als Vorreiter eines österreichischen Nationalbewußtseins, das traditionell an die Versuche der Zeit zwischen 1867 und 1918 anschloß, einen österreichischen, schwarzgelben Patriotismus zu erwecken. Da man die Juden aus der deutschen Identität hinausdrängte, waren sie nur mehr Österreicher.

Geringen Einfluß hatten in Wien die Ideen Leon Pinskers, dessen 1882 erschienene Schrift ,,Autoemanzipation" vom berühmten Prediger im Leopoldstädter Tempel, Adolf Jellinek, abgelehnt wurde. Pinsker vertrat bereits den Gedanken der Kolonisation Palästinas, der besonders in der seit 1885 erscheinenden Zeitschrift ,,Selbstemanzipation" vertreten wurde. Trotzdem bekam die Bewegung wenig Zulauf, einige Vereine in Galizien und Wien pflegten das Gedankengut. Die Kolonisation Palästinas paßte den in Wien etablierten Juden ins Konzept, hielten sie doch ihre eigene Stellung durch den starken Zuzug aus dem Osten für zunehmend gefährdet. Die neue Richtung nach Palästina bot gewisse Vorteile im Sinne einer Ableitung des Wanderungsstromes nach Wien.

Theodor Herzl (1860 – 1904) schuf aus diesen oft wenig konkreten Ideen, in denen sich nationalkulturelle Überlegungen mit kolonisatorischen unentwirrbar überkreuzten, ein klares politisches Programm, das in seiner Motivation nach wie vor vielfältig war, aber den Vorteil der Durchführbarkeit hatte. Herzl reagierte unmittelbar auf die Erfahrung, daß es keine Möglichkeit für die Juden gab, dem Antisemitismus zu entrinnen. Aus dieser Erfahrung, die er nicht nur in Wien, sondern in besonderer Weise auch in Paris anläßlich des Dreyfus-Prozesses machte, entstand 1896 sein berühmtes Buch ,,Der Judenstaat". Seine Erfahrungen in Paris zwangen ihn, den Antisemitismus als ein allgemeineres Phänomen zu begreifen, das wohl in Wien in einer besonderen Intensität ausgetragen wurde, in anderen Ländern aber ebenfalls bestand. Natürlich spielte das Umfeld in Wien eine besondere Rolle, daß nämlich ein voll assimilierter Jude aus Budapest, der ursprünglich ein Träger deutschnationaler Anschauungen war, aus seinen Erfahrungen Konsequenzen zog und nach einigen Fehlansätzen (jüdische Massentaufe am Stephansplatz) den zionistischen Ideen politische Form zu geben suchte.

Es ist nicht Aufgabe dieses Überblicks, die Geschichte des europäischen Zionismus zu erzählen; weniger bekannt, aber zu unserem Thema gehörig ist die Geschichte der zionistischen Gruppierungen in Wien. Sie umfaßten ein weites politisches Spektrum, wobei die bürgerlichen Gruppierungen in Österreich im Vordergrund standen. Aus der ursprünglich einheitlichen Bewegung gingen schon 1903 die Sozialisten mit der Gründung der Poale Zion hervor. 1905 wurden die Statuten von Samuel Zuslicht und Nathan Gross eingereicht, erst 1907 kam der Begründer der Partei, Ber Borochow, nach Wien, wo er bis zu seinem Tod, 1914, lebte. Er war der Theoretiker des Poalezionismus.

In engem Zusammenhang mit den Zionisten stand die Nationaljüdische Partei unter der Führung Robert Strickers, die 1907 erstmals kandidierte und drei Mandate in galizischen Wahlkreisen errang. 1919 erhielt Stricker ein Mandat. Stricker wurde schließlich Führer der Judenstaatspartei, einer Splittergruppe der Zionisten, die faschistische Züge wie Führerprinzip und Volksgemeinschaft aufwies. Diese Bewegung war durch Abspaltung von den Revisionisten oder Herzl-Zionisten entstanden, die 1925 in Polen von Vladimir Jabotinsky gegründet worden waren.

1923 formierten sich die „Radikalen Zionisten" mit der Absicht, Palästina zur nationalen Heimstätte der Juden zu machen. Trotzdem setzten sie ihre Arbeit auch in Österreich fort und waren vor allem auf sozialem Gebiet stark engagiert. Seit 1909 etablierte sich in Wien auch die religiöse zionistische Bewegung, die Misrachi.

Übrig blieben die „Allgemeinen Zionisten", die größte Gruppe, die auch eine führende Rolle im „Zionistischen Landesverband für Österreich" spielte. Zwischen Allgemeinen Zionisten und Landesverband ist kaum eine Unterscheidung zu treffen. Hier fanden alle Zionisten eine Heimstatt, die nicht einer der ideologisch profilierten Gruppen angehören wollten. In diesem Zusammenhang ist zu bemerken, daß ein Großteil der Zionisten davon überzeugt war, daß neben dem jüdischen Staat auch die Diaspora bestehen bleiben müsse. Palästina sollte zwar ein geistiges Zentrum für alle Juden werden, doch sollten die Wurzeln zur europäischen Kultur nicht verlorengehen. Dagegen stand der Standpunkt der Revisionisten, die der Auffassung waren, daß die Diaspora liquidiert werden müsse.

Sozialdemokratie

Von größerer Bedeutung als die Poale Zion war für die meisten Wiener Juden die sozialdemokratische Arbeiterbewegung. Sie lehnten eine Sonderstellung der Juden ab und suchten die Lösung jüdischer Probleme in einer allgemeinen Veränderung der politischen Lage, wobei ihr Judentum in den Hintergrund gedrängt wurde. Infolge dieses weltanschaulichen Verständnisses fehlte es auch nicht an Angriffen auf den Zionismus, der eine nationale Ausgliederung bedeutete. Man sprach von jüdischen Separatisten und brandmarkte den Zionismus als eine kleinbürgerliche Erscheinung und Instrument der jüdischen Kapitalisten. Insgesamt war die Sozialdemokratische Partei vom Grundsatzprogramm her nicht antisemitisch eingestellt und unterschied sich darin von ihrem bürgerlichen Gegenüber. In der politischen Praxis wurden die Christlichsozialen aber als Schutzgarde des jüdischen Kapitals und die Christlichsoziale Partei als verjudet bezeichnet. Hierin zeigt sich, wie weit der Antisemitismus als allgemeines Phänomen fortgeschritten war, denn man schadete dem politischen Gegner am meisten, wenn man ihm vorwarf, daß unter seinen Parteigängern Juden eine mehr oder weniger bedeutende Rolle spielten. Dieser Versuchung konnten auch die Sozialdemokraten nicht widerstehen.

Die Orthodoxie

Als letzte Möglichkeit religiös-politischer Haltung sei hier die Orthodoxie erwähnt. Den größten Einfluß hatte die 1912 in Kattowitz gegründete Agudas Jisroel, die sich um eine Vertiefung der religiösen Grundlagen im Leben der Kultusgemeinde bemühte. Dazu diente eine Reihe von Einrichtungen, wie eine Bibliothek, Thoraschulen und die Betreuung von Jugendlichen, die zu einem Leben auf der Basis der Thora erzogen werden sollten. Die Orthodoxen waren an sich antizionistisch, bereiteten aber Auswanderungswillige auf ihre Aufgaben vor. Vor allem wollte man das religiöse Schulwesen in Palästina stärken. Ein wichtiges Zentrum war der 1897 gegründete Schiffschulverein.

Kunst und Wissenschaft

Die Leistungen jüdischer Österreicher auf diesen Gebieten bilden ein prominentes Kapitel in vielen Darstellungen zur Geschichte der Wiener Juden oder zur Geschichte Wiens um die Jahrhundertwende. Es soll hier darauf verzichtet werden, neuerlich eine Liste von Namen vorzulegen, die an anderen Stellen weit ausführlicher zusammengestellt wurde. Im vorliegenden Überblick scheint es reizvoller, den Hintergründen nachzugehen, warum Juden insbesondere in Literatur und Medizin, aber auch im Musikbetrieb der Stadt bedeutenden Anteil nahmen.

Die Anfänge der literarischen bzw. journalistischen Tradition wurden bereits bei Gelegenheit der Revolution 1848 angeschnitten. Ganz allgemein läßt sich feststellen, daß das Aufwachsen in jüdischer Tradition, und sei sie noch so verwässert, eine Sensibilisierung für das Wort fördert, und zwar in einer anderen Weise als dies im nichtjüdischen Bereich der Fall war und ist. Beschränkte sich die nichtjüdische Spracherziehung auf das Auswendiglernen vor allen Dingen gebundener Sprache, die dem Erfassen des Sinns nicht unbedingt förderlich war, stand in der jüdischen Sprachbildung die Suche nach dem Sinn im Vordergrund. Es kommt nicht überraschend, daß einer der Großmeister der Sprache, Karl Kraus, Jude war, auch wenn er keinen Wert darauf legte. Kaum jemand hat seinen Stil so aus den verborgenen Bedeutungen der Syntax heraus gestaltet als gerade er. Keiner so todernst und sinnhaft mit dem Deutschen gespielt. Wer könnte eine Formulierung übertreffen, die lautet: „Nichts interessiert mich so wenig wie X – es sein denn Y."

Natürlich ist auch ein sozialer Hintergrund zu berücksichtigen, der nicht nur für die Literaten, sondern auch für andere Künstler und Wissenschaftler gilt. So wie im nichtjüdischen Bereich bedurfte es in den meisten Fällen eines entsprechend großbürgerlichen Hintergrunds, um sich derart artifiziellen Gebieten zu widmen. Dieser war prozentuell bei Juden häufiger gegeben als bei Nichtjuden. Eine Statistik aus den zwanziger Jahren unseres Jahrhunderts spricht da eine recht deutliche Sprache: Von den Mittelschülern waren 36,8% Juden. Diese Anteile sind letztlich Ergebnis der Entwicklung der Wiener Judenschaft seit dem Vormärz. Betrachtet man die Situation im Musikbetrieb, läßt sich feststellen, daß der Beruf des Musikers schon in den neunziger Jahren des 18.Jahrhunderts von Juden ausgeübt wurde. In direktem Zusammenhang mit der Pflege der Synagogenmusik steht die Musikalität der Söhne des Kantors Salomon Sulzer, die als Mitglieder der Wiener Philharmoniker Karriere machten, wobei der Solocellist Joseph Sulzer besonders zu erwähnen ist. Der große Geiger Fritz Kreisler stammte aus einer Ärztefamilie, sein Vater war mit Theodor Billroth befreundet, und als Kreisler vor der Frage stand, ob er Arzt oder Virtuose werden sollte, gab Billroth seinen berühmten Rat: Als Arzt wird aus ihm Durchschnitt, als Geiger aber etwas Besonderes.

Sieht man vom Paradebeispiel Sigmund Freud ab, gibt es wohl kaum ein Gebiet, auf dem jüdische Ärzte zwischen 1860 und 1938 in Forschung und Organisation der Medizin nicht etwas Besonderes leisteten. Vor allem ist auf das hohe Engagement in der Sozialmedizin zu verweisen. Bereits 1837 gründete der aus Raab in Ungarn stammende Arzt Ludwig Wilhelm Mauthner, geadelt von Mauthstein, ein Kinderspital in der Vorstadt Schottenfeld. Einen Höhepunkt auf sozialmedizinischem Gebiet stellt Julius Tandler dar, der hauptberuflich als Anatom an der Universität unterrichtete. 1931 war sein Institut Ziel antisemitischer Ausschreitungen, bei dem Überfall wurden erhebliche Werte zerstört.

Die Position der Juden in diesen Berufen wurde durch den Zusammenbruch der Monarchie nicht berührt, gerade das Wirken Tandlers sowie Freuds und seiner Schüler zeigt, daß hier der Schnitt erst 1938 erfolgte und diese Kulturwelt mit dem Anschluß an Hitler-Deutschland zugrunde ging.

Veränderungen im Ersten Weltkrieg

Zwischen Kriegsbeginn und Anfang des Jahres 1917 fielen 474 jüdische Offiziere. Für die Vertreter des assimilierten Judentums war die Teilnahme unter Österreichs Fahnen eine Selbstverständlichkeit, der sie zum Teil auch mit jener heute schwer verständlichen Begeisterung nachkamen, die für die frühe Phase des Ersten Weltkriegs kennzeichnend war. Rabbiner lasen Feldgottesdienste, und für die glaubenstreuen Soldaten gab es koschere Küche. Unter den Offizieren gab es aber auch zahlreiche jüdischnationale Zionisten, die den Krieg gegen das zaristische Rußland geradezu als ihr persönliches Anliegen betrachteten.

Eine bedeutsame Veränderung brachten die aus Galizien vor der russischen Front flüchtenden Juden. 350.000 Flüchtlinge befanden sich 1915 in Wien, unter ihnen die Mehrzahl Juden. Noch 1918 lebten 34.000 Juden aus Galizien als mittellose Flüchtlinge in Wien. Die daraus resultierenden Verschiebungen der Bevölkerungszusammensetzung waren spürbar. Chassidische Rebben schlugen ihre Höfe samt Gefolgschaft in Wien auf, und es kam zu einer Verschiebung zugunsten des Ostjudentums, das für die Assimilanten exotischen Charakter hatte. Als 1918 Zwi Perez Chajes Oberrabbiner wurde, hatte das Wiener Judentum einen nationaljüdischen Vertreter als Oberhaupt, der trotz seiner umfassenden säkularen Bildung dem Ostjudentum durchaus nahestand.

Das soziale Elend der Flüchtlinge war unbeschreiblich. Ein großer Teil war obdachlos, andere vielköpfige Familien hausten in winzigen Kellerwohnungen, Herbergen, in denen sechzig Personen auf dem Fußboden schliefen, und niemand, der sich für diese erbärmlichen Zustände interessierte. Es waren ja nur Juden und für die Sozialdemokraten unproduktive Elemente.

Der Zusammenbruch der Monarchie sollte sich für die Juden besonders furchtbar auswirken, da nun das übernationale Gebilde der Monarchie, das gerade den assimilierten Juden das Gefühl von Heimat gegeben hatte, nicht mehr existierte. Dies bedeutete eine Verschärfung aller bestehenden Probleme, wie sich in den zwanziger Jahren an der Behandlung der Flüchtlinge aus Galizien deutlich zeigen sollte. Viele der Flüchtlinge optierten für die österreichische Staatsbürgerschaft, da sie sich als Deutsch-Österreicher fühlten. Diese Sachverhaltsdarstellung wurde aber vom Innenministerium und vom Verwaltungsgerichtshof nicht akzeptiert, da Rasse keine Sache des Bekenntnisses sei, sondern mit der Geburt erworben werde. Der biologische Rassebegriff hatte, nachdem er lange Zeit ein literarisches Dasein geführt hatte, die Verwaltung erreicht, ein Jahrzehnt, bevor Hitler in Deutschland an die Macht kam.

Wachsender Antisemitismus und die Erste Republik

Die Christlichsoziale Partei baute an ihrem seit Lueger geläufigen weltanschaulichen Gefüge weiter, in dem der Antisemetismus nach wie vor eine entscheidede Rolle spielte. Vor allen Dingen war es propagandistisch umsetzbar, daß eine Reihe sozialistischer Politiker jüdischer Herkunft war. Es ist nur darauf zu verweisen, welcher Welle von Antisemitismus Hugo Breitner bei der Finanzierung des sozialen Wohnbaus begegnete. Seipel beschwor schon 1919 die jüdische Gefahr, weil die Sozialisten jüdischen Führern folgten und damit die Gefahr des Bolschewismus im Raum stand. Man nahm Frontstellung gegen die Judenrepublik und die Sozialdemokratie und glaubte an das Märchen von der jüdischen Weltherrschaft und die Protokolle der Weisen von Zion. Die Wahlplakate der Ersten Republik legen ein deutliches Zeugnis für diese Gesinnung ab, wenn beispielsweise die jüdische Schlange das österreichische Wappentier, den Adler, erwürgt. Die Sprache der christlichsozialen Programme beweist, daß sich die Nationalsozialisten später nur gängiger „Slogans" bedienten. Heißt es doch im Linzer Programm von 1923, daß die Führer der Arbeiterschaft (der christlichsozialen) in Abstammung und Denkart dem bodenständigen, christlichen Volk angehören und daß der zersetzende Einfluß des Judentums aus dem Geistes- und Wirtschaftsleben des deutschen Volkes verdrängt werden müsse. Trotz dieser harten verbalen Attacken verzichteten die Christlichsozialen aber auf die Umsetzung ihrer Forderungen in die politische Praxis.

Die Großdeutsche Volkspartei wollte die anstehenden Probleme durch die Betonung der Volksgemeinschaft lösen, der sich die Juden durch ihre bloße Existenz entgegenstellten. Die Großdeutschen gebrauchten schon früh das Bild vom parasitären Judentum und dem Wirtsvolk. Volksgemeinschaft und jüdischer Geist stünden sich unversöhnlich gegenüber, meinte man. Die Zusammenarbeit zwischen den Christlichsozialen und den Großdeutschen ging so weit, daß in der Deutschen Gemeinschaft neben christlichsozialen Politikern wie Dollfuß auch die späteren Nationalsozialisten Seyß-Inquart und Neubacher, der erste nationalsozialistische Bürgermeister von Wien, saßen.

Über die Haltung der Sozialdemokraten wurde bereits berichtet. Sie richteten ihre Angriffe vor allem gegen national-jüdische Bestrebungen und erklärten die Frage Nichtjude oder Jude für nebensächlich.

Es ist in dieser Situation erstaunlich, daß die Wiener Judenschaft nicht entschlossener auf diese doch deutlichen Alarmzeichen reagierte. Allerdings, verbale antisemitische Angriffe war man seit Jahrzehnten gewöhnt. Äußerlich entwickelte sich die Gemeinde sogar weiter. Es wurden Synagogen gebaut, zwar nicht so viele wie vor dem Krieg, es finden sich aber noch bemerkenswerte Bauten aus den zwanziger und dreißiger Jahren. Der jüdische Teil des Zentralfriedhofes wurde in den zwanziger Jahren erweitert.

Auch im Kulturleben Wiens spielten Juden noch eine große Rolle, sei es in der leichten Muse und in einem so bodenständig wienerischen Bereich wie der Heurigenmusik. Im Theaterleben und Kabarett spannte sich der Bogen von Max Reinhardt bis zu Fritz Grünbaum. Oftmals kollidierte diese liberale, manchmal scharfzüngige Kleinkunst und Publizistik mit den totalen Ansprüchen der völkischen Seite. Tragischer Höhepunkt war die Ermordung Hugo Bettauers.

Der Ständestaat

Eine letzte Atempause schien den Wiener Juden, damals etwa 180.000, zwischen 1934 und 1938 vergönnt. Im Bestreben, den Nationalsozialismus abzuwehren, faßte das autoritäre Regime alle Kräfte außerhalb der Sozialdemokratie zusammen. Wenn auch prinzipiell der Antisemitismus im Denken der neuen Politiker weiterlebte, wurde er in der Praxis abgeschwächt. Die Orthodoxie begrüßte die neue Entwicklung: Der wichtigste Wesenszug der neuen Verfassung war der Grundsatz, daß das Recht vom allmächtigen Gott ausgehe. Die Orthodoxen erwarteten sich, daß der Ständestaat auf die Bedürfnisse einer religiös motivierten Gruppe eingehen würde. Die Union erwartete sich mehr Toleranz, da christliche und jüdische Ethik nahe verwandt seien. Der Bund jüdischer Frontkämpfer trat in die Volksfront ein und die Union forderte ihre Mitglieder auf, das gleiche zu tun.

Die Zionisten sahen sich im deutschen Staat als Minderheit und beriefen sich nach dem Wortlaut des Friedensvertrages von St. Germain darauf, den Schutz der Minderheit wahrnehmen zu müssen. Doch auch unter Zionisten wurde der Eintritt in die Vaterländische Front diskutiert. Robert Stricker nahm allerdings eine ablehnende Haltung ein. Zahlreiche Juden wurden in die politischen Körperschaften des neuen Staates berufen. Desider Friedmann, der Präsident der Wiener Kultusgemeinde, wurde in den Staatsrat berufen, und Jakob Ehrlich wurde Rat der Stadt Wien. Beide waren Zionisten. Die Situation der Juden schien weniger gefährdet. Die illegalen Nationalsozialisten waren auch der Auffassung, daß der Staat damals auf einer Herrschaft der „Pfaffen“ und der Juden beruhte.

Als im März 1938 die Nationalsozialisten die Herrschaft übernahmen und die deutschen Truppen in Österreich einmarschierten, drangen ungehemmt die völkischen und damit antisemitischen Ansichten durch, die allerdings zwei Generationen lang vorbereitet worden waren. Eine fast 100jährige jüdische Kultur in Wien sank in Asche, und die Stadt wurde von den Juden entvölkert. Vertreibung, Verschleppung und Mord zerstörten jenes Wien, um dessen Identität heute noch getrauert wird bzw. werden sollte.

Die Anzahl der Juden in Wien von 1848–1988 in ihrem Verhältnis zur Gesamtbevölkerung:

1848	5.000	
1860	6.200	2,2%
1870	40.200	6,6%
1880	72.600	10,1%
1890	118.500	8,7%
1900	147.000	8,0%
1910	175.000	8,6%
1923	201.000	10,8%
1938	180.000	9,6%
1988	6.000	0,4%

Der vorliegende Überblick stützt sich auf den Katalog „1000 Jahre österreichisches Judentum“, „Das österreichische Judentum“ und eine jüngst erschienene Diplomarbeit von Christian Mertens, „Das jüdische Vereinswesen Wiens in der Zeit zwischen den Weltkriegen“.

Unsere Opfer: 1938 – 1945

Nur das Gute hat Grenzen,
das Böse ist grenzenlos.

Wenn wir durch die Straßen des heutigen Wien gehen, dann erzählen uns Tafeln, geschmückt mit kleinen Fähnchen, angebracht an Palästen, Denkmälern, Gotteshäusern etc. die Geschichte dieser Stadt. So lesen wir auf der Tafel, die an dem Hause Wien 1, Seitenstettengasse 4, angebracht ist, folgendes:

„Synagoge, in den Jahren 1825/26 nach Entwürfen von Architekt Joseph Kornhäusel erbaut."

Worte, hinter denen sich die große Tragik des Wiener Judentums in den letzten zwei Jahrhunderten verbirgt.

In der Nacht vom 9. auf den 10. November 1938 (Reichskristallnacht) wurden im damaligen großdeutschen Raum sämtliche Synagogen und Bethäuser zerstört und niedergebrannt, die religiösen Einrichtungen vernichtet, Friedhöfe geschändet und wahllos Juden auf der Straße und in ihren Wohnungen verhaftet. Bereits im April 1938 gab es den ersten Schutzhäftlingstransport in das Konzentrationslager Dachau. Nicht nur Juden waren in diesem Transport, der in die Geschichte als „Prominententransport" eingegangen ist. Unter den 151 Mann dieses Transportes befanden sich 60 Juden.

Es ist tragisch, daß man die Ursache zu dem eingangs erwähnten, wie auch zu dem folgenden in einem Absatz ausdrücken kann:

„Der Kampf, den die Kirche gegen die Juden führte, in dem sie dieselben des Gottesmordes beschuldigte und daher als Ungläubige aus der Gemeinschaft ausschloß, der Neid, mit dem die Bevölkerung die wirtschaftlichen und wissenschaftlichen Erfolge der Juden sah, und nicht zuletzt die, infolge des Geldmangels des Staates, sich immer mehr weitende Not, waren Schrittmacher des Antisemitismus, dessen Haß sich in den Judenverfolgungen auslebte."

Schon begannen die staatlichen Judenvernichtungsstellen, mit einer Gründlichkeit ohne Beispiel, ihr furchtbares Werk: Am 24. Mai 1938 ging ein Brief der Gestapo an die Bezirkspolizeikommissariate, der Anordnung zu Judenverhaftungen gab. Dieser Verhaftungsaktion fielen 2000 österreichische Juden zum Opfer.

Am 30. Mai 1938 ging ein Transport mit 500 Juden, am 2. Juni 1938 ein Transport mit 600 Juden in das Konzentrationslager Dachau ab. Die übrigen wurden am 16. Juni und am 15. Juli 1938 nach Dachau verschickt.

Im Sommer 1938 wurden diese österreichischen Juden in das Konzentrationslager Buchenwald überstellt. Die Mehrzahl war „aktionsmäßig" nach dem Einmarsch in Wien verhaftet worden.

Das SD-Hauptamt nahm den Mordanschlag an Botschaftssekretär von Rath zum Anlaß, daß Heydrich die „Nacht der langen Messer" starten konnte. Die Ausrottung der Juden in seiner radikalsten Form begann.

Am 10. November 1938, um ein Uhr früh, erhielten die Einheiten der SS den Befehl, jüdische Tempel zu zerstören, und die Polizei bekam den Auftrag, wohlhabende Juden zu verhaften.

Im Bericht des SD-Unterabschnitts Wien an den SD-Führer des SS-Oberabschnitts Donau über die Rath-Aktion heißt es: *„... Im ganzen wurden in Wien gegen 3000 Juden festgenommen..."* Der SD-Unterabschnitt Tirol meldet: *„Es wurden bis jetzt drei Juden getötet ... 18 Juden wurden festgenommen..."* Linz vermerkt die Festnahme von 96, St. Pölten die von 137 Juden. Der SD-Unterabschnitt Steiermark berichtet: *„In Graz betrug die Zahl der Verhafteten etwa 300, außerhalb Graz 50. Am 11. November um 18 Uhr 15 wurden die Verhafteten per Bahn in ein Konzentrationslager überstellt."*

Insgesamt wurden im Zuge des Novemberpogroms in Österreich 4600 Juden verhaftet und in das Konzentrationslager Dachau verschickt. Im Laufe des ersten Halbjahres 1939 gelang es einer beträchtlichen Anzahl Inhaftierter der Rath-Aktion, die im Besitz einer Ausreisemöglichkeit waren, aus Dachau entlassen zu werden. Freigelassen wurden sie nur unter der Bedingung, daß sie binnen zwei Wochen Deutschland verließen und auswanderten.

Gleich nach Beginn des 2. Weltkriegs fand in Wien eine weitere große Verhaftungsaktion statt. Greise und Jugendliche wurden im Wiener Stadion interniert. Im Oktober wurden sie dann in Viehwaggons, ohne Nahrung, ohne Wasser nach Buchenwald gebracht.

Von rasenden SS-Männern mit Kolbenschlägen getrieben, ging es in das 10 km entfernt gelegene Lager. Auf dem Weg starben bereits 25 Häftlinge. In diesem ,,Rosengarten" standen, durch Stacheldraht vom übrigen Lager getrennt, vier Zelte und eine Holzbaracke. 500 Mann wurden in ein Zelt gepfercht, auf nackte Holzpritschen in drei Etagen übereinander geschichtet. Strohsäcke oder Decken gab es nicht... Entsprechend der extremen Altersschichtung – es waren 1048 Männer und Jugendliche – und der besonders grausamen Behandlung durch die SS stieg die Mortalität steil an. Bis zum Sommer 1940 waren bereits zwei Drittel dieses Transports verstorben oder getötet, wie man aus der Tabelle I entnehmen kann.

Tabelle I: Anzahl der verstorbenen und getöteten österreichischen Juden im Konzentrationslager Buchenwald, deren Urnen zur Beilegung nach Wien geschickt wurden (Friedhofsamt der Israelitischen Kultusgemeinde)

	1938	1939	1940	1941	1942
Jänner	—	12	87	7	—
Februar	—	6	72	12	1
März	—	5	22	22	73
April	—	1	28	5	21
Mai	—	—	17	4	4
Juni	—	—	30	3	1
Juli	—	1	36	44	5
August	—	—	11	9	4
September	—	1	6	2	1
Oktober	—	118	1	2	2
November	1	150	4	—	—
Dezember	7	126	8	3	—
zusammen	8	420	322	113	112

Der Leser wird sich fragen, wieso man weiß, wie viele Personen gestorben sind? Das SS-WVHA, dem alle Konzentrationslager unterstanden, hatte an die Leiter der einzelnen Lager den strengen Auftrag erteilt, die Leichen von Schutzhäftlingen einzuäschern, um die wirkliche Todesursache geheimzuhalten. Im Falle der österreichischen Juden wurden alle Urnen der Israelitischen Kultusgemeinde Wien zur Beisetzung zugesandt. An Hand dieser Urnenbeisetzungen ist es möglich, die Zahl der getöteten Juden bis zum Herbst 1942 zu ermitteln. Insgesamt wurden 1180 Urnen nach Wien geschickt (siehe Tabelle II).

Tabelle II: Anzahl der verstorbenen und getöteten österreichischen Juden in den Konzentrationslagern des Dritten Reiches, deren Urnen nach Wien gesandt wurden (Friedhofsamt der Israelitischen Kultusgemeinde)

	Männer	Frauen
Buchenwald	975	—
Dachau	131	—
Sachsenhausen	26	—
Mauthausen	8	—
Ravensbrück	7	16
Flossenbürg	6	—
Auschwitz I	6	4
Groß-Rosen	1	—
zusammen	1160	20

Der Anteil der österreichischen Juden an den Todesfällen im Konzentrationslager Buchenwald war in den Jahren 1939 und 1940 besonders hoch. In Buchenwald wurden registriert:

1938 .... 771 Tote,
davon 8 österreichische Juden = 1%
1939 .... 1235 Tote,
davon 420 österreichische Juden = 34%
1940 .... 1772 Tote,
davon 322 österreichische Juden = 18%

1940 sanken die Sterbefälle, schnellten aber 1941 wieder in die Höhe. Zu dieser Zeit begannen die ersten Vergasungen in der Euthanasieanstalt Sonnenstein. Im März und April 1942 stieg die Zahl der Sterbefälle auf 94 Personen. Es erfolgten die ersten Vergasungen jüdischer Häftlinge in Buchenwald und in der Euthanasieanstalt Bernburg.

Im Herbst 1943 kam es zur letzten Verhaftungsaktion. Die österreichischen Juden waren fast zur Gänze deportiert, es befanden sich in Österreich nur noch Juden, die in Mischehe mit Ariern lebten, und sogenannte ,,ausländische" Juden, die wohl im Besitz eines Reisepasses eines fremden Staates waren, aber keine rechtsgültige Staatsbürgerschaft besaßen und daher auch keine Einreisebewilligung bekamen: Juden, deren Eltern vor Jahrzehnten nach Wien gekommen waren und die österreichische Staatsbürgerschaft aus utilitären Gründen nicht angenommen hatten.

Die Deportierung nach Polen

Die schnelle Eroberung Polens im Herbst 1939 bewog die Leitung des Reichssicherheitshauptamtes, im besetzten Gebiet den Plan eines jüdischen Ansiedlungsgebietes zu verwirklichen. Als Judenreservat wurde das Land südlich von Lublin ausersehen. ,,Dieses Gebiet mit seinem stark sumpfigen Charakter könnte... als Judenreservat dienen, welche Maßnahme womöglich eine starke Dezimierung der Juden herbeiführen könnte", erklärte Distriktsgouverneur Schmidt anläßlich der Inspektionsreise Seyß-Inquarts nach Lublin. Die Zivilverwaltung hatte keine Ahnung, daß bereits einen Monat vorher die ersten Versuchsdeportationen aus Wien und Mährisch-Ostrau in dieses Gebiet vorgenommen worden waren. Mit allen Umsiedlungsaktionen in das Gebiet des ehemaligen Polens war Adolf Eichmann betraut worden.

Zentralstelle für
jüdische Auswanderung
Wien IV, Prinz-Eugen-Straße 22
B/R

Wien, den 18. 10. 1939

Vermerk[4]:

Betrifft: Umsiedlungsaktion der Juden aus der Ostmark nach Polen.

Als Ergänzung zum Vermerk über die Aussprache zwischen SS-H'Stuf. Eichmann, Herrn Dr. Ebner von der Geheimen Staatspolizei und dem Sonderbeauftragten des Reichskommissars Herrn Dr. Becker wird berichtet, daß die Umsiedlungsaktion nach Polen mit dem 1. Transport am 20. 10. 1939 um 22,00 Uhr mit 1000 arbeitsfähigen Juden von Wien-Aspangbahnhof beginnt.

Den Juden wurde durch die Israelitische Kultusgemeinde Werkzeug zum Aufbau eines Barackendorfes in Nisko mitgegeben, wohin bereits Transporte mit arbeitsfähigen Juden aus Mährisch-Ostrau abgegangen sind. Gleichfalls werden den Juden mit dem Transport Lebensmittel für 4 Wochen mitgegeben.

Die weiteren Transporte gehen fortlaufend jede Woche Dienstag und Freitag mit 1000 Juden, wo zum 2. und 3. Transport die derzeit in Wien in Haft befindlichen Juden und Jüdinnen, denen die Ausreise von der Geheimen Staatspolizei befristet ist, eingeteilt werden. Vom 4. Transport aufwärts werden bereits ganze Familien in die Transporte eingeteilt.

Nach Fertigstellung des Barackendorfes in Nisko werden die mit dem 1. Transport angekommenen Juden auf die im dortigen Gebiet befindlichen ehemaligen jüdischen Dörfer fortlaufend in das Landesinnere verteilt.

Die Transporte werden von der Israelitischen Kultusgemeinde Wien zusammengestellt (so lange dies noch möglich ist), und für den Transport ist eine jüdische Transportleitung verantwortlich. Außerdem begleiten jeden Transport 25 Schupo-Beamte unter Führung eines Polizeimeisters, die jede Fluchtgefahr mit der Waffe zu verhindern haben.

Mit der gesamten Umsiedlungsaktion werden auch die in der Ostmark befindlichen Zigeuner in Sonderwaggons angeschlossen. Die Stelligmachung der Zigeuner erfolgt durch die Kripoleitstelle Wien.

Ergeht an: SS-H'Stuf. Eichmann, Mährisch-Ostrau
SS-O'Stubaf. Vollheim
SS-Stubaf. Polte

Brunner

Der erste Transport mit 912 Personen verließ Wien am 20. Oktober 1939, ein zweiter mit 672 Personen folgte am 26. Oktober 1939.

Ende Oktober wurden die Deportierungen von Wien in das Gebiet des besetzten Polen eingestellt. Die maßgeblichen Gründe für die Einstellung dieser Verschickungsaktionen waren vor allem der Mangel an Transportzügen, zumal ,,Fall Gelb", der Angriffsbefehl gegen Frankreich, unmittelbar bevorstand, sodann Konflikte mit der UdSSR wegen des Abschubes von Juden auf russisches Gebiet und die bevorzugte Aussiedlung von Juden und Polen aus den Deutschland einverleibten polnischen Gebieten (Warthegau). Im April 1940 wurde das Barackendorf Zarzecze bei Nisko aufgelöst.

Am 2. Oktober 1940 fand im Führerhauptquartier eine Besprechung über die Lage im Generalgouvernement statt. An dieser Konferenz nahmen neben dem Generalgouverneur Dr. Hans Frank der Reichsstatthalter von Wien, Baldur von Schirach, der Gauleiter von Ostpreußen, Erich Koch, und Martin Bormann teil. Frank berichtete Hitler über die Errichtung von Gettos in Warschau und anderen Städten des Landes, worauf ,,Reichsleiter von Schirach, der an der anderen Seite des Führers Platz genommen hatte, (einwarf), er habe in Wien noch über 50.000 Juden, die Dr. Frank ihm abnehmen müsse..."

Zwei Monate später erhielt der Reichsstatthalter von Wien folgenden Brief:

Der Reichsminister und Chef
der Reichskanzlei
Rk 789Bg

Berlin W 8, den 3. 12. 1940
Voßstraße 6

Geheim!

An den Reichsstatthalter in Wien
Herrn Gauleiter von *Schirach* Wien

Sehr geehrter Herr von Schirach!

Wie mir Reichsleiter Bormann mitteilt, hat der Führer auf einen von Ihnen erstatteten Bericht entschieden, daß die im Reichsgau Wien noch wohnhaften 60.000 Juden beschleunigt, also noch während des Krieges, wegen der in Wien herrschenden Wohnungsnot ins Generalgouvernement abgeschoben werden sollen. Ich habe diese Entscheidung des Führers dem Herrn Generalgouverneur in Krakau sowie dem Reichsführer SS mitgeteilt und darf Sie bitten, gleichfalls von ihr Kenntnis nehmen zu wollen.

Heil Hitler!
Ihr sehr ergebener
gez. *Dr. Lammers*

Abschriftlich:
1. an Dr. Dellbrügge
2. Reg. Präs. Jung
9. 12. 40/Hk

Bank mit Aufschrift: „Nur für Arier“

Ein orthodoxer Jude muß sich mit SS-Leuten vor dem Eingang in das Amtsgebäude der Israelitischen Kultusgemeinde Wien photographieren lassen (März 1938)

Verladung von Gepäckstücken für einen Deportationstransport im Hofe des Sammellagers Kleine Sperlgasse 2a (Wien II.) im Herbst 1941

Schirach sandte Abschriften dieses Briefes dem SD-Führer, dem Polizeipräsidenten und der Gestapo und führte in dem Begleitschreiben bereits einen Termin für die neue Deportierungsaktion an.

In einem Brief des SS-Obergruppenführers Krüger an Frank teilte dieser unter anderen Verschickungsplänen auch mit, daß noch 10.000 Juden aus Wien auszusiedeln sind. Im Verlauf dieser Deportationsaktion wurden in fünf Transporten 5000 Wiener Juden an das Generalgouvernement verschickt:

Tabelle III: Deportierungstransporte österreichischer Juden in das Generalgouvernement (zusammengestellt auf Grund der offiziellen Transportlisten)

Transport Nr.	Abgangs-datum	Bestimmungsort	Anzahl der deportierten Personen
1	15. Februar 1941	Opole ü/Pulawy	996
2	19. Februar 1941	Kielce	1010
3	26. Februar 1941	Opole ü/Pulawy	1049
4	5. März 1941	Modliborzyce	981
5	12. März 1941	Lagow, Opatow	995

Als Frank im Dezember 1941 „die Ausrottung der Juden" ankündigte, gab er als eine der Ursachen dieses Schrittes die Scherereien an, welche die Ernährung dieser 3,5 Millionen „für uns außergewöhnlich schädlichen Fresser" verursache. Im August 1942 „sagte Frank bei der Besprechung der Ernährungslage im Generalgouvernement: Daß wir 1,2 Millionen Juden zum Hungertod verurteilen, sei nur am Rande festgestellt. Es ist selbstverständlich, daß ein Nichtverhungern der Juden hoffentlich eine Beschleunigung der antijüdischen Maßnahmen zur Folge haben wird."

Durch die Angriffe auf die Sowjetunion erfuhr die Judenpolitik der Nazis eine ungeheure Verschärfung. Dazu bemerkt Ulrich von Hassell in seinem Tagebuch:

„Es stiegen einem die Haare zu Berge, was, urkundlich belegt, mitgeteilt wurde über die den Truppen erteilten, von Halder unterschriebenen Befehle, betreffend das Vorgehen in Rußland..."

Die Aussiedlung nach Lodz (Litzmannstadt)

Der Angriff auf Rußland und die Tätigkeit der Einsatztruppen im Etappengebiet der Ostfront veranlaßten Göring, dem Chef der Sicherheitspolizei und des SD, Heydrich, den Auftrag zu erteilen, die Endlösung der Judenfrage einzuleiten.

Der Reichsmarschall des Großdeutschen Reiches
Beauftragter für den Vierjahresplan
Vorsitzender
des Ministerrates für die Reichsverteidigung

Berlin, den [31.] 7. 1941

An den Chef der Sicherheitspolizei und des SD
SS-Gruppenführer *Heydrich* Berlin.

In Ergänzung der Ihnen bereits mit Erlaß vom 24. 1. 1939 übertragenen Aufgabe, die Judenfrage in Form der Auswanderung oder Evakuierung einer den Zeitverhältnissen entsprechend möglichst günstigen Lösung zuzuführen, beauftrage ich Sie hiermit, alle erforderlichen Vorbereitungen in organisatorischer, sachlicher und materieller Hinsicht zu treffen für eine Gesamtlösung der Judenfrage im deutschen Einflußgebiet in Europa.

Sofern hierbei die Zuständigkeiten anderer Zentralinstanzen berührt werden, sind diese zu beteiligen.

Ich beauftrage Sie weiter, mir in Bälde einen Gesamtentwurf über die organisatorischen, sachlichen und materiellen Vorausmaßnahmen zur Durchführung der angestrebten Endlösung der Judenfrage vorzulegen.

Göring

Tabelle IV: Deportierungstransporte österreichischer Juden nach Lodz (zusammengestellt auf Grund der offiziellen Transportlisten)

Transport Nr.	Abgangs-datum	Bestimmungsort	Anzahl der deportierten Personen
6	15. Oktober 1941	Litzmannstadt	1005
7	19. Oktober 1941	Litzmannstadt	1003
8	23. Oktober 1941	Litzmannstadt	991
9	28. Oktober 1941	Litzmannstadt	998
10	2.November 1941	Litzmannstadt	998

„Ende 1942 kehrte... eine nichtjüdische Frau, die ‚illegalerweise' zusammen mit ihrem jüdischen Gatten... deportiert worden war, aus dem Lodzer Getto nach Berlin zurück. Sie (berichtete)... über die fahrbaren Gaskammern von Chelmno (Kulmhof) und schilderte... welche Rolle diese bei der Umsiedlung gespielt haben."

Die Deportationen nach Riga und Minsk

Die Entscheidung über Leben und Tod:

Der Chef der Ordnungspolizei
Kdo. g 2(01) Nr. 514 II/41 (g)

Berlin, den 24. Oktober 1941
NW 7, Unter den Linden 74

Geheim!

An a) die Befehlshaber (Inspekteure) der Ordnungspolizei in Berlin, Hamburg, Hannover, Münster, Kassel, Nürnberg, Stuttgart, München, Wien, Breslau, Prag, Riga – mit je 5 Nebenabdr. –;
b) die Höheren SS- und Polizeiführer Spree, Nordsee, Mitte West, Fulda-Werra, Süd und Main, Südwest, Donau, Südost, Böhmen und Mähren, Ostland in Berlin, Hamburg, Braunschweig, Düsseldorf, Kassel, München, Stuttgart, Wien, Breslau, Prag, Riga
c) den Polizeipräsidenten in Berlin,
d) den Chef der Sicherheitspolizei und des SD

Schnellbrief

Betr.: Evakuierungen von Juden aus dem Altreich und dem Protektorat

1. In der Zeit vom 1. November bis 4. Dezember 1941 werden durch die Sicherheitspolizei aus dem Altreich, der Ostmark und dem Protektorat Böhmen und Mähren 50.000 Juden nach dem Osten in die Gegend um Riga und um Minsk abgeschoben. Die Aussiedlungen erfolgen in Transportzügen der Reichsbahn zu je 1000 Personen. Die Transportzüge werden in Berlin, Hamburg, Hannover, Dortmund, Münster, Düsseldorf, Köln, Frankfurt/M., Kassel, Stuttgart, Nürnberg, München, Wien, Breslau, Prag und Brünn zusammengestellt.

2. Auf Grund der Vereinbarungen mit dem Chef der Sicherheitspolizei und des SD übernimmt die Ordnungspolizei die Bewachung der Transportzüge durch Gestellung von Begleitkommandos in der Stärke von je 1/12'. Einzelheiten sind mit den zuständigen Dienststellen des SD zu besprechen. Die Aufgabe der Begleitkommandos ist nach der ordnungsmäßigen Übergabe der Transporte an die zuständigen Stellen der Sicherheitspolizei in den Bestimmungsorten erledigt. Sie kehren dann unverzüglich zu ihren Heimatdienststellen zurück.

3. Die durch die Gestellungen der Begleitkommandos entstehenden Kosten trägt der Chef der Sicherheitspolizei. Die Kostenaufstellungen der Polizeiverwaltungen sind nach Beendigung der Transporte zur Abrechnung an den Chef der Sicherheitspolizei einzureichen.

gez. *Daluege*
Beglaubigt:
Rev.-Leutn. d. Sch. P.

Der erste Abtransport von österreichischen Juden nach Riga erfolgte am 23. November 1941; der erste Transport nach Minsk verließ Wien am 28. November 1941. Insgesamt wurden 5183 österreichische Juden in elf Transporten nach Minsk deportiert.

Ein SS-Bericht gibt uns nachfolgende Informationen über die Geschicke der nach Minsk deportierten österreichischen Juden:

»...Am 4. 5. gingen wir bereits wieder daran, neue Gruben in der Nähe des Gutes vom Kdr. selbst auszuheben... Am 11. 5. traf ein Transport mit Juden (1000 Stück) aus Wien in Minsk ein und wurde gleich vom Bahnhof zur obengenannten Grube eingesetzt. Am 13. 5. beaufsichtigten acht Mann die (Aushebung) einer weiteren Grube, da in nächster Zeit abermals ein Transport mit Juden aus dem Reich hier eintreffen soll.«

»...Am 26. 5. traf ein Transport mit 1000 Juden aus dem Reich in Minsk ein und wurde gleich zu der obenerwähnten Grube gebracht. Dazu war die Waffen-SS wieder an der Grube eingesetzt... Am 28. und 29. 5. wurde eine weitere Grube ausgehoben... Am 1. 6. traf wieder ein Transport mit Juden hier ein... Am 15. 6. traf abermals ein Transport mit 1000 Juden aus Wien hier ein...«

»...Am 21., 22. und 23. 7. werden neue Gruben ausgehoben. Am 24. 7. trifft bereits wieder ein Transport mit 1000 Juden aus dem Reich hier ein. Vom 25. 7. bis 27. 7. werden neue Gruben ausgehoben. Am 28. 7. Großaktion im Minsker Getto. 6000 Juden werden zur Grube gebracht. Am 29. 7.: 3000 deutsche Juden werden zur Grube gebracht. Die nächstfolgenden Tage waren wieder mit Waffenreinigung und Sacheninstandsetzung ausgefüllt...«

»Die erste Augusthälfte verlief, mit Ausnahme von zwei Judentransporten, ziemlich eintönig...«

Tabelle V: Deportierungstransporte österreichischer Juden nach dem Osten (zusammengestellt auf Grund der offiziellen Transportlisten)

Transport Nr.	Abgangsdatum	Bestimmungsort	Anzahl der deportierten Personen
11	23. November 1941	Riga	995
12	28. November 1941	Minsk	999
13	3. Dezember 1941	Riga	995
14	11. Jänner 1942	Riga	1000
15	26. Jänner 1942	Riga	1196
16	6. Februar 1942	Riga	997
19	6. Mai 1942	Minsk	994
22	20. Mai 1942	Minsk	986
23	27. Mai 1942	Minsk	991
24	2. Juni 1942	Minsk	999
26	9. Juni 1942	Minsk	1006
32	17. Juli 1942	Minsk	995
36	17. August 1942	Minsk	1003
39	31. August 1942	Minsk	967
41	14. September 1942	Minsk	992
44	5. Oktober 1942	Minsk	544

Judenverschickungen in das Generalgouvernement Izbica/Lublin

Der Plan der Aussiedlung der Juden aus dem Großdeutschen Reich nach Rußland, wie ihn Heydrich auf der Wannseekonferenz vorgetragen hatte, wurde durch das Einschreiten des Transportkommandos der Wehrmacht behindert. Als neuer Bestimmungsort der Aussiedlungen wurde Lublin ausersehen. Hier hatte Globocnik, der ehemalige Gauleiter von Wien, mit Bewilligung Himmlers seine »Aktion Reinhard« begonnen: die Umsiedlung aus dem »Judenreservat Lublin« in riesige Konzentrationslager. Die »Aktion Reinhard« bestand in der Ausnützung jüdischer Arbeitskraft – in Form grausamster Sklaverei – für deutsche Führungszwecke, in der Vernichtung der nicht arbeitsfähigen Juden und in der Verwertung ihrer Leichen – in Form moderner Leichenfledderei – in den Todesfabriken Belzec, Sobibor und Treblinka.

Aus Goebbels' Tagebuch, 27. März 1942:

„Aus dem Generalgouvernement werden jetzt, bei Lublin beginnend, die Juden nach dem Osten abgeschoben. Es wird hier ein ziemlich barbarisches und nicht näher zu beschreibendes Verfahren angewandt, und von den Juden selbst bleibt nicht mehr viel übrig. Im großen kann man wohl feststellen, daß 60 Prozent davon liquidiert werden müssen, während nur 40 Prozent bei der Arbeit eingesetzt werden können. Der ehemalige Gauleiter von Wien (Globocnik), der diese Aktion durchführt, tut das mit ziemlicher Umsicht und auch mit einem Verfahren, das nicht allzu auffällig wirkt... Die in den Städten des Generalgouvernements freiwerdenden Gettos werden jetzt mit den aus dem Reich abgeschobenen Juden gefüllt, und hier soll sich dann nach einer gewissen Zeit der Prozeß erneuern.«

Die Anzahl der arbeitsfähigen Juden, die für eine Verschickung nach Izbica in Frage kamen, verringerte sich rapid, dies wußte auch das RSHA und richtete ein dementsprechendes Fernschreiben am 27. Mai 1942 an alle Dienststellen, die mit Judenverschickungen zu tun hatten.

+ + BERLIN NUE 87.490 21. 5. 42 1950 = KR. =
AN ALLE STAPO(LEIT)STELLEN, MIT AUSNAHME DER STAPO(LEIT)STELLEN: BROMBERG, BRUENN, DANZIG, GRAUDENZ, GRAZ, HOHENSALZA, INNSBRUCK, KATTOWITZ, KLAGENFURT, LINZ, LITZMANNSTADT, POSEN, PRAG, SALZBURG UND ZICHENAU. –
AN DEN INSPEKTEUR DER SIPO UND DES SD, ZENTRALSTELLE FUER JUEDISCHE AUSWANDERUNG WIEN, IN WIEN, NACHRICHTLICH DEN INSPEKTEUREN DER SIPO UND DES SD (MIT AUSNAHME DANZIG, POSEN, SALZBURG) – DEM BEFEHLSHABER DER SIPO UND DES SD, ZENTRALSTELLE FUER JUEDISCHE AUSWANDERUNG PRAG. = GEHEIM – DRINGEND – SOFORT VORLEGEN. = =
= BETR.: EVAKUIERUNG VON JUDEN. –
= BEZUG: SCHNELLBRIEF VOM 31. 1. 42 ROEM 4 B 4 – 2093/42 KLEIN G (391)
A.) IM ZUGE DER EVAKUIERUNGSAKTION LUBLIN/IZBICA KONNTEN, ABGESEHEN VON EINIGEN AUSNAHMEN, SAEMTLICHE EVAKUIERUNGS-DIENSTSTELLEN IM ALTREICH DIE NACH DEN RICHTLINIEN FUER EINE EVAKUIERUNG IN BETRACHT KOMMENDEN JUDEN ERFASSEN. – –
– – UM DIE IM OSTEN NOCH VORHANDENEN AUFNAHMEMOEGLICHKEITEN FUER EINE WEITERE EVAKUIERUNG RESTLOS AUSNUETZEN ZU KOENNEN, BITTE ICH, DIE ZAHL JENER IM DORTIGEN DIENSTSTELLENBEREICH BISHER VERBLIEBENEN JUDEN ANZUGEBEN, DIE UNTER GENAUESTER BEACHTUNG DER RICHTLINIEN NOCH EVAKUIERT WERDEN KOENNEN.
TERMIN: 27. 5. 42. FEHLANZEIGE IST ERFORDERLICH. –...
RSHA 4 B 4 KLEIN A. 2093/42 KLEIN G (391)
I. V. GEZ. MUELLER SS-GRUPPENFUEHRER. –

Viktor Brack
SS-Oberführer

Berlin, den 23. Juni 1942
K 8, Voßstr. 5

Geheime Reichssache

An den Reichsführer-SS und Chef der Deutschen Polizei
Heinrich Himmler, Berlin SW 11, Prinz Albrecht Str. 8

Sehr geehrter Reichsführer!

Ich habe dem Brigadeführer *Globocnik* auf Anweisung von Reichsleiter Bouhler für die Durchführung seiner Sonderaufgabe schon vor längerer Zeit einen Teil meiner Männer zur Verfügung gestellt. Aufgrund einer erneuten Bitte von ihm habe ich nunmehr weiteres Personal abgestellt. Bei dieser Gelegenheit vertrat Brigadeführer Globocnik die Auffassung, die ganze Judenaktion so schnell wie nur irgend möglich durchzuführen, damit man nicht eines Tages mitten drin steckenbliebe, wenn irgendwelche Schwierigkeiten ein Abstoppen der Aktion notwendig machen. Sie selbst, Reichsführer, haben mir gegenüber seinerzeit schon die Meinung geäußert, daß man schon aus Gründen der Tarnung so schnell wie möglich arbeiten müsse. Beide Auffassungen, die ja im Prinzip das gleiche Ergebnis zeitigen, sind nach meiner eigenen Erfahrung mehr als berechtigt.

Heil Hitler
Ihr *Viktor Brack*

In der Zeit vom 9. April bis 14. Juni 1942 wurden in sechs Transportzügen 6000 Personen von Wien nach Izbica verschleppt. »Örtliche Beamte beschwerten sich darüber, daß die Juden aus dem Reich im Zustand völliger Verarmung ankamen; Gepäck, mitgenommene Verpflegung und Wäsche waren ihnen in Lublin im Zug weggenommen worden...« Eine größere Zahl arbeitsfähiger Männer wurde in Lublin aus dem Zug geholt und in das »KZ Lublin«, das nach dem Krieg als »KZ Majdanek« bekannt wurde, gebracht. Einer am 6. Juni 1942 angefertigten Liste beschlagnahmter Uhren im KZ Majdanek entnimmt man, daß die 304 Bezitzer dieser Uhren, die im Lagerverzeichnis unter der Zahl 8607 – 9579 registriert waren, überwiegend aus den von Wien am 12. und am 15. Mai abgegangenen Transporten stammten. Die nicht arbeitsfähigen Personen wurden in den Juden vorbehaltenen Städten und in Umsiedlungslagern einquartiert und im Laufe des Sommers und Herbstes in Belzec oder Sobibor vergast.

Tabelle VI: Deportierungstransporte österreichischer Juden nach Izbica (zusammengestellt auf Grund der offiziellen Transportlisten)

Transport Nr.	Abgangs-datum	Bestimmungsort	Anzahl der deportierten Personen
17	9. April 1942	Izbica	998
18	27. April 1942	Wlodawa	998
20	12. Mai 1942	Izbica	1001
21	15. Mai 1942	Izbica	1006
25	5. Juni 1942	Izbica	1001
27	14. Juni 1942	Izbica	996

Die Verschickungen nach Theresienstadt

Die letzte große Aussiedlungsaktion, die Deportierung nach Theresienstadt, begann im Juni 1942. Dem Fernschreiben des RSHA vom 21. Mai 1942 entnimmt man, welche Kategorien von Juden nach Theresienstadt ausgesiedelt wurden:

B.) WIE BEKANNT IST VORGESEHEN,

1. UEBER 65 JAHRE ALTE BZW. UEBER 55 JAHRE ALTE, GEBRECHLICHE JUDEN –

2. JUEDISCHE EHEGATTEN EINER NICHT MEHR BESTEHENDEN DEUTSCH-JUEDISCHEN MISCHEHE, DIE GEMAESS PARAGR. 3 ABS. 2 DER POLIZEIVERORDNUNG UEBER DIE KENNZEICHNUNG DER JUDEN VOM 1. 9. 1941 (RGBl. I. S. 547) VOM KENNZEICHNUNGSZWANG BEFREIT SIND. –

3. JUEDISCHE MISCHLINGE, DIE NACH PARAGR. 5 (2) DER 1. VERORDNUNG ZUM REICHSBUERGERGESETZ VON 14. 11. 35 (RGBL. I. S. 1333) ALS JUDEN GELTEN, SOFERN DIESE NICHT NOCH MIT EINEM JUDEN VERHEIRATET SEIN SOLLTEN, UND

4. JUDEN, DIE SCHWERKRIEGSBESCHAEDIGT ODER INHABER DES VERWUNDETENABZEICHENS UND HOHER TAPFERKEITSAUSZEICHNUNGEN (EK. 1, GOLDENE TAPFERKEITSMEDAILLE USW.), DIE AUS DIESEN GRUENDEN NICHT NACH DEM OSTEN EVAKUIERT WERDEN KOENNEN, IN DAS ALTERSGHETTO THERESIENSTADT (PROTEKTORAT BOEHMEN UND MAEHREN)... ZU VERBRINGEN...

Hinzu kamen noch ehemalige höhere Staatsbeamte und Angestellte der Kultusgemeinde Wien.

Theresienstadt, eine aus dem 18. Jahrhundert stammende Festungsstadt Österreichs an den Ufern der Eger, das vom RSHA gern als »Altersgetto«, »Mustergetto« oder »Sondergetto« bezeichnet wurde, war in Wirklichkeit ein riesiger Umschlagplatz, ein Transitlager für Verschickungen in die Vernichtungsstätten. Fast 70 Prozent der von Wien nach Theresienstadt abgeschobenen österreichischen Juden endeten in den Gaskammern von Auschwitz-Birkenau. Allein nach Auschwitz wurden von Theresienstadt in 23 Transportzügen 45.023 Personen verschickt.

Von Wien nach Theresienstadt wurden im Verlauf des Jahres 1942 in 13 Transportzügen 13.776 Personen verschleppt.

Tabelle VII: Deportationstransporte österreichischer Juden nach Theresienstadt (zusammengestellt auf Grund der offiziellen Transportlisten)

Transport Nr.	Abgangs-datum	Bestimmungsort	Anzahl der deportierten Personen
28	20. Juni 1942	Theresienstadt	996
29	28. Juni 1942	Theresienstadt	983
30	10. Juli 1942	Theresienstadt	993
31	14. Juli 1942	Theresienstadt	988
33	22. Juli 1942	Theresienstadt	1005
34	26. Juli 1942	Theresienstadt	998
35	13. August 1942	Theresienstadt	997
37	20. August 1942	Theresienstadt	997
38	27. August 1942	Theresienstadt	956
40	10. September 1942	Theresienstadt	990
42	24. September 1942	Theresienstadt	1287
43	1. Oktober 1942	Theresienstadt	1290
45	9. Oktober 1942	Theresienstadt	1306

Die Deportierungen und Konzentrationslager-Verschickungen in den Jahren 1943–1945

Fast die gesamte Judenschaft Wiens war im Jahre 1942 deportiert worden, nur eine kleine Gruppe führte hier noch ein kümmerliches Dasein, zum größten Teil geschützt durch eine Ehegemeinschaft mit arischen Partnern, zum kleineren Teil waren es Angestellte der Kultusgemeinde – seit 1. November 1942 »Ältestenrat der Juden in Wien« –, die die Verwaltungsliquidierung der Israelitischen Kultusgemeinde abzuschließen hatten. Aber all diese Menschen hatten nur eine kurz befristete Aufenthaltsgenehmigung. Nach dem Abschluß ihrer Arbeit oder nach dem Ableben des arischen Ehepartners wurden sie deportiert.

Monatlich gingen Transporte nach Theresienstadt oder Auschwitz ab. Neben den Deportierungen in die Vernichtungslager kam es auch zu Überstellungen in Konzentrationslager auf deutschem Gebiet: nach Mauthausen, Buchenwald, Ravensbrück und Bergen-Belsen.

Insgesamt wurden im Jahre 1943 1301 Personen deportiert, und 166 wurden in Lager eingewiesen; 1944 wurden 345 Deportationen und 83 Konzentrationslager-Einweisungen in Konzentrationslager gezählt; 11 Personen wurden noch 1945 deportiert.

Tabelle VIII: Deportierungs- und KZ-Überstellungstransporte österreichischer Juden in den Jahren 1943 bis 1945

Transport Nr.	Abgangsdatum	Bestimmungsort	Anzahl der deportierten Personen
46a	5. Jänner 1943	Theresienstadt	100
46b	8. Jänner 1943	Theresienstadt	101
46c	11. Jänner 1943	Theresienstadt	100
46d	28. Jänner 1943	Theresienstadt	9
46e	25. Februar 1943	Theresienstadt	70
47a (u. A)	3. März 1943	Nach dem Osten	75
46f	30. März 1943	Theresienstadt	101
47b (u. B)	31. März 1943	Nach dem Osten	85
46g	1. April 1943	Theresienstadt	72
	27. April 1943	Theresienstadt	2
46h	25. Mai 1943	Theresienstadt	203
	16. Juni 1943	Theresienstadt	?
46i	24. Juni 1943	Theresienstadt	151
46j	15. Juli 1943	Thereseinstadt	17
46k	2. September 1943	Theresienstadt	20
	9. September 1943	Theresienstadt	10
	15. September 1943	Theresienstadt	1
	Mitte September 1943	Bergen-Belsen	11
47c	7. Oktober 1943	Auschwitz	21
	Mitte Oktober 1943	Buchenwald u. Ravensbrück	40
46l	11. November 1943	Theresienstadt	91
46m	30. November 1943	Theresienstadt	46
47d	1. Dezember 1943	Auschwitz	25
	14. Dezember 1943	Theresienstadt	1
	10. Jänner 1944	Theresienstadt	6
	1. Februar 1944	Bergen-Belsen	5
47e	24. Februar 1944	Auschwitz	41
48a	10. März 1944	Theresienstadt	84
47f	26. April 1944	Auschwitz	19
48b	28. April 1944	Theresienstadt	79
	17. Mai 1944	Theresienstadt	1
	18. Mai 1944	Theresienstadt	4
	2. Juni 1944	Theresienstadt	1
	21. Juni 1944	Theresienstadt	4
47g	27. Juni 1944	Auschwitz	17(8)
48c	28. Juni 1944	Auschwitz	38
	9. Juli 1944	Theresienstadt	5
	23. Juli 1944	Theresienstadt	1
48d	16. August 1944	Theresienstadt	16
	22. August 1944	Auschwitz	2
47h	7. September 1944	Auschwitz	29
	21. September 1944	Theresienstadt	2
	20. November 1944	Theresienstadt	4
	22. November 1944	Theresienstadt	1
	1. Februar 1945	Theresienstadt	4
	15. Februar 1945	Theresienstadt	7

Die Opfer der österreichischen Juden

KZ-VERSCHICKUNGEN	Personen
1938 Verhaftungsaktion im Frühjahr und Sommer	2.200
1938 am 10. November	4.600*
1939 im September	1.048
1943	166
1944	83
	8.097
* Davon wurden im Frühjahr 1939 entlassen	4.000
	4.097

DEPORTATIONEN	
1939 Herbst	1.584*
1941 Frühjahr	5.031
1941 Lodz	4.995
1941/42 Riga	5.183
1941/42 Minsk	10.476
1942 Izbica	6.000
1942 Theresienstadt	13.776
1943	1.301
1944	345
1945	11
	48.702
* Davon im Frühjahr 1940 nach Wien zurückgekehrt	198
	48.504

die nach der Besetzung Österreichs ins Ausland geflüchtet und im Verlauf des Krieges wieder in deutsche Hände gefallen waren .... rund 15.000

4.097 österreichische Juden wurden in Konzentrationslager verschleppt;
48.504 Personen wurden aus Österreich deportiert;
15.000 österreichische Juden kamen im Exil wieder unter deutsche Knechtschaft und wurden in Vernichtungslager verschickt.

67.601

2.142[1] überlebten das Inferno der deutschen Vernichtungslager.

65.495 österreichische Juden wurden in den Jahren 1938 bis 1945 in den den KZ und Vernichtungslagern des Dritten Reiches umgebracht.[2]

Vergessen wir nicht, daß die fortschreitende Emanzipation der Juden in der ganzen Welt die Armut der Jüdischen Gasse, die manche von uns noch erlebt haben, nicht mehr kennt, vergessen wir nicht, daß die großen jüdischen Gemeinden in Mittel- und vor allem in Osteuropa zerstört wurden und daß dadurch das große Reservoir des lebenden Judentums versiegt ist.

Mögen sich daher alle vor dem Geiste der Kultur, vor der Seelenstärke und dem unbeugsamen Heldenmut jener, welche das größte Martyrium der Geschichte ertragen mußten, weil sie an das Menschenrecht glaubten, verneigen.

1 Statistischer Bericht der IKG Wien vom 31. 12. 1945.
2 Alle angegebenen Zahlen beziehen sich auf Juden im Sinne der Nürnberger Gesetze.

Literatur

Dieser Arbeit liegen Monographien zur Zeitgeschichte von Professor Dr. JONNY MOSER zugrunde, erschienen im Europa Verlag. Sie wurden redaktionell bearbeitet.

ADLER, H. G.: Theresienstadt 1941 – 1945. Das Antlitz einer Zwangsgemeinschaft, 2. Auflage, Tübingen 1960.

Buchenwald. Mahnung und Verpflichtung, Kongreß-Verlag, Berlin 1961, 3. Auflage.

CZECH, Danuta: Kalendarium der Ereignisse im Konzentrationslager Auschwitz-Birkenau, in: Hefte von Auschwitz, Nr. 1 bis 4 und 6 bis 8, Wydavnictwo Panstwowego Muzeum w Oswiecimu 1959 – 1964.

Documents on German Foreign Policy 1918 – 1945, Series D (1937 – 1945) Vol. VIII., Washington 1954.

EICHMANN, Henker – Handlanger – Hintermänner, herausgegeben vom Ausschuß für Deutsche Einheit, Berlin 1961.

FRIEDMANN, Tuviah: Zwanzig Jahre nachher, Haifa 1965 (hebräisch).

HASSELL, Ulrich von: Vom anderen Deutschland. Aus den nachgelassenen Tagebüchern 1938 – 1944, Fischer-Taschenbuch 605, Frankfurt am Main 1964.

HOFER, Walther: Der Nationalsozialismus. Dokumente 1933 – 1945, Fischer-Taschenbuch 172, Frankfurt am Main 1957.

International Military Tribunal (IMT). Der Prozeß gegen die Hauptkriegsverbrecher vor dem Internationalen Militärgerichtshof in Nürnberg 14. November 1945 bis 1. Oktober 1946, Nürnberg 1948.

KOGON, Eugen: Der SS-Staat. Das System der deutschen Konzentrationslager, Büchergilde Gutenberg, Frankfurt am Main 1959.

Konzentrationslager Buchenwald, Stern-Verlag, Wien 1945.

LENZ, Johann Maria: Christus in Dachau oder Christus der Sieger, 8. Auflage, Selbstverlag J. M. Lenz, 1961.

WALKA, Meczenstwo, Zaglada Zydow w Polsce 1939 x 1945, Wydawnictwo Ministerstwa Obrony Narodowej, Warschau 1960.

MITSCHERLICH, Alexander / MIELKE, Fred: Medizin ohne Menschlichkeit. Dokumente des Nürnberger Ärzteprozesses, Fischer-Taschenbuch 332, Frankfurt am Main 1960.

NELLESSEN, Bernd: Der Prozeß von Jerusalem, Econ-Verlag, 1. Auflage 1964, Düsseldorf – Wien.

PFEIFER, Helfried: Die Ostmark. Eingliederung und Neugestaltung. Wien 1941.

PIOTROWSKI, Stanislaw: Hans Franks Tagebuch, PWN – Polnischer Verlag der Wissenschaften, Warschau 1963.

REITLINGER, Gerald: Die Endlösung. Ausrottung der Juden Europas 1935 bis 1945, Kindler-Taschenbuch 57/58/59, München 1964.

Rot-Weiß-Buch, I. Teil, Wien 1946.

SCHEFFLER, Wolfgang: Judenverfolgung im Dritten Reich 1933 – 1945. Büchergilde Gutenberg, Frankfurt am Main 1961.

SPILKA, Borivoj: Terezin-Ghetto, Repatriative Section of the Czechoslovak Ministry for the Labour and Social Welfare, Prag 1945.

STADLER, Maria Szecci-Karl: Die NS-Justiz in Österreich und ihre Opfer, Herold, Wien 1962.

Treblinka, herausgegeben vom Rat für Schutz der Denkmäler des Kampfes und des Heldentums, Warschau 1961.

Unsere Ehre heißt Treue. Kriegstagebuch des Kommandostabes des Reichsführers SS, Tätigkeitsbericht der 1. und 2. SS-Infanteriebrigade, der 1. SS-Kavalleriebrigade und von Sonderkommandos der SS. Europa Verlag, Wien – Frankfurt – Zürich 1965.

Michael Ley

In Behemoths Schatten

Bemerkungen zum Wiederentstehen jüdischen Lebens nach 1945

„Der Wiener ist ein Weltbürger und daher von vornherein kein Antisemit. Antisemitische Tendenzen sind ihm auch jetzt vollkommen fremd. Erzählungen darüber sind bewußte Lügen oder gedankenloses Geschwätz."

(Theodor Körner, 1947)

Im Jahre 1922 schrieb der Wiener Schriftsteller Hugo Bettauer einen höchst aufschlußreichen Roman mit dem Titel „Stadt ohne Juden". Dieses Werk, das den Untertitel „Ein Roman von Übermorgen" trägt, antizipiert die negative Utopie, die von vielen völkischen und antisemitischen Parteien, Sekten und Literaten seit dem späten 19. Jahrhundert gefordert wurde.

Bettauer sieht das Aufkommen eines charismatischen Führers voraus, der im Unterschied zu den „Verbalantisemiten" den Judenhaß kraft seiner „Bewegung" konsequent weitertreibt und die Juden aus Wien vertreibt. Nachdem der letzte Zug mit Juden Wien verlassen hat, kommt es zu einem grandiosen Volksfest, um die „Befreiung" zu feiern. Schwertfeger, der cäsaro-papistische Führer, charakterisiert die „chiliastische" Tat in seiner folgenden Rede: „Mitbürger, ein ungeheures Werk ist vollendet! Alles das, was in seinem innersten Wesen nicht österreichisch ist, hat die Grenzen unseres kleinen, aber schönen Vaterlandes verlassen!"

Der „völkische Befreiungsschlag" erwies sich jedoch bald als ein Schlag ins Wasser. Die nun einsetzende Arisierungswelle versetzte zwar viele „Volksgenossen" in den Besitz jüdischen Eigentums, aber die Geschäfte gingen schlecht. Deshalb mußten viele arisierte Betriebe bald wegen Konkurses schließen. Die Arbeitslosigkeit nahm rapide zu, die Teuerungsraten schnellten hinauf. Der sozioökonomische Niedergang und die kulturelle Provinzialisierung führten zur Unzufriedenheit bei der Bevölkerung. Da die nun entstandenen Probleme nicht mehr auf die Juden abgewälzt werden konnten, verlor die Regierung rasch die Loyalität der Massen. Die gänzliche „Verdorfung" Wiens führte zu einer reumütigen Rückholung der Wiener Juden unter dem Jubelschrei der Massen.

Zumindest in einem Punkt hat sich Hugo Bettauer geirrt: die Juden wollte fast niemand wiedersehen.

Die Wiener Kultusgemeinde wurde 1942 von den Nationalsozialisten aufgelöst. Das gesamte Eigentum der Kultusgemeinde wurde veräußert und dem „Jüdischen Auswanderungsfonds", der der Gestapo gehörte, nach Prag überstellt. Damit war die Arisierung in Österreich mehr oder weniger abgeschlossen: Über sechzigtausend Wohnungen und mehrere tausend jüdische Betriebe und Geschäfte sowie Grundbesitz, Wertpapiere, Aktien etc. im Gesamtwert von über 3 Milliarden Reichsmark waren geraubt. Der nationalsozialistische Terror kostete über sechzigtausend österreichischen Juden das Leben. Der größere Teil überlebte im Ausland und zog es vor, nicht mehr nach Österreich zurückzukehren. Zu den wenigen Überlebenden in Wien kamen im Sommer 1945 zahlreiche Juden aus Osteuropa, Menschen aus den Vernichtungshöllen der Konzentrationslager und Rückwanderer aus den verschiedenen Asylländern.

Im Juni 1945 wurde Prof. Heinrich Schur vom Staatsamt für Volksaufklärung, Unterricht und Erziehung zum Leiter der Kultusgemeinde ernannt; er trat kurze Zeit später zurück. Im September setzte die Regierung David Brill zum provisorischen Leiter der Kultusgemeinde ein. Im April 1946 wurden die Israelitische Kultusgemeinde Wien und der Verband österreichischer Kultusgemeinden gegründet. Zum Präsidenten wurde David Brill von der „Jüdischen Einheit" gewählt.

1945 gab es nur noch 1000 bis 1500 ehemalige Wiener Juden in der Gemeinde. Durch die Rückkehr jüdischer Emigranten und Konzentrationslagerhäftlinge sowie Zuwanderer aus anderen Ländern zählte die Gemeinde 1946 rund 5000 Mitglieder. In den verschiedenen Asylländern lebten ungefähr 80 000 österreichische Juden. Die jüdischen

Heime in der Seegasse, Augartenstraße und in der Tempelgasse waren überfüllt, da die Rückwanderer und Überlebenden aus den Konzentrationslagern zuerst keine öffentliche Hilfe bekamen. Ihre ehemaligen Wohnungen waren – soweit sie nicht zerstört waren – ihnen nicht zugänglich.

Eine der wichtigsten Einrichtungen der Kultusgemeinde war das Wanderungsreferat, das seine Arbeit 1946 aufnahm. Prinzipiell sollte es sich mit allen Wanderungsbewegungen der Juden in Österreich befassen. Praktisch waren auf dem Gebiet der Emigration besonders die ,,Hias" und der ,,Joint" tätig. Das ,,Internationale Flüchtlingskomitee jüdischer KZler und Flüchtlinge" half vor allem jüdischen Flüchtlingen aus Osteuropa. Die Kultusgemeinde beschäftigte sich mit dem Problem der Rückwanderung österreichischer Juden.

Zu den ersten Tätigkeiten des Wanderungsreferates gehörte die Rückholung österreichischer Juden aus Schanghai. Diese Bemühungen zeigten die Schwierigkeiten an, die die Juden im Umgang mit den Behörden bekamen und weiterhin haben sollten.

,,In langen mühevollen Verhandlungen gelang es, bürokratische Bedenken des Ministeriums des Innern und den antisemitisch gefärbten Widerstand verantwortlicher Funktionäre im Ministerium des Äußeren zu überwinden und zu erreichen, daß unsere Regierung ihre Bereitschaft aussprach, den österreichischen Staatsbürgern die Einreise zu gewähren"[1)], steht in dem entsprechenden Rechenschaftsbericht.

Angesichts der konkreten Schwierigkeiten mit Teilen der österreichischen Bevölkerung ergab sich neben prinzipiellen Erwägungen die Frage, ob ein jüdisches Leben in Österreich überhaupt wieder möglich bzw. erstrebenswert sei. Schon im Herbst 1945 sprachen sich Vertreter der Gemeinde gegen ein Verbleiben von Juden in Österreich aus. Sie meinten, daß nur ältere Juden es vorzögen, in Wien zu bleiben.[2)] Bei einer Abstimmung der Wiener Juden im Januar 1946 sprachen sich zwei Drittel gegen den Verbleib in Österreich und Europa aus.[3)] Die Skepsis der österreichischen Juden war durch mehrere Faktoren begründet: Es wurde immer wieder die antisemitische Haltung der österreichischen Bevölkerung unterstrichen. So kam es im Sommer 1947 zu einer Hungerdemonstration in Bad Ischl. Die Kundgebung wurde vor einem Hotel abgehalten, in dem jüdische Flüchtlinge wohnten. Die Veranstaltung artete in antisemitische Aktionen aus, wobei Parolen wie ,,Die Juden werden..." skandiert wurden.[4)] Negative Einstellungen gegenüber Juden blieben nun aber keineswegs nur auf bestimmte Bevölkerungskreise beschränkt. Die Haltung der katholischen Kirche gab der Vertreter von Kardinal Innitzer, Bischof Kamprath, wieder, anläßlich eines Treffens des Anglo-Amerikanischen Komitees mit Vertretern der katholischen Kirche im Jahre 1946. ,,Bischof Kamprath erklärte, daß die Kirche nicht die Juden, sondern nur den jüdischen Materialismus bekämpfe. Die Lösung des Judenproblems liege in der Bekehrung der Juden zum wahren Glauben. Der Jesuit erklärte im Verlaufe des Gesprächs, der Hauptgrund für den Antisemitismus liege nach Ansicht der Kirche im Benehmen der jüdischen Gemeinde. Er führte anschließend sehr genau aus, wie die Vertreter der Israelitischen Kultusgemeinde Wiens mit der Gestapo zusammengearbeitet hatten."[5)]

Die Politik der beiden Großparteien war alles andere als judenfreundlich. Paradigmatisch läßt sich diese Haltung an drei Beispielen aufzeigen: bei der österreichischen Mitverantwortung am Nationalsozialismus, bei der Rückstellung jüdischen Eigentums und bei der Behandlung der ,,Belasteten", also den österreichischen NSDAP-Mitgliedern.

Die legitimatorische Grundlage der Zweiten Republik war die Moskauer Deklaration des Jahres 1943. Darin wurde Österreich zum ersten Opfer der nationalsozialistischen Aggressionspolitik erklärt. Konsequent wurde und wird jede Mitverantwortung Österreichs am Nationalsozialismus bestritten. Diese ,,Opfertheorie" erlaubte nun der österreichischen Regierung, jede Forderung auf Wiedergutmachung gegenüber österreichischen Juden zurückzuweisen. Diese staatsrechtliche Konstruktion eines ausschließlich überfallenen Landes hatte natürlich nicht nur politisch bedenkliche Folgen; die sozialpsychologischen Konsequenzen führten dahin, daß ab ovo eine kritische Reflexion über Schuld und Sühne innerhalb der Bevölkerung nicht notwendig war. Die letztlich durch den Staatsvertrag 1955 legitimierte Schuldlosigkeit erlaubte die Expatriierung der Mitschuld. Somit konstituierte sich eine ,,Schicksalsgemeinschaft unzählbarer Opfer".

Unter diesen Bedingungen hatten die Behörden wenig Anlaß, den jüdischen Problemen eine besondere Aufmerksamkeit zu schenken. Der Bundeskanzler Leopold Figl betonte 1945, „daß die Bundesregierung alle heimkehrenden Österreicher mit offenen Armen empfangen werde – als Österreicher, nicht als Juden"[6].

Auf der Folie dieser Opfertheorie konnte sich die Kontinuität des Antisemitismus reibungslos fortsetzen, da man in der Zeit zwischen 1938 und 1945 selbst Opfer der nationalsozialistischen Aggression war.[7]

Mit diesen Argumenten versuchte man auch den Anspruch auf deutsches Eigentum zu erheben und knüpfte damit ein Analogon zum arisierten Eigentum. „In dieser Phase unternahm die Staatsregierung, soweit die chaotischen Umstände es erlaubten, die ersten administrativen und legislativen Schritte in zwei Richtungen: einerseits versuchte sie möglichst viel Reichsdeutsches bzw. Nazi-Eigentum für den österreichischen Staat zu sichern und andererseits jüdische Ansprüche möglichst hintanzuhalten."[8] Konsequent behauptete demzufolge der spätere Handelsminister Ernst Kolb, daß Österreich nichts gutzumachen habe, weil es nichts verbrochen habe. „Die Republik Österreich selber ist der erste Anspruchsberechtigte, denn ein erheblicher Teil des Eigentums, das den Besitzer wechseln mußte, habe dem Staat gehört. Man habe damals von Arisieren gesprochen, um zu vertuschen, daß der größte Teil des entzogenen Vermögens nicht aus rassischen, sondern aus politischen Gründen entzogen worden sei."[9]

Ein weiterer entscheidender Punkt war – neben den Rückstellungen – das erblose jüdische Vermögen. Die Bundesregierung widersetzte sich dem Verlangen der jüdischen Vertreter, dieses den überlebenden jüdischen Opfern zufließen zu lassen.

Die ersten drei Rückstellungsgesetze, die bis 1947 erlassen wurden, stellten einen Kompromiß dar, der den politischen Erwägungen nach außen und nach innen Rechnung trug. Für einige zurückgekommene Juden war beispielsweise die erfolgte Rückerstattung ihres Betriebes insofern problematisch, da sie den bei der Arisierung festgesetzten Verkaufspreis zurückzuzahlen hatten. So konnte es vorkommen, daß sie dem Ariseur einen Preis zahlen mußten, den sie selbst nie erhalten hatten, da sie vom Verkaufspreis diskriminierende Steuern wie Reichsfluchtsteuer und Judenvermögensabgabe zahlen mußten. Weiters mußten sie u. U. getätigte Investitionen ablösen und die Tätigkeit des Ariseurs „vergüten". In den Fällen, wo die Geschäfte nicht mehr bestanden, da der Ariseur Konkurs gemacht hatte, gab es natürlich nichts mehr zurückzustellen.

Im Sommer 1948 wurde der Verein der Rückstellungsbetroffenen gegründet, dessen Ziel darin bestand, die Arisierungen als juridisch unbedenkliche Vertragsabschlüsse hinzustellen. Diese Gruppe hatte insofern Einflußmöglichkeiten, da 1948 eine Amnestie der „Minderbelasteten"-NSDAP-Mitglieder erfolgte. Da es sich immerhin um 450 000 Menschen handelte, stellten sie bei Wahlen ein beträchtliches Stimmenpotential dar.

Das Zurückweisen der Mitverantwortung, die fragwürdige Entnazifizierung und der einsetzende Kalte Krieg schufen eine Atmosphäre, in der die jüdischen Opfer des Nationalsozialismus immer mehr in die Defensive gerieten. Vor allem der Kalte Krieg versetzte die österreichische Regierung in die Situation, sich gegenüber der amerikanischen Besatzungsmacht, die sich als einzige für die jüdischen Interessen verwendete, durchzusetzen. „Nach 1950 verschob sich das Kräfteverhältnis weiter zugunsten der innenpolitischen Interessenbefriedigung. Um dem nationalen bzw. ehemaligen nationalsozialistischen Lager entgegenzukommen, nahm die Regierung nach und nach immer weniger Rücksicht auf den US-Standpunkt. Die faktische wirtschaftliche Abhängigkeit Österreichs von den USA scheint kein maßgebliches Gegengewicht gewesen zu sein. Wiederholte Interventionen seitens der US-Besatzungsmacht wurden von der Regierung lediglich zur Kenntnis genommen."[10]

Die antijüdische Einstellung von Staat und Gesellschaft verdeutlicht wohl am nachdrücklichsten eine Äußerung Karl Renners aus dem Jahre 1946 zur Problematik der jüdischen Flüchtlinge: „Ich glaube nicht, daß Österreich in seiner jetzigen Stimmung noch einmal erlauben würde, diese [jüdischen M.L.] Familienmonopole aufzubauen. Sicherlich würden wir es nicht zulassen, daß eine neue jüdische Gemeinde aus Osteuropa hierher käme und sich hier etablierte, während unsere eigenen Leute Arbeit brauchen."[11]

Diese Politik bekamen die vielen aus Osteuropa

stammenden jüdischen „displaced persons" schmerzlich zu spüren. Im Gegensatz zu denjenigen DPs, die ehemaligen Feindstaaten der Alliierten angehörten und von Österreich versorgt werden mußten, wurden die jüdischen DPs von den Besatzungsmächten und vom „Joint" versorgt. „Spätestens seit Herbst 1945 waren die jüdischen DPs mit einer zunehmenden Ablehnung und einer immer offener hervortretenden antisemitischen Haltung der Bevölkerung konfrontiert. Nur während einer kurzen Schockphase unmittelbar nach Kriegsende hatte sich ein stärkeres Mitleid in der Bevölkerung bemerkbar gemacht, das jedoch rascher verflog, als zu erwarten war. Ein merklicher Umschwung in der öffentlichen Meinung fand offenbar nicht statt, nachdem das Ausmaß der Massenmorde bekannt geworden war. So wurde beispielsweise noch im Juni 1946 ein Film, der sich mit den Greueln in den Konzentrationslagern befaßte, als alliierte Propaganda abgetan und einzelne Sequenzen sogar mit Heil Hitler-Rufen quittiert."[12] Mit der Flucht polnischer und rumänischer Juden nahmen die Ressentiments weiter zu. „Spätestens seit Anfang 1946 erkannten einige Politiker, daß mit geschickt getarnten antisemitischen Argumenten erfolgreich und gefahrlos Politik betrieben werden konnte. Die jüdischen DPs wurden im Frühjahr auf allen politischen Ebenen zum propagandistischen Negativbeispiel hochstilisiert, mit dem die Forderung nach Abschiebung aller DPs aus Österreich illustriert wurde."[13] Da die englische Besatzungsmacht Einreisevisen nach Palästina nur im geringen Umfang vergab, versuchten viele jüdische DPs auf eigene Faust, via Italien nach Palästina zu gelangen. Die meisten erreichten dieses Ziel nicht; wenn sie nicht schon an der österreichisch-italienischen Grenze abgefangen wurden, war das Ende der Bemühungen oft ein Internierungslager auf Zypern, das sie dann erst nach der Gründung des Staates Israel verlassen konnten.

Im Herbst 1948 konnten die ersten Gruppen jüdischer DPs legal nach Israel ausreisen. Obwohl der weitaus größte Teil der jüdischen DPs Österreich nur als Durchgangsland auf dem Weg in eine neue Heimat betrachtete, integrierten sich bis Ende 1949 ungefähr 3500 Personen in die Kultusgemeinde. Anfang der fünfziger Jahre war der Exodus durch Österreich weitgehend abgeschlossen.

Die neu entstandene Kultusgemeinde in Wien hatte mit der alten – neben Prag größten – wenig gemeinsam. Bis 1938 umfaßte sie ungefähr 180 000 Menschen. Sie finanzierte ihr Budget fast ausschließlich über die Kultussteuern. Jetzt wurde das Budget der Kultusgemeinde zu ungefähr 80 Prozent vom „Joint" finanziert. Die wenigen rückgewanderten und „hängengebliebenen" Juden sahen sich einer ökonomisch tristen Situation gegenüber. Darüberhinaus war die Gemeinde stark überaltert, sodaß die Altersfürsorge ein wichtiges Aufgabengebiet wurde.

Neben den Problemen der Wohnungsbeschaffung, der Wiedereingliederung in das Berufsleben und der Sozialfürsorge waren die traditionellen Aufgaben die Gottesdienste, der Religionsunterricht und die Friedhofsverwaltung.

Bis 1938 gab es in Wien 94 jüdische Gotteshäuser; sie alle fielen dem Novemberpogrom zum Opfer. Als einzige Synagoge wurde der Stadttempel in der Seitenstettengasse nicht vollständig zerstört. Provisorisch konnte das Gebäude zum 120. Jahrestag seiner Entstehung am 2. April 1946 wiedererrichtet werden. Die erste Sederfeier veranstaltete die Kultusgemeinde 1946, gleichzeitig mit der Eröffnung ihrer Koscherküche.

Erhebliche Schwierigkeiten entstanden auf dem Gebiet des Religionsunterrichtes. In Ermangelung qualifizierter Religionslehrer konnte die Einrichtung eines internen Religionsunterrichts an öffentlichen Schulen nicht erfolgen.

Das Wiedergutmachungsreferat sollte allen ehemaligen KZ-Häftlingen bei der Wiedereingliederung zur Seite stehen. Paradoxerweise mußte das Referat erst einmal darum kämpfen, daß die jüdischen Opfer den politischen Opfern des Nationalsozialismus gleichgestellt wurden, um im Rahmen des Opferfürsorgegesetzes staatliche Hilfen zu erhalten. Das Referat hatte daneben zur Aufgabe, Juden, die sich im Ausland befanden, bei ihren Wiedergutmachungsbemühungen zu beraten. Insgesamt ging es um die Erfassung des gesamten jüdischen Vermögens als Grundlage für die Verhandlungen mit dem österreichischen Staat über die Rückstellungen.

Das Wohnungsreferat hatte mit den Schwierigkeiten zu kämpfen, ohne eindeutige gesetzliche Grundlage die arisierten Wohnungen zurückzuerlangen. So war es relativ schwer, minderbelastete Personen aus arisierten Wohnungen zu entfernen.

Charlotte Wiesener, Ahasver

Mit der Rückwanderung jüdischer Emigranten verschärften sich die Auseinandersetzungen mit den Behörden. Im Rechenschaftsbericht der Gemeinde heißt es dazu: „Jeden errungenen Vorteil versucht man uns sofort wieder zu entreißen. Beschlüsse und Zugeständnisse zugunsten der jüdischen Heimkehrer werden sofort vergessen, und jedesmal beginnt der Kampf von neuem. In letzter Zeit, seit der Rückkehr der Kriegsgefangenen aus der Sowjetunion, beginnen die Behörden den sonderbaren Standpunkt einzunehmen, die Kriegsgefangenen seien die Heimkehrer, für die alles getan werden müsse, die alle Privilegien in Anspruch nehmen können, während unsere Leute nur Rückwanderer seien, die freiwillig zurückgekommen sind, die es lieber nicht hätten machen sollen und die keinesfalls Ansprüche auf besondere Vorzugsbehandlung machen dürfen. Daß es sich dort um Nazi oder um ihre Helfershelfer, in unserm Falle aber um Naziopfer handelt, will man vergessen."[14)]

Insgesamt kamen allein 1947 2700 Rückwanderer nach Wien. Sie veränderten die ansonsten trostlose Situation ein wenig positiv, da sich unter ihnen jüngere, arbeitsfähige Menschen befanden, die zur Überlebensfähigkeit der Kultusgemeinde beitrugen. Inwieweit der anfängliche Pessimisums im Hinblick auf eine mögliche Weiterexistenz verändert wurde, ist schwer zu beantworten. Wahrscheinlich gab es zu dieser Frage keine einheitliche Haltung, politische Orientierung und private gesellschaftliche Integrationsvorstellungen spielten wahrscheinlich entscheidende Rollen. Auf dem sozialpolitischen Sektor hatte die Wiedereröffnung des Altersheimes und des Spitals Priorität. 1952 wurde das Spital in der Seegasse eröffnet. Das alte Rothschild-Spital, das 1942 von der Gestapo geraubt wurde, war nach 1945 für die kleine Gemeinde zu groß, und eine Renovierung wäre für die verarmte Gemeinde zu teuer gekommen. Im gleichen Zeitraum entstand ebenfalls das Altersheim. Zur Finanzierung dieser Projekte mußten Liegenschaften verkauft werden. Ob diese Verkäufe, die oft weit unter dem realen Wert der Objekte getätigt wurden, ein Ausdruck einer Liquidationspolitik waren, da man à la longue den demographischen Tod der Gemeinde einkalkulierte, kann an dieser Stelle nicht beantwortet werden.

Auf dem Gebiet des Schulwesens wurde der Anfang in der Zieglergasse gemacht. Die Stadtgemeinde Wien stellte die Schule zur Verfügung. Sie wurde als hebräische Schule eingerichtet, später bis zu ihrer Schließung als jüdische Schule weitergeführt. Die Volksschule der Kultusgemeinde in der Castellezgasse, die 1935 eröffnet wurde und durch das Verbot jeder Unterrichts- und Erziehungstätigkeit bei jüdischen Kindern 1941 geschlossen wurde, konnte wiedereröffnet werden.

Ein weiteres Feld der Betreuung waren Erholungsmöglichkeiten für KZ-Häftlinge und Kinderferienaufenthalte. Der Bericht des Gesundheitsreferates gibt Auskunft über die psychische und physische Verfassung der Gemeindemitglieder: „Diese medizinischen und sozialen Blätter geben uns das traurige Bild über den Gesamtzustand der Juden Wiens nur zu deutlich wieder. Nicht eine jüdische Familie gab es, die von dem Barbarismus der letzten Jahre verschont geblieben war. Diese Blätter geben ein beredtes Zeugnis ab über das Elend, die Not, die Angst und die Schmerzen der Wiener Juden in den letzten Jahren, und sind für den jüdischen Historiker eine ausgezeichnete Quelle."[15)]

Große Anstrengungen mußten im Bereich des Friedhofs- und Beerdigungswesens unternommen werden. Die Jüdische Abteilung auf dem Zentralfriedhof durfte seit 1942 nicht mehr benutzt werden. Durch zahlreiche Bombentreffer war dieser Teil schwerstens beschädigt. Die 1938 zerstörte Zeremonienhalle mußte wiederaufgebaut werden. Teile des Friedhofes in Währing wurden 1942/43 ausgebaggert und als Löschwasserteich benutzt. Die Grabsteine auf dem Alten Friedhof in der Seegasse wurden von den Nationalsozialisten abgetragen und konnten nur in mühsamer Arbeit wieder aufgestellt werden. Die Wiederinstandsetzung der Wiener als auch der niederösterreichischen und burgenländischen Friedhöfe war nur mit hohen finanziellen Belastungen möglich.

Zu den finanziellen Leistungen der Kultusgemeinde gehörten auch Stipendien; ungefähr 90 Prozent der jüdischen Studenten mußten unterstützt werden.

Für eine kleine Gemeinde, die in den fünfziger Jahren ungefähr 10 000 Mitglieder umfaßte, waren diese Belastungen sehr hoch.

Nach 1945 entstand eine reichhaltige jüdische Publizistik. Neben zionistischen Publikationen erscheint seit 1948 das Organ der Kultusgemeinde „Die Gemeinde". 1952 wurde die Zeitschrift der

Vereinigung der jüdischen Hochschüler „Das Echo" gegründet. Daneben erscheint seit 1948 eine jüdische Illustrierte unter wechselndem Namen.

Bei den Neuwahlen der Kultusgemeinde 1952 wurde Dr. Emil Maurer Präsident, er hatte das Amt inne bis 1963. Sein Nachfolger war Dr. Ernst Feldsberg bis zum Jahr 1970. Anschließend war Dr. Anton Pick Präsident der Kultusgemeinde. In diese Zeit fällt der 1972 erfolgte Umzug des Büros der Kultusgemeinde und des Altersheimes in die Bauernfeldgasse im 19. Gemeindebezirk. 1980 wurde das jüdische Gemeindezentrum in der Seitenstettengasse eröffnet. 1981 folgte Dr. Ivan Hacker im Amt des Kultuspräsidenten, derzeit steht Paul Grosz der Gemeinde vor.

Die Stabilisierung der österreichischen Nachkriegsdemokratie in den sechziger und siebziger Jahren hatte keinen erkennbaren Wandel im Umgang mit ethnischen und religiösen Minderheiten gebracht.

Die wenigen Prozesse gegen nationalsozialistische Gewaltverbrecher endeten meistens enttäuschend (der Fall Murer ist vielleicht ein geradezu klassisches Beispiel). Schon wenige Jahre nach dem Holocaust waren ehemalige Nationalsozialisten wieder umworbene Politiker (Reinthaller, Peter).

Der neugefundene politische Konsens, der Stabilität und ökonomischen Aufstieg garantieren sollte, beinhaltete anderseits die Verdrängung, Bagatellisierung und Verleugnung einer Demokratie widersprechender Strömungen: Deutschnationalismus, Xenophobie und Antisemitismus.

Diese Stratifikationen des Verdrängens konnten so lange scheinbar gelingen, bis das „Modell Österreich" in Legitimationsverluste geriet und die Wucht des Verdrängten zum Vorschein kam.

„Man hatte bei dieser zunächst so erfolgreichen gesellschaftspolitischen Strategie des Verdrängens und des Verschlampens jedoch nicht mit der Möglichkeit gerechnet, daß die Widersprüche dieser Integration durch Vergessen einmal entdeckt werden könnten.

Die Zweite Republik und ihre Repräsentanten waren geneigt, die Integrationsstrategie, die funktional einige gute Gründe für sich hatte, als inhaltliche Lösung und nicht bloß als strategisches Vehikel zu begreifen.

Die Zweite Republik ging sich gleichsam selbst auf den Leim. Was kurzfristig der Möglichkeit zum Überleben und Stabilisieren dienen konnte, wurde als langfristige Lösung mißverstanden."[16)]

Unter diesen gesellschaftspolitischen Bedingungen war der Spielraum für die kleine Kultusgemeinde sehr begrenzt.

Nicht nur die Überalterung der Gemeinde und die damit sozialen und ökonomischen Probleme belasteten die Kultusgemeinde, sondern auch ihre heterogene Zusammensetzung in religiöser, kultureller und sozialer Hinsicht.

Der schleichende Niedergang des realen Sozialismus ließ Wien zur Option ostjüdischer Flüchtlinge werden. Mit dieser Entwicklung konnte der Überalterungsprozeß gestoppt werden, sodaß die hier geborenen Kinder sich als Wiener Juden verstehen können, ohne direkte Traumatisierung durch den Holocaust. Da sich seit Beginn der siebziger Jahre vermehrt sephardische Juden niederließen, ist eine demographische Entwicklung in der Weise absehbar, daß sie bald die Mehrheit innerhalb der Wiener Juden bilden werden. Heute existiert in der Tempelgasse ein sephardisches Zentrum. 1988 wurde eine Hauptschule eröffnet, die das Schulangebot neben dem 1984 wiedereröffneten Zwi Perez Chajes-Gymnasium ergänzt.

Diese Entwicklung innerhalb der jüdischen Gemeinde, die heute ungefähr 6000 Mitglieder hat, könnte einen Weg des kulturellen und religiösen Pluralismus ebnen, der seine Wurzeln nicht national definiert. Damit dieser Weg einer Neuorientierung begangen werden kann, bedarf es eines entsprechenden gesellschaftlichen Umfeldes – nämlich mehr „Gerechter".

Anmerkungen:

1. Bericht des Präsidiums der Israelitischen Kultusgemeinde Wien 1945 – 1948, Wien 1948, S. 28f.
2. vergl. Albrich, Thomas: Exodus durch Österreich, Innsbruck 1987, S. 93.
3. vergl. Knight, Robert: „Ich bin dafür, die Sache in die Länge zu ziehen“, Frankfurt a. M. 1988, S. 143.
4. vergl. Albrich, Thomas: S. 189.
5. ebenda S. 94.
6. ebenda S. 93.
7. Nicht beachtet – neben dem Jubel vieler Österreicher beim Einmarsch der deutschen Truppen – wird die Tatsache, daß die Nationalsozialistische Partei Österreichs vor der NSDAP in Deutschland gegründet wurde. „Der Nationalsozialismus ist ein Produkt des alten Österreich, selbst wenn der vorhitlerische Nationalsozialismus nicht vollkommen identisch ist mit jenem Hitlers in München. Nur in gemischtsprachigen Randzonen und Industriegebieten Nordböhmens konnte schon um die Jahrhundertwende entstehen, was nach dem Ersten Weltkrieg in vielen Regionen Mitteleuropas und in Norditalien so attraktiv wurde: eine wahrhaft explosive Kombination von Nationalsozialismus und sozialem Protektionsbedürfnis breiter, aufstrebender oder abstiegsbedrohter Mittelschichten einer Gesellschaft am Übergang in die Moderne.“ Botz, Gerhard: Österreich und die NS-Vergangenheit in: Diner, D.: Hrsg. Ist der Nationalsozialismus Geschichte?, Frankfurt a. M. 1987. S. 146.
8. Knight, Robert: S. 43.
9. zitiert in: Knight, Robert: S. 44.
10. ebenda S. 52f.
11. ebenda S. 61.
12. Albrich, Thomas: S. 180.
13. ebenda S. 193.
14. Bericht des Präsidiums der Israelitischen Kultusgemeinde Wien 1945 – 1948, Wien 1948, S. 31f.
15. ebenda S. 33.
16. Pelinka, Anton; Weinzierl, Erika: Das große Tabu, Wien 1987, S. 150.

Literatur:

ALBRICH, Thomas: Der Exodus durch Österreich, Innsbruck 1987.

Bericht des Präsidiums der Israelitischen Kultusgemeinde, Wien 1945 – 48, Wien 1948.

BOTZ, Gerhard: Österreich und die NS-Vergangenheit, in: Diner, Dam, Hrsg., Ist der Nationalsozialismus Geschichte? Frankfurt a. M. 1987.

KNIGHT, Robert: „Ich bin dafür, die Sache in die Länge zu ziehen“, Frankfurt a. M. 1988.

PELINKA, Anton: Der verdrängte Bürgerkrieg, in: Pelinka, Anton; Weinzierl, Erika, Hrsg., Das große Tabu, Wien 1987.

SCHUBERT, Kurt: Das österreichische Judentum, Eisenstadt 1988.

Ariel Muzicant

Der Stadttempel
eine Chronik 1800 – 1988

Im folgenden wird die Geschichte des Stadttempels, nach wichtigen Jahreszahlen geordnet, geschildert. Diese Chronik hat keinen Anspruch auf Vollständigkeit, enthält aber auch Daten und Fakten, die nicht nur den Stadttempel, sondern auch die ganze jüdische Gemeinde beeinflußt haben.

Bis 1810 beteten die Juden Wiens in einem gemieteten Zimmer im Haus „Zum weißen Stern" in der Sterngasse.

14. Mai 1810:

Michael Lazar Biedermann, Maximilian Hönig Edler von Hönigsberg, Isaak Löw-Hofmann, Aaron Leidesdorfer, Josef Lewi beschließen, „ein Gebäude zu kaufen, um in diesem ein besseres Lokal zur Abhaltung des Gottesdienstes, eine Schule für den Religionsunterricht und ein rituelles Bad einzurichten". Ein entsprechendes Gesuch wird von Regierungsrat Philipp La Roze (dem „Judenreferenten" der Polizei-Oberdirektion) bei der NÖ Landesregierung eingereicht.

14. Februar 1811:

Dekret der Hofkanzlei, wonach Seine Majestät... am 8. Februar 1811 zu beschließen geruhten, der Judenschaft den Ankauf eines Hauses zur Errichtung einer jüdischen Schule... zu gestatten.

13. Oktober 1811:

Die Firma „Biedermann und Trebitsch" streckt das Geld vor, um das Haus Nr. 528, später 494 (Dempfingerhof genannt), in der Stadt am Kienmarkt im Stubenviertel zu kaufen (vom Besitzer Felix Freiherr von Friedenthal). Der Preis: 90.000 Gulden inklusive 10.000 fl. Schlüsselgeld.

19. März 1812:

Nachdem für den Dempfingerhoffonds mehr als 90.000 Gulden gespendet wurden, genehmigt das Landespräsidium den Ankauf unter der Bedingung, daß nur die gesamte Judenschaft Besitzer des Hauses sein dürfe und in demselben die Siechenanstalt (Armenanstalt), die hebräische Lehranstalt, das Betzimmer und das Frauenbad untergebracht, die übrigen Räume als Wohnungen vermietet werden.

9. Mai 1812:

Wahlen der Repräsentanten und Vertreter der Tolerierten (Juden) = die erste Vertretung der Juden.

Sommer 1812:

Das Betzimmer wird vergrößert, umgebaut. Einweihung 4. September 1812.

24. Dezember 1816:

Bestellung des Rabbiners Moses Fischer (aus Prag).

Sommer 1817:

Erweiterung des Bethauses; Einweihung 5. September 1817.

15. August 1818:

Erstmals werden alle Tolerierten aufgefordert (durch die K. K. Polizei-Oberdirektion), die gewünschten Betplätze für das künftige Jahr gegen Erlag des anfallenden Betrages... zu entnehmen.

1819 – 1820:

Reformbewegung mit dem Versuch, gewisse Segenssprüche und Gebete in deutscher Sprache zu halten, Einführung der (deutschsprachigen) Kanzelrede, einer „würdevollen Gebetsordnung und zeitgemäßen Liturgie" sowie der Musikbegleitung (Orgel) der Gebetsgesänge unter Beibehaltung der alten Gebete und Thoralesung in Hebräisch.

14. Juni 1820:

Da nicht alle Tolerierten mit dieser neuen Liturgie und Gebetsordnung einverstanden sind, wird ein neuer Ausschuß gegründet, der ein neues Lokal für die neu zu errichtende Betanstalt ausfindig machen soll. Ihm gehören an: M. Edler von Neuwall, J. Edler von Liebenberg, M. L. Biedermann und J. L. Hofmann.

30. Juli 1820:

Antrag des Ausschusses an die K. K. NÖ Landesregierung mit dem Ziel, die Reform durchzuführen und ein neues Bethaus einzurichten.

31. Juli und 18. Dezember 1822:

Das Gebet- und Gesangbuch für den Gottesdienst in deutscher Sprache wird eingereicht und bewilligt.

7. März 1823:

Der Administrator des Dempfingerhofes wird auf Grund einer Anzeige (Selbstanzeige?) beim Magistrat aufgefordert, den baufällig erklärten Dempfingerhof von Mietern zu räumen und abzubrechen.

26. Oktober 1823:

Nach Vorliegen von Plänen und Kostenvoranschlägen werden Architekt Joseph Kornhäusel mit der Planung und Stadtbaumeister Jakob Hainz (und Stadtzimmermeister Matthias Jacks) mit der Errichtung betraut.

19. Dezember 1823:

Baugenehmigung.
Die Finanzierung von 100.000 Gulden wird durch eine Anleihe bestritten (rückzahlbar in 24 Jahren).

12. Dezember 1825:

Feierliche Grundsteinlegung, bei welcher der Prediger Isaak Noa Mannheimer die Festrede hält.
In einer eingelegten Denkschrift werden Zweck und Bestimmung festgelegt:

1. öffentliche (jüdische) Schule
2. öffentliche Betanstalt
3. Mit den restlichen Erträgnissen des Hauses sollen Arme unterstützt und sonstige gemeinnützige Zwecke befriedigt werden.

18. Dezember 1825:

Salomon Sulzer, Vorsänger in Hohenems, wird als Vorbeter angestellt (13. 5. 1827 bestätigt).

20. März 1826:

Josef Biedermann, Moritz Königswarter, Jacob Löwy und Siegmund Edler von Wertheimstein werden zum Bethausvorstand gewählt.

9. April 1826:

Feierliche Einweihung des neuen Bethauses unter Mitwirkung des Predigers Mannheimer, des Kantors Sulzer und des Kapellmeisters Prof. Josef Drechsler.
Die Baukosten wurden um 35.000 Gulden überstiegen.
Gleichzeitig baut Kornhäusel auch das Seitenstettenkloster auf der anderen Straßenseite – daher der Name.

7. Juni 1826:

Nach anfänglichen Schwierigkeiten und nach Eingreifen von Salomon Rothschild wird Mannheimer (der manchem Tolerierten zu reformfreundlich erschien) definitiv bestellt.

14. Dezember 1828:

Israelitische Mädchen und Knaben legen ab diesem Zeitpunkt ihr Glaubensbekenntnis öffentlich im Bethaus ab. Streit um die Orgel. Es kommt jedoch zu keiner Spaltung! „Mannheimers Kompromiß" bewahrt die Einheit. *Mannheimer der Seelsorger.*

20. April 1829:

Die ersten Statuten für das Bethaus der Israeliten in Wien.

9. Mai 1829:

Erste „Confirmation" von 10 Knaben und 14 Mädchen.

1820 – 1840:

Polnische Juden ziehen nach Wien („Judengasse"), lehnen den „reformierten Ritus" im Tempel ab und gründen ihre eigene Betstube im Lazzenhof. (Bethausvorsteher: Aschkenazi und Margolies, ab 1829 Lazar Horwitz, Rabbinerstellvertreter, ab 1836 im polnisch-deutschen Bethaus.)

1840:

Übersetzung des Gebetbuches (Mannheimer-Ritus).

1840 – 1848:

Streitereien im polnisch-deutschen Bethaus führen zum Bruch; der Lazzenhof wird verkauft.

1848:

Mannheimer wird in den österreichischen Reichstag gewählt.

17. März 1848:

Mannheimer hält gemeinsam mit dem katholischen Pfarrer Dr. Fürster die Grabrede für die Gefallenen der Märzrevolution – auch Sulzer nimmt am Begräbnis teil.

4. März 1849:

Neue oktroyierte Verfassung bedeutet die endgültige Befreiung der Juden. Die jüdische Gemeinde entsteht. 118 Tolerierte um 1800, 1846 waren es 4.000 Seelen, 1848 – 9.000 (der Stadttempel wird zu klein).

3. April 1849:

Kaiser Franz Josef I. empfängt eine Delegation Wiener Juden und spricht zum ersten Mal von einer „Israelitischen Gemeinde von Wien".

1852:

Provisorische Gemeindestatuten entstehen.

4. November 1852:

Die deutsch-orthodoxen und polnischen Juden beschließen, ein eigenes Bethaus zu kaufen: Schönlaterngasse (Nr. 496), das im September 1853 eingeweiht wird: Orthodoxe Synagoge.

15. Juni 1858:

Einweihung des Leopoldstädter Tempels in der Tempelgasse:
gleicher Ritus wie Stadttempel. Prediger wird Dr. Adolf Jellinek, Kantor J. Goldstein. Die Vorsteher werden für beide Tempel gewählt: u. a. Emil Biach, Sigmund Pollak, Gabriel Schlesinger, Ernst Wertheim.

1864:

Gründung der „Schiffschul", Synagoge der Orthodoxen (Rab. Lazar Horwitz).

17. März 1865:

Tod Mannheimers; Dr. Adolf Jellinek wird Prediger im Stadttempel.

16. November 1867:

Neues „Statut der Israelitischen Kultusgemeinde Wien".

1867:

Verankerung der Glaubensfreiheit im Staatsgrundgesetz. Zum ersten Mal sind die Juden wirklich frei.

1867:

Gas wird in den Stadttempel eingeleitet, die Holzkandelaber vom Altar, Armleuchter an der 2. Galerie und Wandarme an den Säulen werden entfernt.

1867:

Dr. Moritz Güdemann wird zum Rabbiner des Tempels in der Leopoldstadt bestellt. Als Konservativer steht er im heftigen Gegensatz zum liberalen, reformfreudigen Jellinek.

31. Dezember 1869:

Volkszählung: 40.230 Israeliten in Wien.

Jänner 1872:

Streit zwischen Orthodoxen und Reformern, der seit Jahrzehnten tobt, führt beinahe zur Spaltung. Um die Einheit der Gemeinde zu erhalten, werden schließlich die Reformen auf ein Minimum beschränkt.

26. März 1876:

Feier zum 50. Jubiläum des Tempels in der Inneren Stadt („Predigt Jellineks").

1879:

Der Antiliberalismus, der deutsch-nationale Antisemitismus (Schönerer) werden immer stärker. Dazu kommt der klerikale (katholische) Antisemitismus. 1882 August Rohling-Prozeß gegen Joseph Samuel Bloch. 1883 wird die Kadimah als Antwort auf die antisemitischen Burschenschaften gegründet. 1897 stellen die Christlichsozialen mit Dr. Karl Lueger den Bürgermeister von Wien.

6. November 1880:

Holztreppe an der Kuppel wird ausgewechselt.

31. Dezember 1880:

72.588 Juden in Wien (10% der Bevölkerung).

1880 – 1890:

Zahlreiche Synagogen und Tempelvereine entstehen in den verschiedenen Bezirken Wiens.

17. Januar 1890:

Salomon Sulzer stirbt 86jährig.

28. Dezember 1893:

Tod Jellineks, Güdemann wird Oberrabbiner.

24. Feber 1896:

Elektrifizierung des Tempels.

1897:

Güdemann veröffentlicht ,,Nationaljudentum''; es kommt zu Auseinandersetzungen mit Herzl und Nordau – Streit zwischen den Zionisten und Antizionisten in der Gemeinde.

1898:

Neue Ausgänge für den Tempel. (Zwischen 1884–1909 wurden zahlreiche kleinere Instandsetzungs- und Modernisierungsarbeiten durchgeführt.)

31. Dezember 1900:

175.000 Juden leben in Wien.

1901:

Oberkantor Josef Goldstein stirbt, sein Nachfolger wird Bela Gutmann.

1903:

Ankauf der Liegenschaft Fleischmarkt 1b.

3. Juli 1904:

Tod Dr. Theodor Herzls, begraben am Döblinger Friedhof.

6. September 1911:

Mit Erlaß des Kultusministeriums wird ein Regulativ betreffend die Türkischen Israeliten (Sephardim) in Wien eingeführt.

1916:

Neuer Kanal (Steinzeugrohr) wird im Tempel installiert.

1917:

1/4 der Liegenschaft Rabensteig 3 und der Lazzenhof werden von der Israelitischen Kultusgemeinde erworben.

3. August 1918:

Dr. Zwi Perez Chajes wird zum Oberrabbiner ernannt, deklarierter Zionist und anerkannter Gelehrter, Gründer des Z. P. Chajes-Gymnasiums.

5. August 1918:

Tod Dr. Moritz Güdemanns.

2. Oktober 1918:

Chajes wird von Kaiser Karl in Reichenau empfangen.

1923:

Die Liegenschaft Fleischmarkt 1b wird auf 10 Jahre verpachtet. Der Tempel wird renoviert (ausgemalt, neue elektrische Anlage).

31. Dezember 1923:

201.000 Juden in Wien.

1. März 1925:

Wiedereinweihung des Tempels.

17. März 1926:

Hundertjahrfeier der Synagoge in der Seitenstettengasse. Festrede durch Rabb Chajes.

13. Dezember 1927:

Dr. Z. P. Chajes stirbt 51jährig.

Dezember 1927:

Dr. David Feuchtwang Rabbiner in Wien. Orthodox im Ritus, liberal und Zionist in seiner Weltanschauung, übernimmt die Aufgaben des Oberrabbiners.

1930:

Personenaufzug wird in der Seitenstettengasse 4 installiert.

4. Dezember 1932:

Neuwahlen in der Israelitischen Kultusgemeinde bringen zum ersten Mal zionistische Mehrheit im Kultusvorstand.

9. Jänner 1933:

Dr. Desider Friedmann – erster zionistischer Präsident.

15. September 1933:

Dr. Feuchtwang wird Oberrabbiner.

1934:

Vorhalle des Tempels und Vorstandslogen werden renoviert.

5. Juli 1936:

Tod Dr. Feuchtwangs, Dr. Israel Taglicht wird Oberrabbiner. (Von den Nazis gedemütigt – wäscht Pflastersteine der Seitenstettengasse mit der Zahnbürste –, flieht er nach England und stirbt dort 1944.)

9. November 1938:

„Kristallnacht." Der Tempel wird verwüstet, die Einrichtung vernichtet. Das Haus bleibt jedoch unversehrt, um angrenzende Gebäude nicht zu gefährden. 1938 – 1945 wird der Tempel als Lager und für ähnliche Zwecke verwendet.

1938 – 1939:

Neuverteilung der Räume in den Häusern Seitenstettengasse 2 und 4. Adaptierungsarbeiten.

1945:

5.000 Juden leben in Wien. Ab September ist der Tempel wieder in Verwendung.

2. April 1946:

Feierlicher Gottesdienst zur 120. Wiederkehr der Errichtung des Tempels in Anwesenheit des Bundespräsidenten Dr. Theodor Körner.

September 1947:

Die Bänke im Parterre werden neu errichtet.

1945 – 1948:

Die Rabbinerfunktion wird von Regierungsrat I. Öhler wahrgenommen.

11. Juni 1948:

Dr. Akiba Eisenberg wird Oberrabbiner.

14. August 1949:

Die Gebeine Theodor Herzls werden im Stadttempel verabschiedet und nach Israel überführt.

Jänner bis September 1963:

Der Stadttempel wird unter Leitung des Architekten Otto Niedermoser komplett renoviert:

Insbesonders werden die Kuppel neu ausgemalt, die gemalten Sterne durch Messingsterne ersetzt, eine Warmluftzusatzheizung installiert, neue Beleuchtungskörper montiert und die Bänke mit Ausnahme der 2. Galerie erneuert. Die Wände werden mit Zedernholz getäfelt.

Der Gottesdienst fand im „Festsaal" statt.

9. September 1963:

Wiedereinweihung des Tempels durch den Präsidenten der Israelitischen Kultusgemeinde Dr. Ernst Feldsberg in Anwesenheit zahlreicher jüdischer und nichtjüdischer Prominenz.

Die Kosten der Renovierung betrugen S 1,800.000,-.

Oktober 1963:

Garderobe und Wintertempel werden eingebaut.

31. Dezember 1963:

9.166 Juden leben in Wien.

18. Mai 1976:

Feier zum 150. Jubiläum des Stadttempels, zu welcher Bundeskanzler Dr. Kreisky und zahlreiche Minister erscheinen.

1978 – 1979:

Die ersten Pläne für eine Sanierung des Komplexes Seitenstettengasse und Errichtung eines Jüdischen Gemeindezentrums werden vorgelegt (Architekt Thomas Feiger, Dr. Ariel Muzicant).

22. April 1979:

Bombenanschlag im Hof Seitenstettengasse 2.

2. September 1980:

Über dem Gemeindezentrum (2. Stock der Seitenstettengasse 2) wird die jüdische Volksschule eröffnet.

8. Oktober 1980:

Das Gemeindezentrum und das koschere Restaurant werden feierlich eröffnet (Seitenstettengasse 2).

29. August 1981:

Attentat arabischer Terroristen auf die Synagoge.

7. April 1983:

Oberrabbiner Dr. Eisenberg stirbt, sein Sohn Chaim Paul Eisenberg wird sein Nachfolger.

6. September 1983:

Rabbiner C. Eisenberg wird zum Oberrabbiner von Wien (1988 zum Oberrabbiner von Österreich) ernannt.

4. Dezember 1984:

Jüdische Volksschule übersiedelt in ein eigenes Gebäude in der Castellezgasse 35.

6. Dezember 1984:

Eröffnung des neu errichteten Hotels am Fleischmarkt (1b).

14. Juni 1987:

Thorarollen, welche in der ,,Kristallnacht" beschädigt wurden, werden am Zentralfriedhof begraben.

11. Jänner 1988:

Beginn der Generalsanierung des Stadttempels.

September 1988:

Feierliche Wiedereinweihung.

November 1988:

Fertigstellung des restlichen Gebäudekomplexes. Die IKG-Verwaltung wird wieder in das Haus Seitenstettengasse 4, ihrem traditionellen, historischen Platz einziehen. Gleichzeitig werden ein kleines jüdisches Museum und die Bibliothek wieder eröffnet. Im Nachbargebäude entsteht über dem Gemeindezentrum ein ,,Haus der jüdischen Organisationen".

Projekte:

Die Liegenschaft Lazenhof wird vermietet – Errichtung eines ,,Apartment-Hauses".
Die Liegenschaft Rabensteig 3 wurde 1985–87 zur Gänze von der Israelitischen Kultusgemeinde gekauft. Hier könnte ein jüdisches Museum untergebracht werden.

Zweiter Teil

Jacob Allerhand

Der jüdische Beitrag zu Politik, Wissenschaft und Literatur

Im Geleitwort zum jüngst erschienen Buch von Helmut Andies, ,,Die Juden in Wien'', klagt Wiens Bürgermeister Dr. Helmut Zilk über das menschliche Elend sowie über den Verlust der österreichischen Identität, die durch die Dezimierung der 170.000 Juden der Hauptstadt aus dem Jahr 1938 auf 6000 im Jahr 1945 eingetreten ist. ,,Denn keine andere ethnische Gruppe'' – so ein amerikanischer Germanist (Nichtjude) – ,,hat so viele Denker von hervorragender Qualität hervorgebracht wie die Juden, ganz gleich, ob sie ihrer angestammten Religion die Treue hielten oder nicht.'' Ihre Vernichtung und Vertreibung soll nach Friedrich Heer die ,,Provinzialisierung des heutigen Geisteslebens in Österreich'' verursacht haben.

Politik

a) *Auf dem Weg zum Austriazismus*

Der Geistliche Abraham a Sancta Clara (1644 – 1709) wird in einer Studie über österreichische Geistesgeschichte als der typische Wiener Repräsentant des Spätbarocks sowie der Reaktion dargestellt. In derselben Studie wird auch Joseph von Sonnenfels (1733 – 1817) als Vorkämpfer des aufgeklärten Absolutismus erwähnt. Beide Phänomene zeugen von einem weit ausgedehnten Szenarium geistiger Auseinandersetzungskraft und von Assimilationsbestrebungen, ein Spannungsbogen, der sich für eine soziokulturelle Analyse des Antisemitismus und der jüdischen Emanzipation geradezu anbietet.

Der Augustinermönch und Wortführer der Reaktion, der marktschreierisch gegen Juden und Häretiker eiferte, und der Sohn des getauften Orientalisten, dessen Vater Rabbiner gewesen war (die dem Judentum treu verbundene Mutter hat Sonnenfels niemals erwähnt), repräsentieren zwei sich polar gegenüberstehende Weltanschauungen: Barock und Aufklärung. Abraham a Sancta Clara und Joseph von Sonnenfels haben auch im 19. Jahrhundert durch ihr geistiges Erbe das kulturelle Antlitz Wiens, zugleich aber auch die jüdische Problematik mit all ihren Implikationen geprägt. Diese, vorwiegend aus Kontroverse und Diskriminierung bestehend, führten zu kultureller und wissenschaftlicher, zu politischer und wirtschaftlicher Stimulierung. Sie sollte all das kompensieren, was man als Minderheit auf dem Wege der Emanzipation zu erdulden hatte.

Dieser Weg begann mit dem Toleranzpatent Josephs II. (1780 – 1790), erreichte seinen Höhepunkt im Jahre 1849 und gelangte zur Konsolidierung in der zweiten Hälfte des 19. Jahrhunderts. Akulturation hieß zur damaligen Zeit die Zauberformel für viele jüdische Bewohner Altösterreichs. Sie wollten durch Aufklärung, Bildung und Fleiß materiellen Wohlstand und ein Mindestmaß an Freiheit erreichen. Diese Devise galt für die aus Ungarn stammenden Schnitzlers, aus Galizien zugewanderten Szöps und den in Böhmen, namentlich in Prag ansässigen Kaufmann Hermann Kafka. Es war die Zeit, in der Wien nicht mit irgendeiner deutschen Stadt, sondern mit der Theaterstadt Paris rivalisierte. Das konstitutive Element der Authentizität beider Städte waren die Comédie Fransçais und das Wiener Burgtheater. Das letztere trug einen nationalerzieherischen Charakter und erforderte Intellekt und Fleiß. Diese Zeit wird von Hermann Broch (1886 – 1951) in einer beinahe unversöhnlichen Verflechtung von Begriffen und Inhalten ,,fröhliche Apokalypse Wiens'' genannt. Es leuchtet wohl ein, daß die Juden als Minderheit und fremde Nation unter all den anderen Völkern im pluralistischen Staat weniger kulturelle Schwierigkeiten hatten und sich gerne zu einem übernationalen Staatsgebilde bekannten. Dieses sollte sich teilweise oder wenigstens theoretisch auf die Überwindung nationaler Prinzipien gründen.

Sie empfanden diesen Zustand als glückliche Fügung und machten das Anliegen des Staates, mit dem sie sich identifizierten, zu ihrem eigenen. Das führte häufig zu Enttäuschungen. Dem Staat, dessen Politik sie sich verschrieben hatten und dessen Kultur sie postulierten, erwiesen sie Anhänglichkeit und Treue. Der erfolgreiche Novellist und Dramatiker, Vertreter des expressionistischen Dramenstils, Franz Theodor Csokor (1885 – 1969), setzte im ,,Dritten November 1918" der Monarchie, ihrem tragischen Ende und dem Geist des Offizierskorps sowie dem jüdischen Stabsarzt ein dichterisches Denkmal von Rang: Im Aufflammen nationaler Ressentiments unter den ehemaligen Waffengefährten der kaiserlich-königlichen Armee, die dem Ruf ihrer Vaterländer folgten, ist der einzige, der sich zum Erbe Österreichs bekennt, der Jude Dr. Grün.

b) *Die politische Demarche der Juden*

Der Einzug der Juden in die Politik vollzog sich sukzessive, geradezu mit Vorbehalt. Joseph von Sonnenfels, der spätere Staatsrat, hat, um mit Heinrich Heine (1797 – 1856) zu sprechen, um das Entreebillet in die europäische Gesellschaft nicht geworben. Diese Mühe hat ihm bereits sein Vater abgenommen. Er blieb dafür aber sein Leben lang ein konsequenter Proselyt. Anders als Heine, der nach der Taufe dem Judentum ein dichterisches Denkmal setzte, und anders als der in Rußland lebende Orientalist, der ebenfalls getaufte Daniel Chwolson (1819 – 1911), der sich der wissenschaftlichen Erforschung des Judentums widmete und ein leidenschaftlicher Apologet wurde, kannte Joseph von Sonnenfels weder Nostalgie noch Ambivalenz. Seine Taten waren weder christlich noch jüdisch motiviert. Sie folgten einem Prinzip, das er als Titel einer von ihm herausgegebenen Wochenzeitschrift wählte: ,,Der Mann ohne Vorurteil". Am Hofe Maria Theresias (1740 – 1780), die in der Rechtspflege noch äußerst konservativen Methoden anhing, wurde Sonnenfels zum führenden Exponenten der Aufklärung und zum Professor der Staatswissenschaften. Als Staatsrat gelang es ihm nach eifrigem Bemühen, das österreichische Strafrecht zu reformieren und die Folter abzuschaffen.

Man hat den Juden kaum übelgenommen, daß sie Protagonisten der Aufklärung waren und die Emanzipation anstrebten, man konnte sie ihnen höchstens verweigern. Ihr vehementer Ruf nach Gerechtigkeit, der von Taten begleitet wurde, machte sie laut Hans Treitschke zum ,,Ferment der Dekomposition". Also zum Element, das den Stabilisierungsprozeß der Gesellschaft verhindert. Der Antisemitismus wurde um eine neue Variante bereichert und dem jüdischen Status ein neuer Makel hinzugefügt. Die Juden wurden als Umstürzler und als Träger revolutionärer Ideen denunziert. Als solch ein Mahner der Freiheit und Gerechtigkeit ging der Arzt Dr. Adolf Fischhof (1816 – 1893) in die Geschichte ein. Er benötigte keine Emanzipation und schon gar keine Taufe, um in die Politik einzutreten. Patriotismus, Gerechtigkeit und Spontanität, aber auch der Aufschrei der leidenden Juden waren die Elemente seiner Ansprache, die er am 13. Mai des Revolutionsjahres 1848 im Hof des Wiener Rathauses hielt. Zu seinen Verbündeten unter den jüdischen Kollegen gehörten Dr. Maximilian Engel, Dr. Karl Bernhard Brühl, Dr. Siegfried Klapper und Dr. Josef Goldmark. Der Journalist Dr. Hermann Jellinek wurde im November, nach der Rückeroberung Wiens durch die kaiserlichen Truppen, wegen ,,radikalen Widerstandes mit dem gedruckten Wort" zum Tode verurteilt. Während der Auseinandersetzungen in den Märztagen fielen der jüdische Student Karl Heinrich Spitzer und der Webergeselle Bernhard Hirschmann. Aus der Retrospektive betrachtet, gestaltete sich die Beerdigung der Märzgefallenen zur ersten ökumenischen Trauerandacht vor dem Hintergrund eines politischen Ereignisses und radikaler sozialer Umwälzungen. Über das Ereignis berichtet der katholische Studentenpfarrer Universitätsprofessor Dr. Anton Füster folgendes: ,,Als wir vor die Kapelle im Allgemeinen Krankenhaus kamen, erblickte ich den Oberrabbiner Noah Mannheimer und den Kirchensänger Sulzer in seinem Ornat in der Ferne bei den Särgen der gefallenen Juden in einer gewissen Bescheidenheit stehen, die mich tief rührte. Ich ging vor dem gesamten Publikum zu ihnen im geistlichen Ornat und sprach mit Fleiß sehr laut, damit es alle hörten: ‚Meine Herren Kollegen, wir sind alle hier (auch der protestantische Pastor Dr. Josef Pauk), in demselben Amte, um denen, die für die Freiheit gefallen sind, die letzte Ehre zu erweisen. Wollen wir sie ihnen nicht gemeinschaftlich erweisen? Wollen Sie uns nicht das Vergnügen machen, sich an uns anzuschließen, damit wir in der Tat gemeinschaftlich ihnen allen unsere Achtung bezeugen?‘ Die beiden Ehrenmänner reichten mir die Hand und schlossen sich mit Freude an... Altes und Neues Testament reichten sich unter der Fahne der Freiheit die Hand.“ Für Dr. Anton Füster hatte die Revolution politische Folgen, die ihn zur Flucht ins Ausland veranlaßten. Für Mannheimer bedeutete die Revolution einen Gewissenskonflikt, der aus der Problematik der Diasporarabbiner resultierte, die sich von der Politik distanzierten. Denn der Rabbiner sah mit äußerstem Mißfallen den regen Anteil der Juden in der Märzrevolution. Dies führte nämlich zu der weit verbreiteten Meinung, die Juden hätten diese angezettelt. In der Tat erwies sich sein Gefühl zunächst als das richtigere. Der Rabbiner jedoch, der die Juden wegen ihrer Teilnahme an der Revolution rügen wollte, bewies einen hohen Grad politischer Reife sowie utilitaristisches Feingefühl. Seine Grabrede, die in ihrer Synthese individuelle wie auch allgemein jüdische Trauer zum Ausdruck brachte, ließ er mit einem Schimmer von Hoffnung ausklingen: „... Es sei uns noch ein Wort vergönnt an meine christlichen Brüder! Ihr habt gewollt, daß die toten Juden mit euch ruhen, in eurer, in einer Erde! Vergönnt aber auch denen, die den gleichen Kampf gekämpft und den schweren, daß sie mit euch leben auf einer Erde, frei und unverkümmert wie ihr... Nehmt auch uns auf als freie Männer, und Gottes Segen über euch! Ich segne euch alle, die Tausenden nah und fern, im Namen Gottes des Allmächtigen! Amen!“

Mit dem politischen Credo, das Fischhof in seinem Buch „Österreich und die Bürgschaften seines Bestandes“ als Konzept formulierte, hat er Karl Renners (1870 – 1950) Idee, Österreich in einen Nationalitäten-Bundesstaat umzuwandeln, vorweggenommen. Er hat damals geschrieben, daß die Schweiz ein republikanisches Österreich en miniature und Österreich eine monarchische Schweiz im großen sei. Es müsse daher so wie in der Schweiz auch in Österreich gelingen, den Nationalitätenkampf durch eine Föderalisierung zu überwinden. Eine Auflösung des nationalen Prinzips zugunsten eines Nationalitätenstaates wäre der Weg. Sollte das aber nicht gelingen, so stehe die Existenz des Vielvölkerstaates auf dem Spiel.

Dr. Viktor Adler (1852 – 1918), ebenfall Arzt, der aus einer Hauptstadt eines Kronlandes der Monarchie, aus Prag stammte, konnte Dr. Fischhof als Ahnherrn für sich reklamieren. Er stammte aus bürgerlich-wohlhabendem Haus, wurde mit den Berufskrankheiten der Arbeiter konfrontiert und sah sich vor die Notwendigkeit gestellt, in Form der Bewerbung um ein Gewerbeinspektorat auf seine Weise Abhilfe zu schaffen. Die humane Dimension seiner Tätigkeit wurde auf die politische erweitert, indem er sich für eine damals latent vorhandene, in Wirklichkeit aber zersplitterte sozialdemokratische Bewegung zur Verfügung stellte. Erst durch ihn fand die Bewegung Einigung und religiöse Weihe. Wie alle jüdischen Intellektuellen der Kronländer war er ein eifriger Befürworter der deutschen Staatssprache; und wie bei jedem prominenten jüdischen Sozialisten war für ihn das Judentum geschichtsphänomenologisch durchaus akzidentiell. Er soll einmal in bezug auf das Judentum gesagt haben: „Es ist nicht unsere Aufgabe, den Juden die Kastanien aus dem Feuer zu holen.“ Er hat also davor Angst gehabt, daß ein zu starkes Eintreten für die jüdische Bevölkerung und ihre Emanzipationsbestrebungen angesichts des vorhandenen Antisemitismus der Partei den Ruf einer Judenpartei bringen werde. Er soll auch gesagt haben: „Die Partei hat an einem Juden genug, und das bin ich.“ Wenn man aus dieser Aussage das Positive entnimmt und ihr ein Bekenntnis zum Judentum abnötigt, so ist in ihr doch ein Desinteresse am Schicksal des Judentums transparent, das den führenden Kreisen der Sozialisten inhärent war. Sobald es um die Realisierung ihrer Ideologie ging, war die Frage des jüdischen Schicksals keine wirkliche Frage. Ein ähnlicher Standpunkt herrschte unter den russischen Sozialisten:

Der Emigrant Georg Plechanov (1857 – 1918) wurde von seinem jüdischen Kollegen Paul Axelrod (1850 – 1928) aufgefordert, seine Stimme gegen die Pogrome in Rußland zu erheben. Plechanov lehnte mit der Argumentation ab, die junge Partei sollte nicht dadurch Anhänger verlieren, daß ihre Theoretiker als Beschützer der Juden öffentlich auftreten.

Viele Juden identifizierten sich dennoch mit dem Sozialismus. Selbst eine unterprivilegierte Minderheit, sahen sie in ihm eine Bewegung, die für die Rechte der Schwachen, nämlich des Proletariats, eintrat. Wenn Adler glaubte, daß mit dem Sieg des Sozialismus der Antisemitismus verschwinden werde, so dachte er gleich jenen glaubenslosen Juden wie Karl Marx, Leo Trotzki, Rosa Luxemburg, Georg Landauer, Karl Eisler u. s. w., die den Sozialismus ideologisch vorgeformt haben. Durch sie fand die Säkularisierung des utopischen Messianismus statt. Ein Hinweis auf Säkularisierung des Messianismus, doch auf andere Weise, findet sich bereits im Talmud (Ber 34a). Adler hat seinen Irrtum eingesehen und tat eine zweite, etwas resignierende Äußerung, die sich ebenfalls als falsch erwies: ,,Der letzte Antisemit wird erst mit dem letzten Juden sterben.'' Es ist heute nicht nur empirisch nachgewiesen, sondern eine Tatsache, die jeder wissenschaftlichen Analyse standhält, daß der Antisemitismus mit der Präsenz der Juden kaum etwas gemein hat; er blüht und gedeiht auch in der Abwesenheit von Juden. Nach der Organisation der Partei durch Viktor Adler im Jahre 1888 brachte die Bewegung eine ganze Schar begabter Theoretiker hervor. Darunter waren auch viele Juden. Zwischen den Jahren 1901 und 1905 begannen sie sich Austromarxisten zu nennen (vgl. Norbert Leser: Zwischen Reformisus und Bolschewismus. Der Austromarxismus als Theorie und Praxis, Wien 1968). Max Adler (1873 – 1937), promovierter Jurist, Linkssozialist und Verfasser der Marxstudien, war Austromarxist mit wissenschaftlichen Ambitionen. Otto Bauer (1881 – 1938), ebenfalls Jude und Jurist, lavierte zwischen Wissenschaft und Politik. In seinem Buch ,,Die Nationalitätenfrage und die Sozialdemokratie'' griff er die von Karl Renner bereits angeschnittene Frage in meisterhafter Manier wieder auf. Mit dem berühmten Anatomieprofessor Julius Tandler, dem Finanzkünstler des ,,Roten Wien'', Hugo Breitner, und dem Zentralsekretär der Sozialdemokratischen Partei, Robert Danneberg, ist die Palette der jüdischen Politiker bei weitem nicht erschöpft.

Eine Sonderstellung kommt natürlich Dr. Theodor Herzl zu. Er gehörte nicht zu jenen Intellektuellen, die in die Metropole kamen, weil sie sich hier Aufstiegsmöglichkeiten über Bank-und Handelshäuser von Verwandten erhofften. Ihre Welt sollte politisch, wissenschaftlich und literarisch überwunden werden. Demnach war Herzl den jüdischen Intellektuellen keineswegs kongenial. Sowohl ideologisch als auch politisch gegensätzlich, war er auf eine andere Weise kreativ. Er blieb ein Einzelgänger und wurde belächelt wie einst die Propheten (Hos 9,7). Obwohl kein österreichischer Politiker, dafür aber im Bereich des Feuilletons (Publizistik) und der Literatur (Drama) tätig, im Fin de siècle literarisch beheimatet und somit zeitgemäß orientiert, war er doch ein Politiker sui generis. Als Künder eines Judentums neuen Stils – auch der Baseler Kongreß sollte mehr Format und Würde erhalten – war er ein genialer Improvisator mit Sendungsbewußtsein und messianischem Flair. Seine Vision ist besonders in unserer Generation transparent geworden. Wenn seinem originellen Denken in der vorliegenden Studie keine ausführliche und detaillierte Betrachtung gewidmet wurde, so geschah dies deshalb, weil ich in dem jüngst erschienenen, von Univ.-Prof. Dr. Norbert Leser herausgegebenen Sammelband ,,Theodor Herzl und das Wien des Fin de siècle'' einen Aufsatz mit dem Titel ,,Messianische Elemente im Denken und Wirken Theodor Herzls'' publiziert habe.

Wissenschaft – ein Weg ins Freie?

a) *Im Umkreis von Sigmund Freud*

In der wissenschaftlichen Leistungsbilanz der Monarchie hatten die Juden, gemessen an ihrem Bevölkerungspotential, einen enormen Anteil. Obwohl es in bestimmten Sparten der Wissenschaft, wie etwa an der medizinischen Fakultät, schon im Ausgang des Liberalismus keine Aufstiegsmöglichkeiten gab, galten die Wissenschaften als eine ,,freie Domäne''. Denn der Wissenschaftler war frei von ideologischen Bekenntnissen, und diese waren als Kriterium einer Weltanschauung für die Qualität der wissenschaftlichen Arbeit ohne Belang. Während Emil Zuckerkandl (1849 – 1910) in seiner Wiener Periode sich am modern ausgerichteten Anatomiegebäude noch freuen konnte und das gesellschaftliche Leben seiner nicht minder berühmten Frau, Berta Zuckerkandl-Szeps, überließ, war es Dr. Julius Tandler (1869 – 1936) wegen seiner sozialdemokratischen Gesinnung und seines jüdischen Bekenntnisses nicht vergönnt, sich ungestört der Wissenschaft zu widmen.

Einzelgänger und intellektuell unabhängig wie Herzl, hatte auch Sigmund Freud (1856 – 1939) ebenso viele Widersacher wie Anhänger, etwa Alfred Adler (1870 – 1937), Otto Rank (1848 – 1939), Hans

Sachs (1881 – 1947), Wilhelm Reich (1897 – 1957) und eine Reihe anderer. Die Lehre Sigmund Freuds von den unbewußten Seelenvorgängen und der sexuellen Wurzel menschlicher Leistungen war sowohl aufsehenerregend als auch umstritten. Seine Psychoanalyse stieß mit ihren schockierenden Feststellungen von Anfang an auf heftigen Widerstand fachlicher und besonders außerfachlicher Kreise. Das positive Echo – wie bei Herzl – war im Ausland entschieden größer als in Österreich. Freud schuf aber doch sehr wesentliche Voraussetzungen der modernen Tiefenpsychologie und Psychotherapie. Das Buch, mit dem er sich Originalität und Weltruhm sicherte und Wien zu einem Zentrum einer neuen Lehre machte, war die „Traumdeutung". Seine Auseinandersetzung mit der jüdischen Religion und dem Judentum spielt in seiner Selbstanalyse, in seinen Träumen, wie er sie in der „Traumdeutung" mitteilt, eine wichtige Rolle. Von „Totem und Tabu" bis zu „Der Mann Moses und die monotheistische Religion" ist dies gerade in seinen spekulativen Werken sehr deutlich.

b) *Die Philosophie*

Verglichen mit der Psychoanalyse kann sich die Philosophie in Österreich nur schwer auf einen geistigen Vater berufen, dem sie blind hätte folgen oder mit dem sie sich geistig hätte auseinandersetzen können. Josef Popper (1838 – 1951), Edmund Husserl (1853 – 1938) und Ludwig Wittgenstein (1899 – 1951) ähnelten in ihrer Interdisziplinarität den jüdischen Denkern des mittelalterlichen Spanien, wie etwa dem Rabbi Jehuda ha-Levi (1075 – 1142) und dem Rambam, auch Maimonides genannt (1135 – 1204), aus der Ära der muslimisch-jüdischen Kultursymbiose. Eine Auswahl von Werken wie „Die Philosophie der Arithmetik, psychologisch und logisch untersucht", „Die technischen Fortschritte nach ihrer ästhetischen und kulturellen Bedeutung" und schließlich die Genialität und die Verzweiflung Ludwig Wittgensteins, des Verfassers des „Tractatus logico-philosophicus", sind ein Beleg für den universal-wissenschaftlichen Charakter dieser Männer.

Unter dem Einfluß von Ludwig Wittgenstein entstand der Wiener Kreis, dessen Mitglieder mehrere Varianten linguistischer Philosophie entwickelten. Fritz Mauthner (1849 – 1923) war der Österreicher – vielleicht der erste Denker überhaupt –, der die Metaphysik zugunsten einer erbarmungslosen Sprachanalyse über Bord warf. Mauthner, ein Meister des unabhängigen Denkens, hat in seinem Werk „Beiträge zu einer Kritik der Sprache" die Sprachidolatrie abgelehnt und sich vom Fetisch des Wortes als verläßliches Instrument des Denkens befreit. Um den Wortaberglauben unter Kontrolle zu halten, forderte Mauthner die Denker zum Schweigen auf. Denn jede Bemühung, Erfahrung in Worte zu setzen, bringt nur leere Phrasen hervor, die den Neophyten benebeln, dem Adepten aber durchaus keine Aufklärung bringen.

Im Gegensatz zu Mauthner blieb Wilhelm Jerusalem (1854 – 1923) Metaphysiker, der die Rolle der Sprache auf eine Weise sublimierte, daß er ein Schüler Moses Mendelssohns (1729 – 1786) hätte sein können. Das gleiche galt auch für die Synthese von Gottesbegriff und Erkenntnistheorie und dem anthropomorphistischen Zug in seiner Glaubensanschauung. Wie ein Held Joseph Roths, dessen Leben eng mit dem Schicksal der Monarchie verquickt war, ist Richard Wahle (1857 – 1935) ein Philosoph, der mit seinem Buch „Das Ganze der Philosophie und ihr Ende" diese als Phänomen im Rahmen der Wissenschaft ablehnte beziehungsweise als in sich erschöpft betrachtete. Theodor Gomperz (1832 – 1912), Verfasser des Werkes „Griechische Denker", war ein Anhänger der abendländischen Philosophie. Dem Judentum war er gänzlich entfremdet und entwickelte einen geradezu jüdischen Selbsthaß. Jüdische Qualitäten versuchte er negativ zu deuten, und seinen Antizionismus kann man mit großdeutschen Sympathien verbinden. Sein Sohn Heinrich Gomperz (1873 – 1943) betreute das Werk seines Vaters. Für die Philosophie des 20. Jahrhunderts erbrachte er einen enormen Beitrag durch seine „Weltanschauungslehre". Der 1902 in Wien geborene Philosoph Sir Karl Popper, der die Frankfurter Schule mit ihren Vertretern Th. Adorno, H. Marcuse und J. Habermas herausforderte, verfaßte die „Logik der Forschung". Damit schließt er an die Tradition des Wiener Kreises an: In der Satzlehre sind die wissenschaftlichen Sätze falsifizierbar. Andere Satzsysteme, wie z. B. aus dem Bereich der Psychoanalyse und des Marxismus, sind ideologisch. Mit den Apologeten eines absoluten Staates setzt er sich in dem Werk „The open Society and its Enemies" auseinander. Dieses Buch hat er aus Dankbarkeit dem englischen Königreich gewidmet.

Presse und Literatur

Die hebräischsprachige Publizistik in Österreich um 1850 ist zwar kein direkter Beitrag zur Kultur des Landes, bildet aber eine wichtige Station auf dem Entwicklungsweg der neuhebräischen Literatur. Die Bedeutung der Zeitschriften Bikkure ha ittim (Erstlinge der Zeiten) und Kerem chemed (lieblicher Weingarten) dürfte überwältigend gewesen sein. Die berühmtesten Hebraisten der Kronländer von Triest bis Brody publizierten in diesen Zeitschriften.

Neben anderen waren es besonders diese beiden Zeitschriften, die mit ihren Namen eine literarische Epoche prägten. Sie machten die Metropole der Monarchie vorübergehend zum Zentrum des Hebraismus. Im Vergleich zu der Bedeutung als literarische Komponente auf dem Gebiet der hebräischsprachigen Aufklärung, der Haskala, hatten die beiden Zeitschriften in der allgemeinen Publizistik wenig Einfluß, obwohl diese eine Domäne der Juden war. Die beispielgebende allgemeine Tageszeitung der damaligen Zeit war ,,Die Presse". 1848 von Adolf Zang gegründet, war sie für Moritz Szeps, der aus dem galizischen Busk kam, Anlaß, sein Universitätsstudium aufzugeben.

,,Die Presse" von Adolf Zang war keine jüdische Gründung, dennoch steht der enorme Anteil der Juden an der Wiener Journalistik der liberalen Ära außer Frage; sie haben die öffentliche Meinung der Zeit geprägt und gelenkt und tragen das Verdienst, weite Bevölkerungskreise am politischen Leben interessiert zu haben. Die Zeitungsmacht, der Einfluß der Zeitungsleute und der Druck, den sie ausüben konnten, sind heute in diesem Maß nicht mehr vorstellbar. Das Spektrum dieser Zeitungen reichte von der hoch angesehenen ,,Neuen Freien Presse", deren Chefredakteur Dr. Moritz Benedikt war, über das respektable, aber volkstümlichere ,,Neue Wiener Tagblatt", das von dem talentierten Moritz Szeps gegründet worden war, bis hin zum ,,Illustrierten Wiener Tagblatt", dem ,,Abend" und der ,,Stunde".

Der Aufstieg von Moritz Szeps ist für viele begabte junge Männer, die aus der Monarchie kamen, charakteristisch. Am 4. 11. 1834 wurde er in dem kleinen Ort Busk in Galizien geboren. Sein Vater war Arzt, einer der wenigen jüdischen Mediziner im nordöstlichen Teil der Monarchie zur Zeit des Vormärz. Wie für viele andere war auch für ihn die akademische Bildung der einzige Weg zur Emanzipation der Juden, in diesem Fall der Ostjuden. Deshalb schickte er seinen Sohn an die Universität Lemberg, um Naturwissenschaften zu studieren. Der junge Szeps entschied sich für Chemie und zeigte dabei soviel Fleiß und Talent, daß sein Lehrer den damals Zwanzigjährigen mit seiner Substituierung betraute. Doch wie viele andere zog es ihn nach Wien, wo er bei Karl von Rokitansky Anatomie studierte. Er zeigte aber zugleich journalistische Neigungen und wurde Mitarbeiter von verschiedenen Zeitungen.

Die zwei renommierten Zeitungen, die ,,Neue Freie Presse" und das ,,Wiener Tagblatt", sicherten sich neben Qualität und Attraktion auch durch autoritäres Mäzenatentum das Ansehen. Man konnte sich, wenn auch nicht ganz offiziell, auf seine Gönner berufen und mußte sich gelegentlich journalistisch revanchieren: galt Moritz Benedikt als der Vasall Franz Josephs, so war Moritz Szeps der Vertraute des Kronprinzen Rudolf. Angeblich hat dieser anonym im ,,Neuen Wiener Tagblatt" gegen die offizielle Kaiserpolitik polemisiert. Übertraf die Zeitung des Moritz Szeps die ,,Neue Freie Presse" durch geschickte Wirtschaftstaktik und Rentabilität, so zeichnete sich letztere durch Renommee aus.

War doch der Vertreter in Paris kein anderer als der Feuilletonist aus gutem jüdischem Haus, Liebling des Wiener Lesepublikums, der kosmopolitisch orientierte Anwalt Dr. Theodor Herzl. Als dieser durch seinen ,,Judenstaat" und sein zionistisches Engagement den Assimilierten die Rückkehr zum Judentum vorexerzierte, reagierte sein Arbeitgeber mit Enttäuschung. Der Wandel Herzls wurde als eine Abkehr von der aktuellen, eigentlich klischeehaften Geschichte der zur Assimilation prädestinierten Juden angesehen. Ob Herzls Wandel der Zeitung Abbruch tat, ist nicht nachzuvollziehen. Die Popularität der Zeitung stieg, da sie ins Gerede kam, was den Chefredakteur beunruhigte. Das sogenannte jüdische Pressewesen wurde geradezu mit einer Flut antisemitischer Zeitungen konfrontiert. Dazu gehörten die ,,Deutsche Zeitung", die ,,Ostdeutsche Rundschau", die ,,Reichspost" und das aus dem liberalen in das antisemitische Lager über-

Theodor Herzl

Arthur Schnitzler

gegangene Blatt „Kikeriki". Allerdings klagten die Anhänger dieser Zeitung, daß sie mit der großen Presse der Juden kaum konkurrieren könnten. Wenn der jüdischen Presse nicht allzugroße politische Bedeutung zukam – meint Tietze –, so beherrschte sie doch, sei es schreibend, sei es totschweigend, die öffentliche Meinung.

Zu den älteren Zeitungen gesellte sich 1893 das „Neue Wiener Journal" – als sollte sich am Ende der Epoche alles, was man ihrer Publizistik an Korruption, Charakterlosigkeit und Unsittlichkeit vorgeworfen hatte, an einer Stelle noch einmal konzentrieren. Aber auf dieses Blatt passen wie auf kaum ein zweites die Worte E. Hartmanns, der die Stellung der Juden innerhalb der nationalen Kulturen als irritierend bezeichnet hatte: „Aus kulturgeschichtlichem Gesichtspunkt kann man der Vorsehung nicht genug danken, daß sie uns die Juden gegeben hat, um das Ansehen der Presse desto schneller zu ruinieren." Dies ist ein geflügeltes Wort in der feinen Gesellschaft geworden. „Wer ist zu tadeln, wenn M. Saphier der Vorleser einer Kaiserin sein darf?" Dieses antisemitische Wien hatte seinen Juden wahrlich nichts vorzuwerfen, meinte Hans Tietze.

Vom jüdischen Geist zum Genius Austriacus

Der Ruf des Odessaer Arztes Leo Pinsker (1821 – 1891) nach „Autoemanzipation" (1882) blieb nicht ohne Echo wie jener zwanzig Jahre früher durch das Buch „Rom und Jerusalem" von Moses-Heß (1812 – 1875). Haftete dem Appell von Heß der Hauch abstrakt anmutender ideologischer Spekulation an, so war der Ruf von Pinsker das Echo der Verzweiflung auf das erlebte Greuel der Pogromjahre 1881 – 1882. Pinskers Aufschrei zur Zeit des Herrschaftsantritts des Zaren Alexander III. (1845 – 1854) hatte den Funken des nationalen Bewußtseins in einer Elite studierender Jugend geweckt. Vom Wiener Rabbiner Adolf Jellinek (1821 – 1894), den er aufsuchte, um ihm die Konzeption seines Anliegens vorzulegen, bekam er eine unmißverständliche Absage.

Jellinek meinte, die Wiener Juden könnten schwer das Erreichte und Errungene preisgeben... den Wanderstab in die Hand nehmen und ein problematisches Vaterland aufsuchen. Jellinek war und blieb der fortschrittliche, zur Assimilation tendierende jüdische Bürger Wiens. Rußland, der neue Zar und der Pogrom waren weit weg. Was in den Armenvierteln der Leopoldstadt mit den vielen osteuropäischen Zuwanderern Anklang finden konnte, weckte bei den Ringstraßenanrainern nichts als Verständnislosigkeit. Zu diesen Anrainern gehörte zweifellos Jellinek, der in erster Linie an seinem Image als Prediger interessiert war. Und in der Tat wurde von seiner Predigt behauptet, sie habe Pathos, Glanz und Reflex, Makartsche Fülle sowie die Freude am sarkastischen Witz wie ein Widerhall des boshaften Tones von „Jung-Wien". Dieses neue Wien, die Stadt der Theoretiker von Weltgeltung, sollte auch die Stadt der Literaten werden, in deren Mitte Männer aus den Kronländern wie Jellinek, aber auch Vertreter aus anderen Sparten zu Trägern der österreichischen Literatur wurden. Nennt man neben Arthur Schnitzler (1862 – 1931), Franz Kafka (1883 – 1924), Joseph Roth (1894 – 1937) sowie den zwei Jahre nach dem Untergang der Monarchie geborenen Paul Celan (1920 – 1970), so spielt sich das literarisch-kulturelle Szenarium nicht nur vor dem Hintergrund von Wien bis Prag, sondern auch von Czernowitz bis Brody ab. Das bedeutet, daß die Sprache dieser Schriftsteller nicht immer eine ihr kongeniale Thematik behandelte. Auch über Inhalte, wie beispielsweise die Problematik der deutschsprachigen Schriftsteller jüdischer Herkunft, das osteuropäische Judentum – wie etwa Karl Emil Franzos – und nicht zuletzt über das schrecklichste Inferno aller Zeiten wurde verfügt. Ihre Schulen umfassen eine ganze Palette literarischer Richtungen, die durch ihren heterogenen Charakter den österreichischen Schriften das verleihen, was die Monarchie repräsentieren wollte – ihren übernationalen Charakter.

Eine zentrale Bedeutung kommt hier dem historisch bedeutenden Cercle im Wien des Fin de siècle, der Gruppe „Jung-Wien" zu, einer Runde, die sich im Café Griensteidl um Hermann Bahr (1863 – 1934) geschart hatte. Die jungen Leute, die sich später im Café Central trafen, waren meist Juden oder jüdischer Herkunft. Der populärste Vertreter dieses Kreises war zweifellos Arthur Schnitzler. Seine Romanhelden, vorwiegend aus verspielten Männern bestehend, und Hugo von Hofmannsthals (1874 – 1927) Ästheten sind gleicherweise Erzeugnisse der Auflösung des Glaubens der Söhne an die Ansichten und Werte ihrer Väter.

Der Dichterkreis, den Literarhistoriker – wohl in Analogie zu „Jung-Deutschland", der Nachfolgebewegung der Romantik – als „Jung-Wien" bezeichnet hatten, vertrat im Gegensatz zu diesem einen ästhetisch motivierten Impressionismus. In diesem Kreis könnte der der Bewegung immanente Generationskonflikt als Genius literarium bezeichnet werden, der auch in der russischen Literatur ein bestimmendes Element darstellt, besonders bei dem Protagonisten, dem Westler Iwan Turgenjew (1818–1883). Die neue Kunstrichtung wurde vom Romancier Hermann Broch (1866–1951) und von Stefan Zweig (1881–1942) als epochale Gleichmacherei betrachtet. Das sonderbare an der Gruppe, der die Juden Richard Beer-Hofmann (1886–1945), Peter Altenberg (1859–1919), der eigentlich Richard Engländer hieß, und andere angehörten, war, daß ihr wortführendes Oberhaupt der aus Linz stammende Nichtjude Hermann Bahr war. Die zahlenmäßig jüdische Dominanz der Mitglieder im literarischen „Jung-Wien" veranlaßte den bissigen Karl Kraus (1874–1936) dazu, das Oberhaupt des Kreises, das er heftig befehdete, Hermann bar Kochba zu nennen. Dennoch hatten diese „Jung-Wiener" – abgesehen von ihrem literarischen Sendungsbewußtsein wie etwa dem von R. Beer-Hofmann – das Problem ihrer Abstammung, das sie mit mehr oder weniger Last tragen mußten. Aber ob diese Schriftsteller das Judentum verlassen sollten oder nicht, ihre Herkunft, ihre Lage und ihre Rolle innerhalb der nichtjüdischen Gesellschaft haben ihre Eigenart und ihre Komplexe mitgeprägt. –

Und somit natürlich auch ihr Werk. Nicht nur das: sie hatten als Träger der Kultur aus dem Gefühl der Mitverantwortlichkeit heraus die Spannung ihres jüdischen Wienertums, das durch die Kritik am Judentum so laut in die Öffentlichkeit drang, zu lösen versucht. Richard Beer-Hofmann kritisierte in gewissem Sinn das Judentum seiner Zeit: er stellte der gegenwärtigen Zeit die biblische gegenüber und heroisierte diese. Übrigens ein durchaus unbewußtes Bekenntnis zum restaurativen Zionismus. – Seine Geisteshaltung wird im Jahre des ersten Zionistenkongresses in seinem berühmten „Schlaflied für Miriam" unmißverständlich transparent:

„Ufer sind wir, und tief in uns rinnt
Blut von Gewesenem – zum Kommenden sollts
Blut unserer Väter, voll Unruh und Stolz.
In uns sind alle. Wer fühlt sich allein?
Du bist ihr Leben – ihr Leben ist dein."

Schnitzler, dem man typisch gehobenes Wienertum nachsagte, dessen Welt am Schottenring aufhörte, war das erhöhte Abbild seines Publikums: begabt und interessant, zugleich nachdenklich und problematisch, dem Schein nach Repräsentant des saturierten Bürgertums. Neben der Szenenfolge „Anatol", dem Schauspiel „Liebelei" und dem umstrittenen „Reigen", in dem er gesellschaftliche Mißstände darlegte, und neben dem Roman „Therese", der ein Dienstmädelschicksal schildert, enthalten „Dr. Bernhardi" und „Jugend in Wien" eine Stellungnahme zur Judenfrage. Darüber hinaus war er auch eine der Gestalten des wienerisch-jüdischen Literatentums, unter denen das Phänomen Theodor Herzl und die Debatte um dieses äußerst lebendig geführt wurde. Fast alle Personen, die in seinen Dramen und Novellen vorkommen, gehören einer speziellen Kategorie an. Sie leben in der metaphysischen Überzeugung der eigenen Überflüssigkeit, unfähig, das Leben zusammenfassend zu spiegeln, geschweige denn zu leben. Für das Milieu und die Epoche haben sie prägenden Charakter. So lassen sie sich auch im Roman der nationalen Emanzipation „Altneuland" (1902) nicht leugnen. Herzl nennt den ersten Teil seines Romans „Ein gebildeter und verzweifelter junger Mann". Das Buch ist eine Hommage oder eine Idee zu Schnitzler oder einfach zur Atmosphäre des Fin de siècle vor einem ideologischen Hintergrund.

„Es scheint durchaus möglich" – berichtet die Germanistin R. Wagner –, „daß der Tod Herzls Schnitzlers Intention, die Judenfrage darzustellen, wie sie sich in Wien um 1900 präsentierte, noch verstärkt hat."

Er tut es auf seine Weise, nicht theoretisch, indem er das Wiener Judentum in seinen typischen Vertretern vorführt. Vor den nun widersprüchlich gewordenen Perspektiven einer alten Moral und einer neuen Psychologie stellt Schnitzler seine Helden vor. Georg von Wergenthin, im Roman „Der Weg ins Freie", ist Künstler und Aristokrat in einem. Er verkörpert den österreichischen Bildungshelden des Fin de siècle. Durch ihn veranschaulicht Schnitzler den Wiener der damaligen Zeit, der die Nonchalance des Kaffeehauses ausstrahlt. Wenn der Kulturkreis aus dem Café Griensteidl und aus dem

Café Central – um mit Karl Kraus zu sprechen – demoliert wird und wenn Wergenthin in den Zustand des Zerrissenen und Getriebenen gerät, dann signalisiert das die Geburt neuer gesellschaftlicher, sozialer und politischer Dimensionen. Vor dem Hintergrund der Zerrissenheit und Getriebenheit, die das gesellschaftliche Panorama Schnitzlers kennzeichnen, interessieren ihn neue Strömungen, und er bezieht Stellung zu ihnen. In „Der Weg ins Freie" sind die Träger von neuen Ideen vorwiegend Juden. Diese wirken in der langweiligen Gesellschaft um den sterilen Wergenthin wie Unruhestifter, aber sympathische Unruhestifter: Sohn und Tochter einer aus Rußland zugereisten Familie, die in ärmsten Verhältnissen leben, sorgen für anregenden Gesprächsstoff im Cercle des reichen Hauses Ehrenberg. Therese Golovsky, intelligent und hübsch, ist engagierte Sozialistin; ihr Bruder Leo, ein begnadeter Pianist und begabter Mathematiker, ist glühender Herzlverehrer. Die Frage, ob Schnitzler die Golovskys deshalb sublimierte, weil Herzl nach dem Baseler Kongreß von den Ostjuden so schwärmte, kann hier nicht ausführlich erörtert werden.

Obwohl zeitlich zugehörig, fügte sich der Träger der „Fackel", Karl Kraus (1874 – 1936), dem gesellschaftlichen Habitus und dem literarischen Normativ von „Jung-Wien" nicht ein. Dem Verfasser des Buches „Die letzten Tage der Menschheit" war die Kunst, an der heiteren Oberfläche zu haften und zugleich die tiefsten Fragen zu führen, fremd. Er lehnte deshalb Schnitzler als Dichter ab und bezeichnete ihn als Sohn des Hermes und der Aphrodite. Auch Szeps und Herzl („Eine Krone für Zion") und viele andere, einschließlich die Salzburger Festspiele von Max Reinhardt sowie „Jedermann" wurden von seinen giftigen Pfeilen nicht verschont. Dem Geist Otto Weiningers (1880 – 1903) verwandt, verstand er sich als Prophet gegen den Zeitgeist. Als führender Repräsentant für diesen Ungeist sah er die Presse an. Als Ethiker und Propheten waren Weininger und Kraus traurige Figuren. Beide sind mit Kierkegaard verglichen worden. In beiden Fällen spielen Geschlecht und Sittlichkeit eine große Rolle.

Ein Korrelat zum Wiener Café Griensteidl war das Café Arco in Prag, das neben O. Baum (1883 – 1941), Max Brod (1884 – 1968) und Franz Werfel (1890 – 1945) sowie H. Kohn (1891 – 1971) bisweilen auch von Franz Kafka besucht wurde. Das Lebensgefühl jener Juden, die in dieser Stadt wohnten, in deren Ghetto auch der Hohe Rabbi Löw (ca. 1525 – 1609) mit seiner Schöpfung, dem Golem, gewohnt hatte, war das von Eingeschlossenen: eine Minderheit innerhalb einer Minderheit, die sich danach sehnte, ihre Peiniger zum Schweigen zu bringen und aus dem lokalen Milieu auszubrechen.

Im Kronland Galizien war nicht Lemberg die Stadt der Intellektuellen, sondern die heute in Vergessenheit geratene Stadt Brody. Die Juden dieser Stadt, die durch die erste Teilung Polens mit Galizien Österreicher wurden, haben sich dem Germanisierungsprozeß nur zögernd angeschlossen. Hatte die Mutter des nachmaligen Hegelianers R. Nachman Kochmal (1785 – 1840) das dreifache Schulgeld bezahlt, damit ihr Sohn dem säkularisierten Unterricht fernbleiben durfte, hatte sich die Geisteshaltung der Juden der Umwelt des ebenfalls aus Brody stammenden künftigen Rabbiners des Stadttempels Zwie Perez Chajes (1876 – 1927) gründlich geändert. Er lernte wohl auf der Jeschiwa seines Onkels, besuchte aber gleichzeitig Gymnasialstunden und studierte darauf in Wien simultan am Rabbinerseminar und an der Universität. Dieser Bildungsweg läßt wohl die traditionelle Form der jüdischen Erziehung vermissen, ihren Inhalten blieb er jedoch treu.

Aus Brody kommt ja einer der prominentesten Vertreter der österreichischen Literatur – Joseph Roth. Das treffendste, das jemals über Roth gesagt wurde, kam aus dem Mund seines Freundes Stefan Zweig, und zwar aus der Perspektive eines Emigranten: „... gerade in Österreich konnte man unwidersprechlich gewahren, daß in all jenen Randgebieten, wo der Bestand der deutschen Sprache bedroht war, ihre Pflege einzig und allein von Juden aufrecht erhalten wurde... Mag es eine glückliche Liebe gewesen sein und heute gewiß eine unbedankte, das Faktum dieser Liebe wie die Liebe Joseph Roths zu Österreich kann nie und nimmer wegzuleugnen sein, denn sie ist in Tausenden einzelnen Werken und Taten bezeugt." Joseph Roth hat nicht nur seiner Geburtsstadt, sondern auch dem Judentum den Rücken gekehrt, um im Austriazismus aufzugehen. Sein literarisches Schaffen kann man wie folgt zusammenfassen: Die osteuropäische Heimat, aus der er geistig nicht auszubrechen vermochte, verquickt mit dem Habsburger-Mythos, wurde zum dominanten Bestandteil seines Werkes. Die Österreich-Romane sind ,,Radetzkymarsch" und ,,Kapuzinergruft", die jüdischen dagegen: ,,Jude auf Wanderschaft", ,,Hiob", ,,Tarabas" etc... In den ersteren wird der Untergang des Habsburgerreiches geschildert; in den letzteren wird plausibel gemacht, welche Heimat dadurch verloren ging. Indem Roth das Habsburgerreich in eine verklärte, übergeschichtliche Dimension erhebt, verwendet er es bald bewußt, bald unbewußt als Metapher für den Fall und Aufbruch aus dem Städtel. Die Treue zu Österreich und die Sorge um seine kranke Frau trieben Roth zum Alkohol. Es blieben noch gerade Zeit und Virtuosität, um ,,Die Legende vom heiligen Trinker" zu vollenden.

Wie ein Nachruf auf Brody klingt folgender Hinweis: Als dem berühmten österreichischen Rechtsgelehrten Hans Kelsen (1881 – 1973), dem Verfasser des Werkes ,,Hauptprobleme der Staatsrechtslehre", zu Ohren kam, sein richtiger Name sei Kohn, meinte er, derjenige, der ihn der Namensänderung verdächtige, möge sich auf den Friedhof von Brody begeben, wo seine Ahnen, die Kelsens, beerdigt sind.

Was die Juden für Wien bedeuteten, hat jüngst Hellmut Andics treffend formuliert: ,,Bis zum Beginn des 19. Jahrhunderts kamen die großen jüdischen Familien aus Deutschland; die Oppenheimer, Arnsteiner, Königswarter und Rothschild. Samuel Oppenheim finanzierte die Türkenkriege Leopolds I., die Bankhäuser Arenstein und Eskeles sowie Rothschild die Franzosenkriege des Kaisers Franz. Der Budapester Jude Herzl mußte das Wien der achtziger und neunziger Jahre erleben, um den Judenstaat zu erfinden. Der Wiener Jude Martin Buber mußte nach Galizien übersiedeln, um den Chassidismus zu entdecken. Der Prager Jude Viktor Adler organisierte von Wien aus die Arbeiterbewegung der Monarchie. Der ukrainische Jude Lew Davidowicz Bronstein, der sich später Trotzki nannte, verbrachte seine revolutionären Reifejahre in Wien. Oft genug sitzt Viktor Adler am selben Kaffeehaustisch. Der Prager Jude Franz Werfel, der galizische Jude Joseph Roth und der bulgarische Jude Elias Canetti entwickelten sich in Wien zu den bedeutendsten Dichtern nach dem Zusammenbruch der Monarchie. Der mährische Jude Sigmund Freud machte Wien zur Geburtsstadt der Psychoanalyse. Die Juden Ludwig Wittgenstein, Max Peruz und Karl Popper erlangten in Großbritannien ihre Weltberühmtheit... Man nehme die Juden aus der Wiener Geschichte – was bleibt, ist ein Torso."

Hans Kann

Jüdische Komponisten, Interpreten und Musikwissenschaftler

Das österreichische Musikleben wurde durch die große Anzahl jüdischer Komponisten, Interpreten und Musikwissenschaftler stark bereichert. Vielfach sind die Impulse, die von so manchen bedeutsamen Persönlichkeiten ausgingen, nicht nur im eigenen Land geblieben, sondern strahlten auf die gesamte musikalische Welt aus. So z. B. hat Schönberg und sein Kreis nicht nur im unmittelbaren Umfeld gewirkt, sondern entscheidend die Entwicklung der Musik im 20. Jahrhundert bestimmt. Auch nach dem Ende des Zweiten Weltkriegs setzte nochmals eine Auseinandersetzung mit der Zwölftonreihenlehre Schönbergs nicht nur durch die jüngeren Komponisten wie Messiaen, Boulez, Stockhausen und Nono, sondern auch durch Strawinsky in dessen hohem Alter ein.

Betrachtet man die hohe Zahl von bedeutenden jüdischen Interpreten aus dem Raum der österreichisch-ungarischen Monarchie (und auch im angrenzenden osteuropäischen Raum), dann versucht man wohl, der Ursache dieser Talentevielfalt nachzuforschen. Ist es eine besondere tänzerische, spielerische, sangesfreudige Veranlagung oder überhaupt ein starker Drang zur Selbstdarstellung oder theatralischen Zurschaustellung? Oder ist es besonders zäher Fleiß, der die höchsten Stufen der Virtuosität erklimmt? War es bedingt durch das, über Generationen währende, Eingeschlossensein im Ghetto? – ein Faktor, der zwangsweise zum verinnerlichten Studium führte. War es dieses Abgeschlossensein, das den Typus des verinnerlichten, kompromißlosen Interpreten wie Schnabel, Steuermann oder Serkin schuf? Demgegenüber steht aber wieder der Typus des erfolgreichen, beliebten weltmännischen Künstlers, wie etwa Grünfeld oder Kreisler, der gleichfalls typisch für den jüdischen Künstler ist.

Möchte man alle jüdischen Musiker Österreichs erfassen, ergeben sich mancherlei Probleme. Sollte man doch alle jene dazuzählen, die in den Kronländern der k. u. k. Monarchie geboren wurden und dann zum Studium und Ausüben der künstlerischen Tätigkeit nach Wien kamen. Auch jene Künstler sind zu berücksichtigen, die selbst oder seit ein oder zwei Generationen nicht mehr dem jüdischen Glauben angehörten; trotzdem sind sie dem jüdischen Kulturkreis zuzuzählen. Unklar wird die Abstammung jener Persönlichkeiten bleiben, die in einigen Quellen als Juden (oder auch nur teilweise jüdischer Abstammung) angeführt werden, ohne daß wirklich schlüssige Unterlagen dafür geliefert wurden. Die Liste kann auch keinesfalls Anspruch auf Vollständigkeit haben – gibt es doch so viele Orchestermusiker, Korrepetitoren, Kapellmeister und Unterhaltungsmusiker, die schon wegen des oftmaligen Standortwechsels schwer erfaßbar sind. Es könnte auch durchaus möglich sein, daß durch neue Ergebnisse der Musikforschung bisher unbekannt gebliebene jüdische Musik des Mittelalters bis zur Klassik entdeckt werden würde. Sicherlich wirkten seit der Renaissance in den Synagogen jüdische Sänger und vielleicht auch Instrumentalisten in Wien. Genaue Hinweise, wie wir sie in Italien vorfinden, ließen sich in Österreich bis dato noch nicht feststellen.

Erst zu Beginn des 19. Jahrhunderts können wir nachweislich den Zustrom von jüdischen Musikern allmählich feststellen. Wahrscheinlich war es Ignaz Moscheles (1794 – 1870), in Prag geboren, der als erster bereits im Jünglingsalter nach Wien kam. Er studierte bei Albrechtsberger und Salieri Komposition und erhielt die Gelegenheit, Beethoven vorgestellt zu werden. Er wurde von Beethoven sogar beauftragt, unter seiner Aufsicht einen Klavierauszug des „Fidelio“ zu erstellen.

Moscheles verlegte später seine Tätigkeit nach Leipzig, wo er mit Mendelssohn und David das Leipziger Konservatorium gründete. Erwähnenswert ist auch der in Wien geborene Henri Herz (1803 – 1888), der seine europäische Berühmtheit als brillanter Pianist und Komponist erst in Paris erlangte. Er zählt übrigens zu jenen europäischen Virtuosen, die bereits 1845 Konzertreisen in die Vereinigten Staaten und Mittelamerika absolvierten.

Zu den bedeutenden jüdischen Virtuosen der damaligen Zeit der Klassik und des Biedermeier zählen noch: Sigismund Thalberg (angeblich der natürliche Sohn des Grafen Moritz von Dietrichstein, Präfekt der Hofbibliothek, der auch dessen musikalische Erziehung bei Hummel und Sechter veranlaßte), Alexander Dreyschock, H. W. Ernst und Henri Vieuxtemps, die allerdings nur als Gäste das Musikleben Wiens bereicherten.

Der in Keszthely geborene Karl Goldmark (1830 – 1915) kann wohl als erster, im allumfassenden Stile schreibender jüdischer Komponist des ungarischen Teiles der Monarchie bezeichnet werden. Sein Stil wurde von der deutschen Romantik und durch die persönliche Freundschaft mit Brahms geprägt. Die Oper ,,Die Königin von Saba" war das erste Werk, das sich mit den Mitteln abendländischen Tonmaterials einer spezifisch jüdischen Thematik widmete.

Wegen seines tragischen Schicksals erwähnenswert ist A. J. Becher (1803 – 1848). Als Kritiker angesehen, als Komponist eher ein Außenseiter, war er 1842 an der Gründung der Philharmonischen Konzerte beteiligt. 1848 wurde er als revolutionärer Politiker und Herausgeber des extrem oppositionellen Tagblatts ,,Der Radikale" verhaftet, vom Militärgericht zum Tode verurteilt und erschossen.

Zum Brahms-Kreis zählte auch Ignaz Brüll (1846 – 1907), der von Brahms gerne als Interpret bei Erstaufführungen seiner Werke herangezogen wurde. Brüll schrieb eine Oper ,,Das goldene Kreuz".

Es war jedoch erst Gustav Mahler (1860 – 1911), der als jüdischer Komponist internationale Bedeutung erlangen sollte. Obwohl Gustav Mahler in Kontinuität an den Wiener Kompositionsstil eines Wagner, Brahms, Bruckner anknüpfte, waren seine Werke zu Lebzeiten ständig einer kritischen Beurteilung ausgesetzt. Gegen Ende des 19. Jahrhunderts war die spätromantische Musik mit ihrer überreichen Chromatik und dem allmählichen Vortasten in dissonante Bereiche in eine zweifellos kritische Phase gekommen. Nicht nur in Mitteleuropa, sondern auch in Rußland mit Skrjabin und in Frankreich mit Satie und Debussy begannen sich Form und Harmonik grundsätzlich zu verändern. In unmittelbarer Umgebung Mahlers waren es R. Strauss, Max Reger und Pfitzner, die sich nur langsam dem allmächtigen Einfluß Wagners entzogen. Mahlers Musik steht nun in dieser Übergangsphase mit aller Problematik. Merkwürdig ist auch das Zitieren und Verhaftetsein mit dem deutschen Volkslied. Wenn man bedenkt, wie sehr die 1. Hälfte des 20. Jahrhunderts vom Geiste des Neoklassizismus geprägt ist (Ravel, Strawinsky, Hindemith und Prokofieff), kann man Mahler gewissermaßen als Pionier dieser retrospektiven Haltung ansehen. Vom Geiste der deutschen Romantik aus gesehen, ist das Zitieren von Volksweisen und der Gebrauch barocker Spielformen bereits von Robert Schumann verwendet worden. Seit der Romantik können wir überhaupt mit großer Regelmäßigkeit ein Zurückgreifen auf alte Spielformen und Gestiken feststellen.

Bei Arnold Schönberg (1874 – 1951), als Drehscheibe zwischen Mahler und dem gegenwärtigen Musikschaffen, kann man an Hand seines Werks den deutlichen Wandel feststellen. An Wagner und Mahler anknüpfend, erkannte er sehr bald die Krise der modernen Harmonik und Form. Es war die Zeit, wo man allerorts Neuland entdeckte. Man denke an Skrjabin, Satie und Charles Ives und Hauer, die neben Schönberg ins Dickicht neuer Dissonanzen vordrangen. Durch einen sich immer stärker verästelnden Chromatismus (Reger, Skrjabin) schwanken die totalen Zentren. Auch ohne Anhäufung von Dissonanzen begann die traditionelle Harmonielehre an Autorität zu verlieren. So beginnt Schönberg etwa 1922 an seiner Lehre von der Zwölftonreihe zu arbeiten. Es ist dies kein mathematisches Konzept, wie es oftmals fälschlicherweise angenommen wird, sondern ein kompositorisches Ordnungsprinzip, das auf der Abfolge einer Reihe von 12 verschiedenen Tönen basiert. Durch den gleichmäßig verteilten Ablauf der Reihe soll (theoretisch) kein Ton das Übergewicht bekommen, somit kein tonales Zentrum bestimmt werden. Daß trotz dieses theoretischen Konzepts Schönbergs Schüler Berg und Weber durchaus anders komponierten, spricht für die eminente Größe Schönbergs als Lehrer. (Berg verwendete beispielsweise die Zwölftontechnik äußerst harmonisch und wohlklingend, so daß man hier streckenweise ein deutliches Gefühl für tonale Zentren gewinnen kann.) Auch andere österreichische Komponisten jüdischer Abkunft, die dem Schönberg-Kreis angehört haben, wären hier zu erwähnen: Als bedeutender Schüler Schönbergs ist Hanns Eisler (1898 – 1962) zu nennen. Be-

Carl Goldmark

reits mit seiner Sonate op. 1 und seinen Klavierstücken op. 4 erwies er sich als souveräner Meister und Beherrscher der Zwölftontechnik. Mit seinen ,,Zeitungsausschnitten" und seinem ,,Lehrstück" ,,Maßnahme" wandte er sich jedoch von der strengen Zwölftonlehre Schönbergs ab und schrieb im tonalen Stil politische Musik.

Außerdem gab es in der Zwischenkriegszeit einige Komponisten, die sich nicht in Schulen oder Richtungen einordnen lassen. Voran der noch immer nicht so recht gewürdigte Ernst Toch (1887 – 1964), dessen Klavierwerke, Konzerte und Symphonien sehr bedeutsam und wirkungsvoll sind. Obwohl in Wien geboren, verlegte er schon bald sein Wirken nach Deutschland und ab 1933 in die USA. Ergänzend sind noch zu erwähnen:

Karl Weigl (1881 – 1949)
6 Symphonien, Violin-Konzert u. a.;

Ernest Kanitz (1894 – 1978)
Schüler von Heuberger und Schreker, Opern, Kammermusik;

Hugo Kauder (1888 – 1972)
4 Symphonien, Cello-Konzert, div.

Eric Zeisl (1905 – 1959)
Opern, Orchester u. Kammermusikwerke;

Erich Wolfgang Korngold (1897 – 1957)
Schüler von Fuchs u. Zemlinsky, hatte seinen ersten Erfolg als Komponist eines Klaviertrios bereits im Alter von 12 Jahren. Werke: ,,Der Schneemann", ,,Die tote Stadt", ,,Das Wunder der Heliane", Konzerte für Cello, Violine, Klavier. Kammermusik;

Roman Haubenstock-Ramati (geb. 1919)
,,Amerika" Oper von Kafka, La comedie etc.

Egon Wellesz (1885 – 1974)
6 Opern (Alkestis, Die Bacchantinnen u. a.) Balett, Symphonien, Kammermusik, Klavierwerke;

Max Brand (1896 – 1980)
,,Maschinist Hopkins";

Egon Lustgarten (1887 – 1961);

Leopold Spinner (1906 – 1980);

Arthur Willner (1881 – 1959).

Überraschend hoch ist der Anteil jüdischer Autoren im Rahmen der österreichischen Musikwissenschaft. Als Nestor ist einmal Eduard Hanslick zu erwähnen. Seine Berichte über das Konzertleben Wiens, ,,Vom musikalisch Schönen", und auch seine Autobiographie zählen zu den wichtigsten Informationsquellen seiner Zeit. Er war auch als Komponist ausgebildet und sehr traditionsverbunden. So war es natürlich, daß er sich dem ,,klassischen Romantiker" Johannes Brahms besonders verbunden fühlte. Heute sind uns seine scharf ablehnenden Kritiken gegenüber Liszt, Wagner und Bruckner, aber auch gegenüber Tschaikowski kaum mehr verständlich.

Guido Adler war bis heute der bedeutendste österreichische Musikwissenschaftler, mit besonderer Wirksamkeit auf dem Boden der Wiener Universität. Er gründete die Publikationsreihe ,,Denkmäler der Tonkunst in Österreich", die noch heute weitergeführt wird. Sie umfaßt die wichtigsten österreichischen Kompositionen, die bis dato abseits der Werke berühmter Komponisten, wie Haydn, Mozart und Schubert, in den verschiedenen Archiven schlummerten. Durch diese Publikation konnte erstens einmal die jahrhundertelange Kontinuität österreichischen Musikschaffens sowie zweitens die enorme Musikalität und Schaffensfreudigkeit habsburgischer Kaiser klar dokumentiert werden. Auch andere Länder, Deutschland, England, Belgien etc., folgten dieser Idee. Viele von Adlers Schülern, z. B. E. Wellesz, H. Gal, K. Geiringer, H. Botstiber und H. F. Redlich, haben an dieser Reihe mitgearbeitet. E. Wellesz, besonders geschätzt als Fachmann für Byzantinische Musik (dieses Fach unterrichtete er auch während seiner Emigration in Oxford), schrieb die erste Schönberg-Biographie. Karl Geiringer (geb. 1899), der während der Emigration in den USA lehrte, schrieb ,,Joseph Haydn", ,,Johannes Brahms", ,,Die Bach-Familie" u. v. a. Von 1930 – 1938 war er Kustos am Archiv, Museum und an der Bibliothek der Gesellschaft der Musikfreunde.

Ernst Moritz von Hornbostel (1877 – 1935, Cambridge) war gleichfalls Schüler Adlers. 1906 – 1933 war er Direktor des Phonogramm-Archivs in Berlin, 1933 verließ er Deutschland und ging nach England. Zu seinen Arbeiten zählen ,,Musik des Orients" sowie zahllose Aufsätze in den ,,Sammelbänden für vergleichende Musikwissenschaft".

Ernst Kurth, gleichfalls Schüler von Guido Adler, ist Verfasser der ,,Grundlagen des linearen Kontrapunkts" sowie einer zweibändigen Bruckner-Biographie.

Hans Gal (1890 – 1987) war Schüler von Adler und Mandyczewski. Er unterrichtete an der Wiener Universität, war später Direktor des Mainzer Konservatoriums, emigrierte 1933 vorerst nach Wien und 1938 nach England, wo er in Edinburgh an der Universität lehrte.

Paul Nettl (1899 – 1972) hat u. a. die Werke ,,Alte jüdische Spielleute und Musiker", ,,Das Wiener Lied im Zeitalter des Barock", ,,The Story of Dance Music", ,,Mozart und der Tanz" verfaßt.

Wilhelm Fischer (1886 – 1962), Mitarbeiter Guido Adlers und Ordinarius an der Universität Innsbruck, ist Verfasser der ,,Entwicklungsgeschichte des Wiener klassischen Stils".

Heinrich Rietzsch, ehemals Schüler von Adler, war Ordinarius für Musikwissenschaft an der Universität in Prag.

Kurt Adler (1907 – 1966), Schüler von G. Adler und Robert Lach, war hauptsächlich als Dirigent tätig, schrieb aber auch Bücher: ,,The Art of Accompanying and Coaching, Phonetics and Diction in singing".

Außer den an der Wiener Universität wirkenden Musikwissenschaftlern gab es einige bedeutende Persönlichkeiten, die nebst ihren musikwissenschaftlichen Arbeiten auch Komposition und Analyse im Rahmen des Privatunterrichts lehrten. Der wohl bedeutendste war Heinrich Schenker (1868 – 1935). Er war Schüler Bruckners und genoß das Wohlwollen Brahms'. Seine Analysen von Beethovens 5. und 9. Symphonie und der Klaviersonaten op. 101, 109, 110 und 111 zählen zu den gründlichsten und noch heute aktuellsten Arbeiten.

Schenker schrieb außerdem ,,Der Tonwille", ,,Das Meisterwerk in der Musik", ,,Neue musikalische Theorien und Phantasien". Im Laufe seiner mehrjährigen analytischen Studien kristallisierte sich allmählich die Idee der ,,Urlinie" heraus. Zu seinen Schülern zählten Otto Vrieslánder (1880 – 1950), Anthony van Hoboken (1887 – 1984), Felix Salzber (geb. 1904) und Oswald Jonas (1897 – 1978). Er konnte übrigens auch seinen sehr wohlhabenden holländischen Schüler Hoboken für die Förderung des Photogramm-Archivs gewinnen. Dadurch war es zum ersten Mal möglich, bedeutende Handschriften aus privaten und staatlichen Sammlungen in aller Welt aufzunehmen und so einer internationalen Fachwelt zur wissenschaftlichen Bearbeitung zur Verfügung zu stellen. Diese Leistung ist umso bedeutsamer, als viele Meisterwerke durch die Ereignisse des Zweiten Weltkrieges verloren- oder zugrundegingen und daher nur mehr in diesen Photokopien zugänglich sind.

Für die Erstellung eines einwandfreien Notendrucks sind diese Manuskripte, Skizzen und Erstdrucke von größter Wichtigkeit. Schenker war ein leidenschaftlicher Verfechter der sogenannten Urtext-Ausgaben klassischer Meisterwerke. (Ähnlich motiviert war die Herausgebertätigkeit Guido Adlers bei den ,,Denkmälern der Tonkunst in Österreich"). Dieses Anliegen war damals jedoch keineswegs so selbstverständlich wie heute, wurden doch bei der immer stärker einsetzenden Verbreitung häuslichen Musizierens in der zweiten Hälfte des 19. Jahrhunderts die klassischen Meisterwerke vielfach in ,,Ausgaben" und Bearbeitungen diverser Herausgeber gedruckt. Angefangen von Czerny, Hans v. Bülow bis zu Klindworth und Riemann wurden Dynamik, Artikulation und sogar Noten eigenwillig verändert. Heinrich Schenker war nun bemüht, auf Grund intensivsten Studiums der Manuskripte, Skizzen und Erstdrucke, einen möglichst mustergültigen ,,Urtext" herzustellen (Beethoven-Sonaten, bei U. E.). Diese Bemühungen wurden dann im verstärkten Maße nach dem Ende des Zweiten Weltkriegs von vielen Verlagen weitergeführt.

Otto Erich Deutsch (1883 – 1967) gilt wohl als der bedeutendste Schubert-Forscher. Das thematische Verzeichnis und die Numerierung sämtlicher Werke Schuberts zählen zu seinen wichtigsten Arbeiten, ferner sind u. a. die Publikationen ,,Franz Schubert. Die Dokumente seines Lebens und Schaffens" und ,,Das Leben Franz Schuberts in Briefen und Dokumenten" zu erwähnen.

Als langjähriger Mitarbeiter A. Schönbergs ist Josef Polnauer zu nennen. Er hat Schönbergs Lehre der Analyse vortrefflichst an seine Schüler weitergegeben. Den Krieg und die Verfolgung hat er als ,,U-Boot" überlebt.

Rudolf Reti (1885 – 1957), Komponist und Musikschriftsteller, studierte in Wien, war Mitbegründer der IGNM 1922 in Salzburg. Er schuf Orchesterwerke und war publizistisch tätig. (Bücher: Thematic Process in Music, Tonality, Atonality, Pantonalty u. a.)

P. A. Pisk (geb. 1893), ein Schüler Schönbergs und Adlers, war wie Wellesz sowohl als Schriftsteller als auch als Komponist tätig. Er war Herausgeber der „Musikblätter des Anbruch's“. Bereits 1936 emigrierte er nach den USA. Er schuf Orchesterwerke, Kammermusikwerke, Klavierwerke. DTÖ: Jacobus Gallus, Messen.

An der Wiener Musikakademie wirkte jahrelang R. Stöhr, bekannt als Autor einer damals sehr verbreiteten „Harmonielehre“.

Felix Greissle (geb. 1899), ebenfalls Schüler Adlers u. Schönbergs, ging 1938 nach New York. Er schrieb als erster im „Anbruch“ 1925 eine ausführliche Erklärung der Zwölftonreihenlehre Schönbergs.

Ernst Decsey (1870 – 1941), ein Schüler Bruckners, ist Autor der vierbändigen H. Wolf-Biographie sowie der Werke über Anton Bruckner, Johann Strauß Sohn, Franz Lehar, Debussy und Maria Jeritza.

Als Musikkritiker und Schriftsteller wäre noch Max Graf (1893 – 1958, „Die innere Werkstadt des Musikers“ u. a.) zu erwähnen

Weiters sind zu nennen:

Willi Reich (geb. 1898)
Schüler Alban Bergs, Verfasser von Biographien über Alban Berg, Joseph Haydn etc. Autor der Zeitschrift „23“;

Paul Stefan (1879 – 1943)
„Musikblätter des Anbruch's“, Publikationen über Gustav Mahler, Arnold Schönberg, Franz Schubert u. a.;

Kurt Blaukopf (geb. 1914)
Schriftsteller, Musikkritiker, Professor für Musiksoziologie an der Hochschule für Musik in Wien. Schriften: Große Sänger, Große Dirigenten, Gustav Mahler, Musiksoziologie u. a.;

Hans Ferdinand Redlich (1903 – 1968)
ab 1939 in England, Autor von Büchern: über Gustav Mahler, Monteverdi, Bruckner und Mahler, Alban Berg;

Julius Korngold (1860 – 1945)
Zeitungskritiker, verfaßte „Das deutsche Opernschaffen der Gegenwart“;

David Josef Bach (1874 – 1947)
Gründer der Arbeitersymphoniekonzerte, Kritiker, Dirigent;

Georg Knepfler (geb. 1906)
verfaßte die „Musikgeschichte des XIX. Jahrhunderts“.

In der 2. Hälfte des vorigen Jahrhunderts erlebte die Operette durch Jacques Offenbach und Johann Strauß einen wahren Triumph in der ganzen Welt. Nach Zeller, Ziehrer und Lehar setzte um die Jahrhundertwende ein nochmaliger Höhenflug der Wiener Operette ein. Als Operettenkomponisten jüdischer Herkunft, die an diesem Erfolg maßgeblichen Anteil hatten, seien erwähnt:

Edmund Eysler (1874 – 1949)
„Leutnant Gustl“, „Bruder Straubinger“, „Die Goldene Meisterin“, „Der unsterbliche Lump“;

Leo Fall (1873 – 1925)
„Die Dollarprinzessin“, „Der fidele Bauer“,
„Die Rose von Stambul“, „Mme Pompadour“;

Oscar Straus (1870 – 1954)
Schüler von Grädener und Max Bruch,
„Ein Walzertraum“ sowie andere Operetten und Kammermusik;

Emmerich Kálmán (1882 – 1953)
in Ungarn geb., lebte bis 1938 in Wien.
„Ein Herbstmanöver“, „Csardasfürstin“,
„Gräfin Maritza“, „Die Zirkusprinzessin“,
„Die Faschingsfee“;

Leo Ascher (1880 – 1942)
„Hoheit tanzt Walzer“

Heinrich Reinhardt (1865 – 1922)
„Das Süße Mädel“;

Ralph Benatzky (1884 – 1957)
„Im weißen Rößl“, „Axel an der Himmelstür“,
„Ein Liebestraum“.

Ferner sind Alfred Grünfeld („Der Lebemann“), Fritz Kreisler („Sissi“), Reinhard Fall, Heinrich Berté („Das Dreimäderlhaus“), Bruno Granichstaedten (1875 – 1944; „Der Orloff“) zu nennen. Ein bedeutender Komponist der leichten Muse ist Frederick Loewe (1904 – 1988). Er wurde in Wien geboren, ging aber bereits in den zwanziger Jahren in die USA. Sein bedeutendstes Musical ist der Welterfolg „My fair Lady“.

Aus der großen Anzahl der Komponisten für die Kleinkunst möchte ich vor allem Hermann Leopoldi erwähnen.

Auch der Anteil jüdischer Instrumentalsolisten am musikalischen Leben in Wien ist beachtlich.

Josef Fischhof (1804 – 1857), Schüler von Halm und Seyfried, Professor am Konservatorium, war bei seinen Zeitgenossen wegen seines werkgetreuen Bach- und Beethovenspiels sehr geschätzt. Sein Buch „Versuch einer Geschichte des Klavierbaus, mit besonderem Hinblick auf die Londoner große Industrieausstellung im Jahre 1851", erschienen 1853, ist eine hervorragende Informationsquelle über die Situation des Klavierbaus in der damaligen Zeit. Fischhof war maßgeblich an der Einladung Robert und Clara Schumanns nach Wien sowie an der Einführung beider in die Wiener musikalische Gesellschaft beteiligt. Seine bedeutende Autographensammlung ging nach seinem Tod in den Besitz der Staatsbibliothek in Berlin über. Wie Fischhof war auch Julius Epstein (1832 – 1926) Professor des Wiener Konservatoriums. Zu seinen bedeutendsten Schülern zählten Ignaz Brüll und Gustav Mahler. Außerordentlich beliebt in den Wiener Konzertsälen war Alfred Grünfeld (1852 – 1924). Er pflegte das klassische Repertoire, wurde aber insbesonders von Johann Strauß Sohn als genialer Interpret seiner Walzer geschätzt. Der Liszt-Schüler Moritz Rosenthal (1862 – 1946) kann, obgleich in Polen geboren, zu den typischen Wiener Pianisten gezählt werden. Als großer internationaler Pianist ist Artur Schnabel (1882 – 1951), aus der Leschetitzky-Schule kommend, zu werten. Er zählt zu den frühesten Verfechtern streng klassischer Klavierabend-Programme – bei Vermeidung der virtuosen Paradestücke. Als Komponist gehört er der atonalen Richtung an. Zu erwähnen sind noch die russischen Pianisten Paul de Conne, Isserlis, und J. Wolfssohn, die größtenteils in Wien wirkten.

Der Leschetitzky-Schüler Ignaz Friedman (1882 – 1949) machte sich als Chopin- und Liszt-Interpret sowie als Herausgeber von Chopin bei Breitkopf & Härtel und von Schumann und Liszt bei Universal Edition einen Namen. An der Wiener Musikakademie wirkten vielfach bedeutende Pädagogen wie Leopold Godowsky, Paul Weingarten, Edgar Schiffmann, Viktor Ebenstein und Otto Schulhof.

Gottfried Galston (1879 – 1950) zählte zu den Leschetitzky-Schülern, konzertierte in aller Welt und publizierte das „Studienbuch", eine genaue Analyse seiner fünf Klavierabend-Programme mit vielen Ratschlägen bezüglich Interpretation und Technik.

Als bedeutender Pianist moderner Prägung ist der Schönberg-Schüler Eduard Steuermann (1892 – 1964) zu erwähnen. Er hat sich zeit seines Lebens für das Klavierwerk Schönbergs eingesetzt und auch vieles von ihm uraufgeführt. Steuermann war auch Komponist und schrieb Orchester-, Kammermusik- und Klavierwerke.

Der einarmige Pianist Paul Wittgenstein (1887 – 1961), Bruder des Philosophen Ludwig Wittgenstein, ist vor allem als Auftraggeber für Klavierkonzerte für die linke Hand in die Musikgeschichte eingegangen. So hat er viele bedeutende Komponisten, wie Ravel, Prokofieff, R. Strauss, Korngold, Britten, F. Schmidt, zu Kompositionen angeregt und gefördert.

Als Klavierpädagoge war R. Robert sehr geschätzt; sein bedeutendster Schüler ist Rudolf Serkin. Serkin, 1903 in Eger geboren, studierte bei R. Robert, J. Marx und Schönberg in Wien. Er war der Schwiegersohn von Adolf Busch, mit dem er viele Konzerte und Plattenaufnahmen machte. Serkin kann durchaus als Hüter der besten deutschen Tradition im Sinne von Schnabel, Backhaus, Fischer und Erdmann betrachtet werden – also jener Art von Interpreten, die Form und Inhalt in edler Verhaltenheit über jedes virtuose Geklingel stellen.

Bei der großen Vielfalt der Virtuosen kann man eine Unterscheidung zwischen dem brillanten, charmanten Publikumslieblingen à la Alfred Grünfeld, Moritz Rosenthal oder Fritz Kreisler und den strengen kompromißlosen Interpreten wie Schnabel, Steuermann oder Serkin machen.

Joseph Joachim (1831 – 1907) verkörperte einen völlig neuen Typus von Instrumentalsolisten. Seine Programme umfaßten nicht die brillante Literatur eines Paganini und dergleichen, sondern bestanden aus streng klassischen Sonaten, insbesonders der Bachschen Solosonaten. Er war somit ein Pionier der modernen Programmgestaltung, ähnlich wie Schnabel und Serkin. Mit seinem Streichquartett spielte er sämtliche Werke Beethovens, was als große Leistung für die damalige Zeit gewertet werden muß, in der besonders die späten Werke Beethovens noch nicht so recht verstanden wurden und daher diese erzieherische Pionierarbeit notwendig war.

Joachim war mit Brahms sehr befreundet und stand ihm bei der Komposition seines Violinkonzerts hinsichtlich violintechnischer Probleme beratend zur Seite.

Jakob Grün (1837 – 1916) war Konzertmeister des Staatsopernorchesters und lange Jahre Professor am Wiener Konservatorium.

Insgesamt 57 Jahre war Arnold Rosé (1863 – 1946) Konzertmeister der Wiener Philharmoniker, bis er 1938 Wien verließ. Bereits 1882 gründete er sein Streichquartett, das sich, ähnlich wie das Joachim-Quartett, ausschließlich für das streng klassische Programm, aber auch für eine aktive Förderung des zeitgenössischen Schaffens einsetzte.

In ganz besonderer Weise setzte sich Rudolf Kolisch (1896 – 1978) für das moderne Musikschaffen ein. Er war Schüler Sevciks und Schönbergs. Auch Erica Morini (geb. 1904) war Schülerin Sevciks, in den späteren Jahren war sie hauptsächlich in den USA tätig. Sehr beliebt und international anerkannt war der typisch österreichische Geiger Fritz Kreisler (1875 – 1962). Nach seinen Studien in Wien und Paris konzertierte er bereits 1888 in New York und wurde alsbald international berühmt. Bekannt wurden auch seine Kompositionen, die er für sein eigenes Repertoire unter Namen wie Vivaldi, Pugnani, Padre Martini u. a. veröffentlichte. Er wurde besonders wegen seines sensiblen, einschmeichelnden Violinklanges und der Vielfalt seiner charmanten und gleichzeitig wehmütigen Interpretationen geschätzt. Unter den Cellisten sind Heinrich Grünfeld (1885 – 1931), der Bruder des Pianisten Alfred G., sowie Emanuel Feuermann (1902 – 1942) zu nennen. Zu den Sängern von internationaler Bedeutung zählen Friedrich Schorr, Richard Tauber, Josef Schmidt, Emanuel List, Alexander Kipnis und Selma Kurz.

Die Wiener Staatsoper erlebte unter Gustav Mahler, der ein gewissenhafter und verantwortungsbewußter Direktor dieses Instituts war, ihre glanzvollste Epoche. Als Dirigent war er um äußerste Präzision bemüht und um möglichste Werktreue (sein Ausspruch : ,,Tradition ist Schlamperei!" ist berühmt). Ferdinand Löwe, Arthur Nikisch, A. v. Zemlinsky, J. Rosenstock, Josef Krips und Erich Leinsdorf ergänzen die Reihe bedeutender Dirigenten. Die beiden Dirigenten Bruno Walter und Otto Klemperer waren zwar keine gebürtigen Österreicher, haben aber das Wiener Musikleben durch ihre langjährige Tätigkeit bereichert.

Von weitreichender Bedeutung war die Tätigkeit Max Reinhardts. Als Initiator der Salzburger Festspiele und durch die Zusammenarbeit mit Hugo von Hofmansthal und Richard Strauss ist er für immer mit der österreichischen Musik verbunden. L. Wallerstein, Herbert Graf und R. Bing sind gleichfalls zu den wichtigen Theaterfachleuten zu zählen. Karl Kraus war wesentlich daran beteiligt, die weniger bekannten Stücke von Nestroy und Offenbach wieder zu beleben, wobei er die Musiknummern recht häufig selbst interpretiert hat.

Salomon Sulzer (1804 – 1890), in Hohenems geboren, studierte bei Seyfried und ist vor allem durch seine Herausgeber- und Sammlertätigkeit von Synagogenmusik bedeutsam. Er hat das vorgefundene Material aufgearbeitet und mit den Stilmitteln der damaligen Zeit für den praktischen Gebrauch eingerichtet (Schir Zion).

Für die Einweihung des neuen Tempels wurden Schubert (der den 92. Psalm mit dem originalen hebräischen Text vertonte), Beethoven (der das Projekt jedoch nicht ausführte) und letztlich Josef Drechsler (1782 – 1852) eingeladen, der die Kantate geschrieben hat. In der ,,Huldigung der Tonsetzer Wiens an Elisabeth, Kaiserin von Österreich", 1854, finden wir auch einen Beitrag von S. Sulzer, nämlich die Vertonung eines Psalms für Gesang und Klavier.

An Hand der vorliegenden Aufzählung, die keineswegs den Anspruch auf Vollständigkeit erheben will, wird ersichtlich, wie viele Musiker jüdischer Herkunft es in Österreich im Laufe der letzten 200 Jahre (oder vielleicht schon früher) gegeben hat. Die kaiserliche Hauptstadt Wien war durch Jahrhunderte der Schmelztiegel deutscher, italienischer, französischer und slawischer Einflüsse – gerade diese Aufnahmebereitschaft bildete den Nährboden, auf dem eine unendlich einzigartige Vielfalt entstehen konnte. Unabhängig von allen modischen Einflüssen sind die Beiträge jüdischer Komponisten, Virtuosen, Wissenschaftler und Pädagogen ein fester Bestandteil österreichischer Musikkultur.

Waltraud Heindl und Rudolf Wytek

Die jüdischen Studentinnen an der Universität Wien 1897 – 1938*

Die Bedeutung der österreichischen Juden im geistigen und kulturellen Leben Österreichs ist unumstritten. Die Aufmerksamkeit, die von Wissenschaft und Öffentlichkeit in den letzten Jahren der Kunst und Kultur der Jahrhundertwende zugewandt wurde, hatte zur Folge, daß das Wirken der Juden in der österreichischen und europäischen Avantgarde einprägsam gezeigt wurde. Auch der hohe Anteil der österreichischen Juden an der Studentenschaft der Universität Wien ist bekannt. Weitgehend unbekannt ist jedoch der überproportional große Prozentsatz der jüdischen Frauen, die an der Universität Wien studierten. Ein bis jetzt fast übersehener Bildungs- und Emanzipationsdrang dieser jungen Frauen wird damit offenbar.

Seitdem die Pforten der österreichischen Universitäten Frauen geöffnet wurden, findet sich ab den ersten Semestern ein hoher Anteil an jüdischen Studentinnen unter den für die damaligen Verhältnisse wagemutigen Pionierinnen des Frauenstudiums. 1897 wurde das Philosophiestudium Frauen frei zugänglich, 1900 die medizinischen und die pharmazeutischen Studien. 1919, also erst in der Ersten Republik, zog die juridische Fakultät nach, 1923 folgte die evangelisch-theologische und 1946 die katholisch-theologische Fakultät.[1]

Die Öffnung der Universitäten für das weibliche Geschlecht war nicht ohne eine zum Teil äußerst heftig und jahrzehntelang geführte Diskussion über die Vor- und Nachteile der höheren Bildung der Frauen für die Gesellschaft im allgemeinen und Mann und Frau im besonderen sowie über die prinzipielle Eignung der Frauen zur Auffassung von „höheren“ geistigen Zusammenhängen abgelaufen.[2] Letztendlich hatte sich die Auffassung vom Wert der „bürgerlichen Emanzipation“ durch Bildung (auch was die Frauen anbelangte) als siegreich erwiesen. Es war eines der Schlagworte des 19. Jahrhunderts, geboren aus dem Liberalismus, aufgenommen schließlich und endlich von den Massenparteien, die eine staatliche und gesellschaftliche Modernisierung in irgendeiner Form wünschten. Die Wissenschaften, die im 19. Jahrhundert einen ungeheuren Aufschwung, besonders in den naturwissenschaftlichen und technischen Disziplinen, erlebten, wurden als das beste Vehikel dafür gesehen. Der bessere Zugang zum Erwerb dieses Wissens, der im Laufe der zweiten Hälfte des 19. Jahrhunderts für weitere Kreise geschaffen wurde, zeigt, daß sich bei den Anhängern der Modernisierungspolitik, Politikern, Wissenschaftlern, Wissenschaftsmanagern und eventuell Regierungen langsam die Auffassung durchsetzte, Reform, Modernisierung und Rationalisierung von Staat und Gesellschaft seien am besten gewährleistet, wenn ein möglichst großer Anteil der Gesellschaft über einen möglichst großen Teil von Bildung verfügte und somit genügend wünschenswertes Potential geschaffen würde, Wissenschaft und Technik durchzusetzen.[3]

Was die Frauen betrifft, so kollidierten allerdings

* Dieser Beitrag bildet die Zusammenfassung von einem Aspekt des Projektes „Die Studentinnen der Universität Wien (ab 1897). Ein Beitrag zur Bildungs- und Wissenschaftsgeschichte“, das im Auftrag des Bundesministeriums für Wissenschaft und Forschung (Projektleitung: Waltraud Heindl) in den Jahren 1984 – 87 durchgeführt wurde. Wir möchten an dieser Stelle der Abteilung Planung und Statistik des Bundesministeriums für Wissenschaft und Forschung, vor allem Herrn Sektionsleiter Dr. Sigurd Höllinger und Frau OR Dr. Eva Knollmayer für das Zustandekommen dieses Projektes herzlich danken. Unser Dank gilt weiters den Mitarbeiterinnen an dem Projekt, vor allem Frau Dr. Marina Tichy, Frau Mag. Renate Tuma und Frau Dr. Elisabeth Gasteiger, den Damen und Herren des Rechenzentrums der Universität Wien und Frau Inge Sieghart für die tatkräftige Unterstützung.
Manche Aspekte des Kapitels „Konfessionelle Verhältnisse der Studentinnen“, manche Facetten, die damit in Zusammenhang stehen, konnten in diesem Beitrag nicht behandelt werden. Die Details sind nachzulesen in dem Endbericht des Projektes, der in der Amtsbibliothek des Bundesministeriums für Wissenschaft und Forschung aufliegt. Dieses Projekt wird im nächsten Jahr publiziert.
Die Untersuchung fußt auf dem Quellenmaterial „Nationale“, Universitätsarchiv Wien von 1897 bis 1961. Für die anschließende Zeit wurde das vom Statistischen Zentralamt publizierte Material verwendet.

diese Vorstellungen mit den Konzeptionen von Familie, die man – außer in einigen Utopien – in diese Modelle der gesellschaftlichen Modernisierungsprozesse nicht einzubeziehen vermochte.

Kaum war Frauenstudium erlaubt worden, stieg der Anteil der Frauen an der Studentenschaft sprunghaft an: Von 0,4% (37 Studentinnen gegenüber einer Gesamtzahl von 6812) im Jahr 1897, dem ersten Jahr des Frauenstudiums, auf 7,7% (805 Studentinnen von der Gesamtzahl 10.441) im Wintersemester 1913/14, dem letzten Studienjahr vor dem Ersten Weltkrieg. Im Wintersemester 1918/19 war die Zahl der weiblichen Studentinnen auf 1569 bei einer Gesamtzahl von 10.515 (14,9%) gestiegen. 1933/34 gab es bereits 2870 Studentinnen bei einer Gesamtzahl von 11.945 (das sind 24,0%). Im Wintersemester 1938/39, also bald nach dem Einmarsch Hitlers, war die Zahl der Studentinnen allerdings auf 1388 (25,9%) bei einer Gesamtzahl von 5351 gesunken.[4] In den trockenen Statistiken macht sich der Ausschluß der Juden von der Universität durch das nationalsozialistische Regime in drastischer Weise bemerkbar.

Die nachfolgend publizierten Graphiken, die den hohen Anteil der jüdischen Studentinnen an der Studentenschaft ausweisen, sprechen für sich und bedürfen keiner weiteren Erläuterung.

Es soll bezüglich der Methode ergänzt werden, daß die Zählung nach dem von den Studentinnen selbst in den sogenannten Nationale (Stammdatenblätter) angegebenen Religionsbekenntnis vorgenommen wurde. Miteinbezogen konnten also nicht jene Studentinnen werden, die einem jüdischen Elternhaus entstammten, jedoch nicht mosaischen Bekenntnisses waren. Namen oder Wohnort, die auf jüdischen Ursprung hinweisen, können irreführen und sind zu unsichere Kriterien, um mit wissenschaftlich-statistischen Methoden nach ihnen vorgehen zu können. Die hier aufgenommenen jüdischen Studentinnen waren also zugleich Mitglieder einer Kultusgemeinde.

Der Anteil der Studentinnen mosaischen Glaubens war, wie wir sehen, an allen drei weltlichen Fakultäten hoch. Vergleichen wir die Verhältnisse an diesen miteinander, so werden doch gravierende Unterschiede deutlich. Bezüglich der philosophischen Fakultät sehen wir zunächst, daß im ersten Jahr des Frauenstudiums, 1897, der Anteil der Katholikinnen überwog.[5] Nur ein Viertel der Studentinnen waren Jüdinnen. Der Trend jedoch, daß junge Frauen mosaischen Glaubensbekenntnisses zum Studium drängten, nahm zu. Im Jahr 1902 (WS 1902/03) betrug der Anteil bereits 31,2% (44), der der Katholikinnen sank auf 56,0% (79) bei einer Gesamtzahl von 141 Studentinnen. Aber auch der Anteil der Konfessionslosen stieg auf 2,1% (3). Aus der Kenntnis der historischen Situation der Monarchie dieser Zeit kann geschlossen werden, daß wohl die Mehrzahl der Konfessionslosen aus einem ehemals mosaischen Elternhaus stammte.

Tabelle: Die Religionszugehörigkeit der Studentinnen an der philosophischen Fakultät

RELIGION	WS 1897/98	WS 1902/03	WS 1907/08	WS 1913/14
römisch-katholisch	22 (68,8%)	79 (56,0%)	175 (51,3%)	262 (50,4%)
mosaisch	8 (25,0%)	44 (31,2%)	128 (37,5%)	194 (37,7%)
protestantisch A. B.	–	12 (8,5%)	26 (8,6%)	41 (7,9%)
protestantisch H. B.	–	3 (2,1%)	1 (0,3%)	4 (0,8%)
griechisch-katholisch	–	–	–	6 (1,2%)
griechisch-orthodox*	–	–	–	4 (0,8%)
altkatholisch	1 (3,1%)	–	–	1 (1,2%)
konfessionslos	1 (1,2%)	3 (2,1%)	8 (2,3%)	8 (1,5%)
	32	141	338	520

*Andere orthodoxe Religionen wurden von den Studentinnen nicht als Glaubensbekenntnis angegeben.

PHILOSOPHIE - Religionszugehoerigkeit 1897-1914
Absolutzahlen 1.6.a

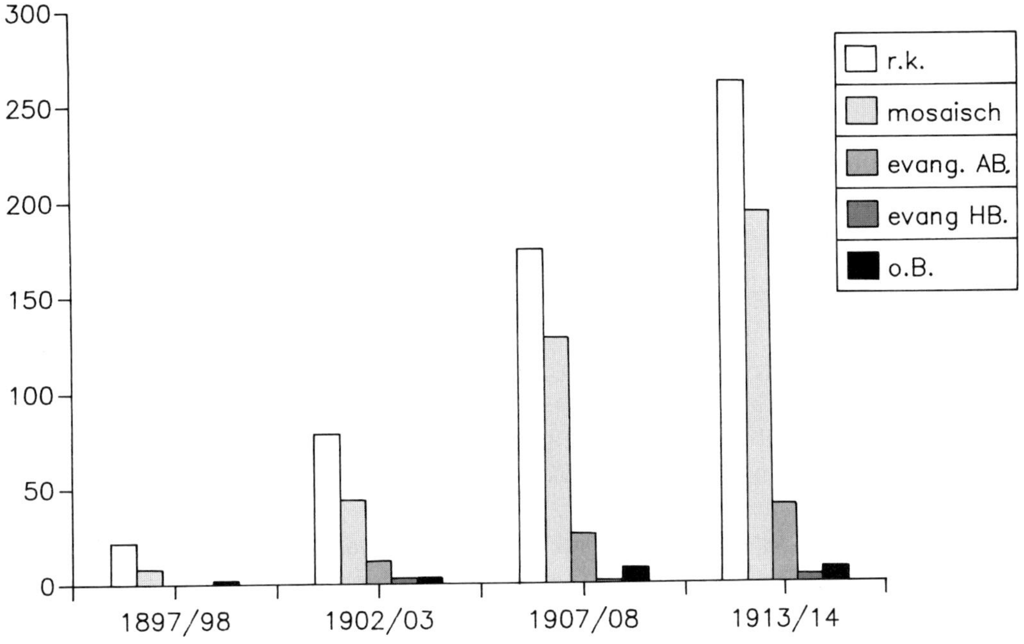

PHILOSOPHIE - Religionszugehoerigkeit 1897-1914
Prozentzahlen 1.6.b

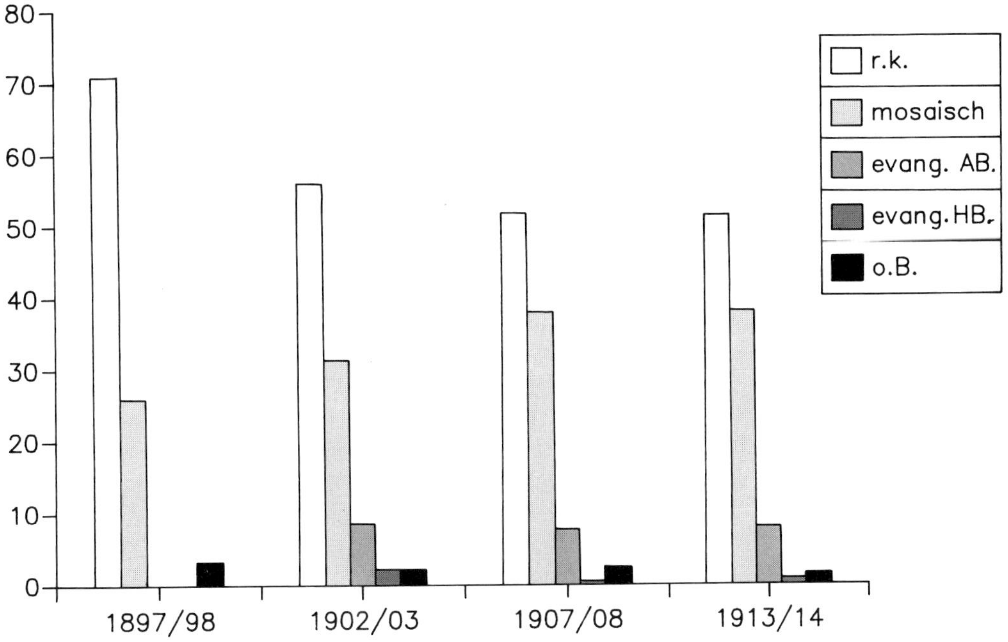

PHILOSOPHIE - Religionszugehoerigkeit 1918 - 1939
Absolutzahlen 3.5.a

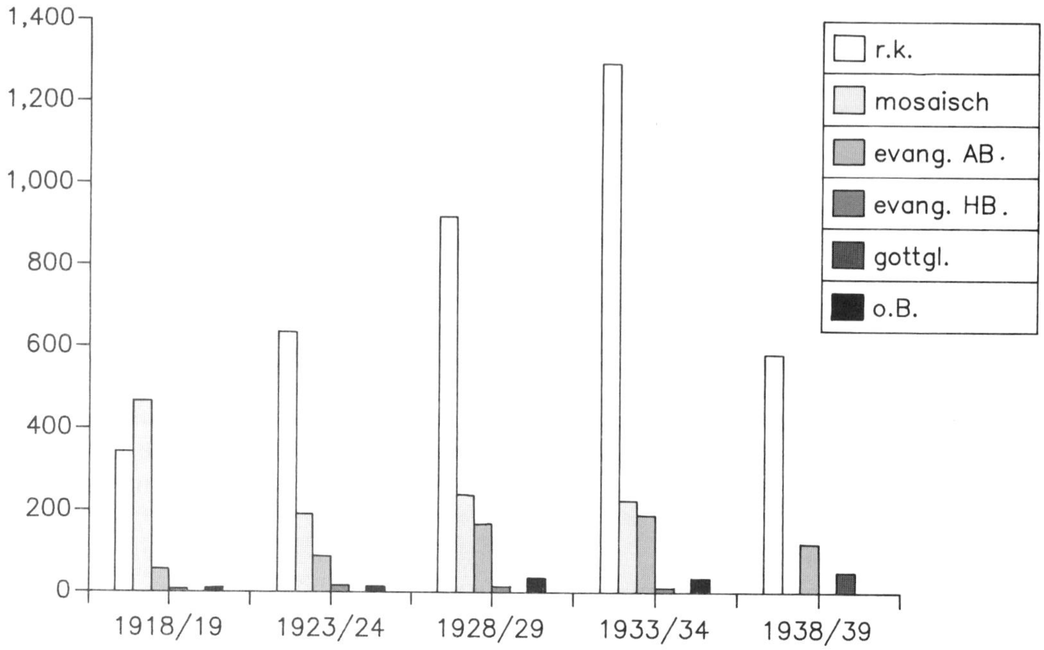

PHILOSOPHIE - Religionszugehoerigkeit 1918 - 1939
Prozentzahlen 3.5.b

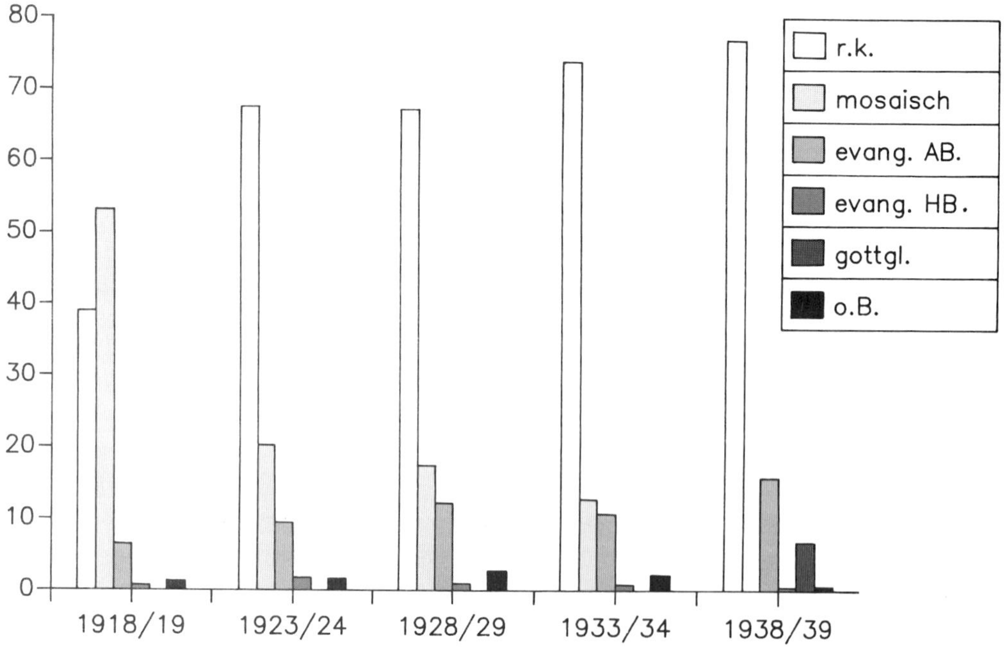

Zu dieser Thematik sagt auch der Zusammenhang von Religion und Geburtsland wesentliches aus. Die Universität wurde – nach den Studentinnen aus Wien und dem Umland Niederösterreich – am stärksten von Polinnen aus Galizien bevölkert.

Vergleichen wir die – bezüglich des regionalen Gesichtspunktes – stärksten Gruppen, so können wir feststellen, daß bis vor dem Ersten Weltkrieg innerhalb der Gruppe der Wienerinnen das Verhältnis zwischen Studentinnen mosaischen und katholischen Glaubens schwankte: Es war z. B. 1905 fast ausgeglichen, in den folgenden Jahren überwogen eindeutig die Katholikinnen, deren Zahl dann absank, bis sie im WS 1913/14 allerdings wiederum fast ausgeglichen war. Bei der zweitstärksten Gruppe, den Galizierinnen, überwogen dagegen durchgehend die Studentinnen mit jüdischem Glaubensbekenntnis, deren Zahl immer mehr zunahm. (Ein nicht unähnliches Verhältnis herrschte bezüglich der Muttersprache: Deutsch und Polnisch.)

Generell lagen die Verhältnisse an der medizinischen Fakultät anders.[6] Hier bildeten von Anfang an – im Jahr 1900, wir erinnern uns, war das Medizinstudium Frauen zugänglich gemacht worden – die Studentinnen mosaischer Religion die absolute Majorität. Diese schwankte zwischen 1900 und 1914 zwischen 51,2% (im WS 1906/07) als Mindestzahl und 68,3% (im WS 1908/09) als höchste Quote. Die Katholikinnen standen an zweiter Stelle, deren Prozentsatz sich zwischen 22,2% (im WS 1907/08 und im WS 1906/07) als Mindestzahl und 35,2% (im WS 1911/12) als Höchstzahl bewegte. An dritter Stelle finden wir konfessionslose Studentinnen, die, wie bereits erwähnt wurde, zumeist einem liberalen jüdischen Elternhaus entstammten. Die Quote lag zwischen 2,6% (im WS 1909/10 und im WS 1912/13) und 20,8% (im WS 1903/04). Erst ab 1906/07 bzw. 1907/08 wurde die Situation der Religionen etwas bunter, und es mischten sich einige wenige Protestantinnen und Orthodoxe unter die Studentinnen vorwiegend mosaischer und katholischer Glaubenszugehörigkeit.

Tabelle: Die Religionszugehörigkeit der Medizinstudentinnen (1900 – 1914)

	katholisch	mosaisch	evangelisch A. B.	evangelisch H. B.	griech.-katholisch	griech.-orthodox	alt-katholisch	konfessionslos
WS 1900/01	3 (27,3%)	7 (63,6%)	–	–	–	–	–	1 (9,1%)
WS 1901/02	6 (31,6%)	10 (52,6%)	1 (5,3%)	–	–	–	–	2 (10,5%)
WS 1902/03	5 (27,8%)	12 (66,7%)	–	–	–	–	–	1 (5,6%)
WS 1903/04	5 (20,8%)	14 (58,3%)	–	–	–	–	–	5 (20,8%)
WS 1904/05	10 (30,3%)	17 (51,5%)	1 (3,0%)	–	–	–	–	5 (15,2%)
WS 1905/06	8 (25,8%)	17 (54,8%)	2 (6,5%)	–	–	–	–	4 (12,9%)
WS 1906/07	13 (30,2%)	22 (51,2%)	4 (9,3%)	1 (2,3%)	–	–	–	3 (7,0%)
WS 1907/08	12 (22,2%)	32 (59,3%)	5 (9,3%)	1 (1,9%)	–	1 (1,9%)	–	3 (5,6%)
WS 1908/09	14 (22,2%)	43 (68,3%)	3 (4,8%)	1 (1,6%)	–	1 (1,6%)	–	–
WS 1909/10	21 (27,3%)	49 (63,6%)	3 (3,9%)	–	–	2 (2,6%)	–	2 (2,6%)
WS 1910/11	33 (33,7%)	58 (59,2%)	2 (2,0%)	–	–	2 (2,0%)	–	3 (3,1%)
WS 1911/12	44 (35,2%)	71 (56,8%)	3 (2,4%)	–	–	3 (2,4%)	–	4 (3,2%)
WS 1912/13	49 (32,0%)	95 (62,1%)	2 (1,3%)	–	–	3 (2,0%)	–	4 (2,6%)
WS 1913/14	64 (34,0%)	110 (58,5%)	6 (3,2%)	–	–	3 (1,6%)	–	5 (2,7%)

Interessant erscheint auch die regionale Herkunft der jüdischen Medizinstudentinnen. Zunächst überwogen die Wienerinnen. Jedoch nahm auch an der medizinischen Fakultät mehr und mehr die Zahl jener Studentinnen zu, die aus Galizien kamen. Kurz vor Ausbruch des Ersten Weltkrieges, im WS 1913/14, stammten bereits 44,5% aller jüdischen Medizinstudentinnen aus Galizien. Aus Wien kamen

MEDIZIN - Religionszugehoerigkeit 1900-1914
Absolutzahlen 2.6.a

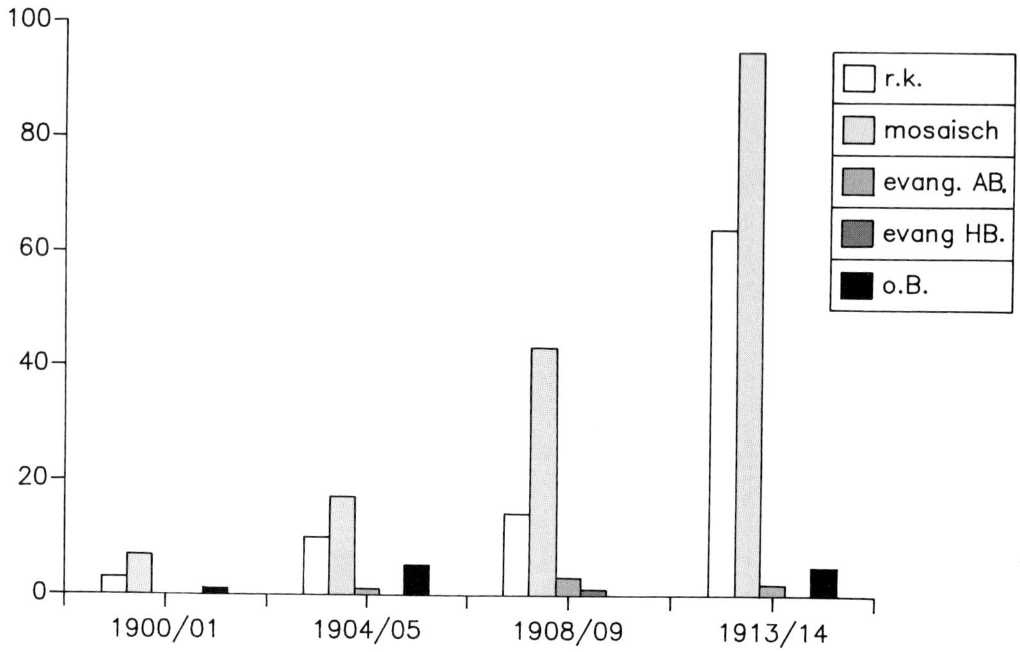

MEDIZIN - Religionszugehoerigkeit 1900-1914
Prozentzahlen 2.6.b

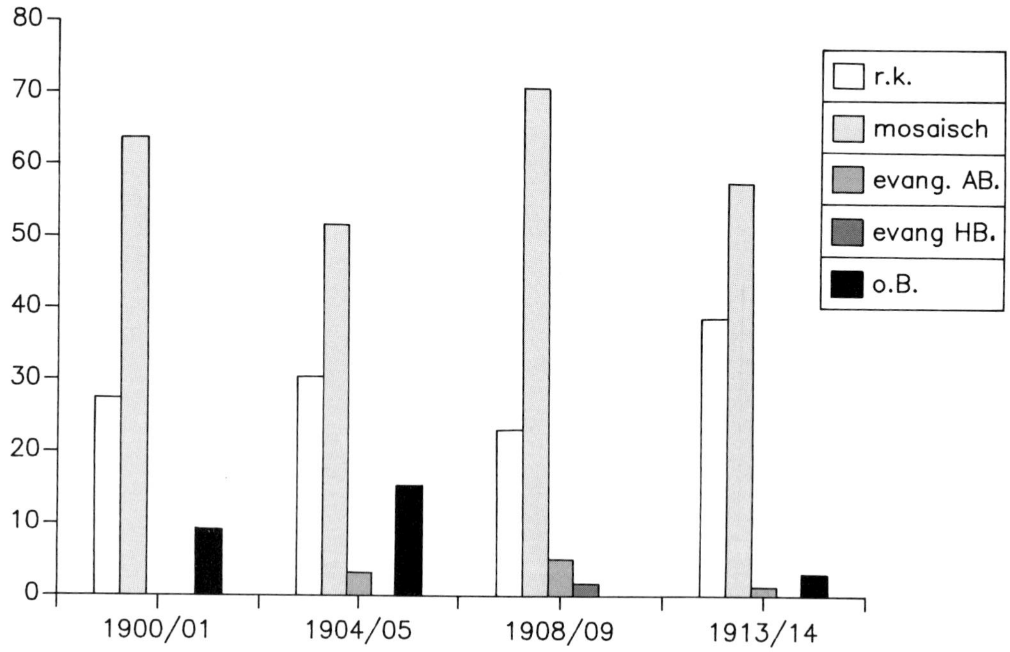

MEDIZIN - Religionszugehoerigkeit 1918 - 1939
Absolutzahlen 4.5.a

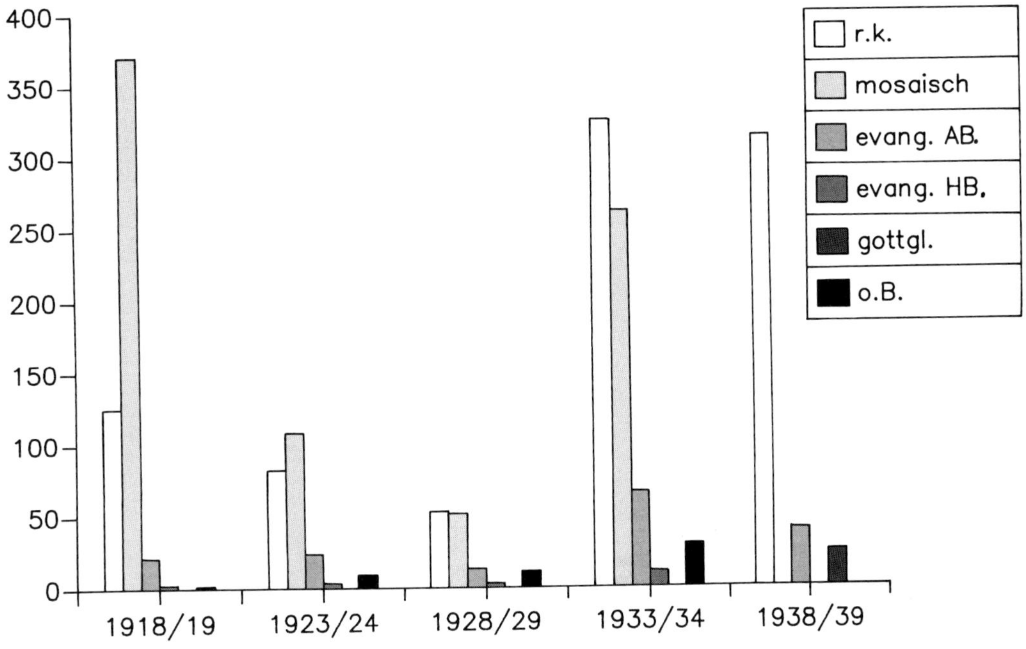

MEDIZIN - Religionszugehoerigkeit 1918 - 1939
Prozentzahlen 4.5.b

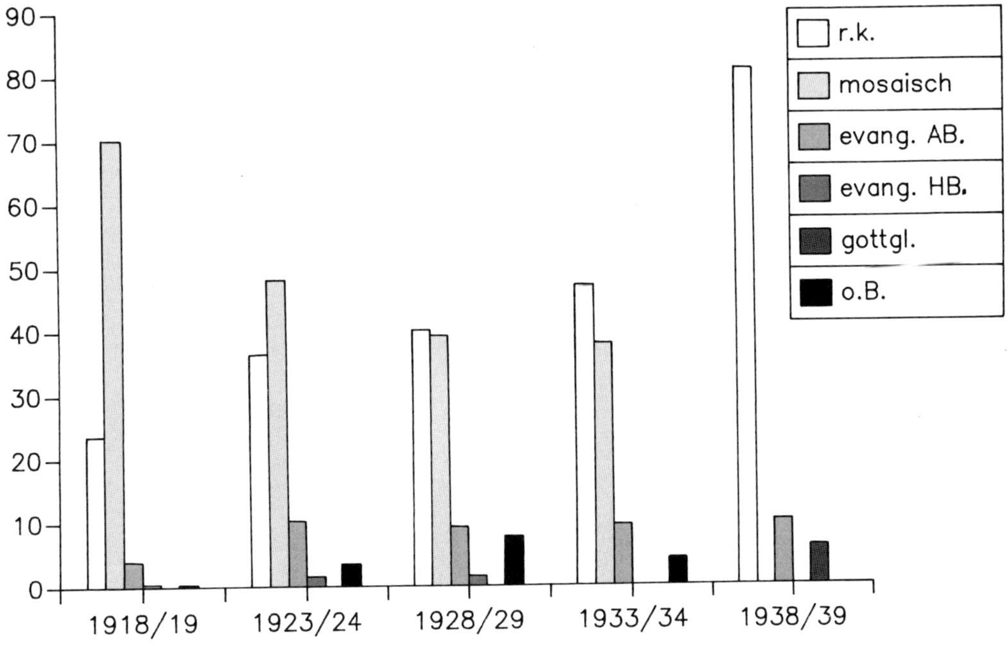

21,8%, aus der Bukowina 13,6%, aus Böhmen 4,5%, aus Niederösterreich 2,7%, aus Ungarn 1,8%, aus Görz und Gradiska ebenfalls 1,8%, ebenso aus Schlesien 1,8%, aus Kroatien/Slawonien 0,9%, und 0,9% waren im Ausland geboren.

Für Wien, aus dem 54 (28,7%) aller Medizinstudentinnen stammten, stellten sich die Religionsverhältnisse bezüglich der beiden stark vertretenen Religionen relativ ausgeglichen dar:

Jüdinnen:	24 (44,4%)
Katholikinnen:	22 (40,7%)
Protestantinnen A.B.:	3 (5,6%)
Protestantinnen H.B.:	0
Griechisch-orthodoxe:	0
Konfessionslose:	5 (9,3%)

Bei den Galizierinnen waren 1913/14 die Unterschiede stärker: Der Anteil der Studentinnen aus Galizien betrug insgesamt 53 (oder 28,2%). Davon waren

Jüdinnen:	49 (92,5%)
Katholikinnen:	3 (5,7%)
Protestantinnen A.B.:	0
Griechisch-Orthodoxe:	1 (1,9%)
Konfessionslose:	0

Von den 17 Studentinnen aus der Bukowina waren 15 mosaisch, 2 orthodox.

Die meisten der 110 im Stichjahr 1913/14 studierenden Jüdinnen sprachen Deutsch (59), 20 sprachen Polnisch, 23 gaben Jiddisch als Muttersprache an, 3 Hebräisch, ebenfalls 3 sprachen Kroatisch und 2 Italienisch. Auf die Sprachenfrage wird noch zurückzukommen sein.

Die Tatsache, daß sich gerade galizisch-jüdische Studentinnen in dem Maße der „höheren" Bildung, in Wien vor allem dem Medizinstudium, zuwandten, verwundert auf den ersten Blick. Galizien zählte zu den wirtschaftlich und sozial unterentwickelten Kronländern der Monarchie. Außerdem standen nähere Universitäten, etwa Krakau (Krakov), Lemberg (L'viv, L'vov), Czernowitz (Cernivci, Cernovcy) zur Verfügung!

Es gab zwar in Galizien eine große jüdische Bevölkerungsgruppe, doch waren darunter auch viele arme Juden zu finden. Aus welchem tatsächlichen sozialen Milieu unsere Studentinnen stammten, ist schwer zu sagen. Die meisten (mehr als drei Viertel) nannten als Beruf des Vaters Kaufmann. Nun kann ein Kaufmann bekanntlich ein reicher Großhändler oder aber auch ein kleiner, nicht mit irdischen Gaben gesegneter Greißler sein. Ob die galizischen Studentinnen ihren Brüdern folgten, die in Wien bereits ein Studium aufgenommen hatten? Es gab sicher noch eine Reihe anderer Gründe, die für sie ausschlaggebend waren, nach Wien zu kommen, um hier ein Studium aufzunehmen. Jedenfalls bildete ein abgeschlossenes Medizinstudium ein Mittel der bürgerlichen Emanzipation und des sozialen Aufstiegs.

Werfen wir noch einen Blick auf die Sprachenfrage, die bekanntlich in der Habsburgermonarchie eine entscheidende politische Rolle spielte, da sie das Kernproblem, das Nationalitätenproblem, berührte. Wir können feststellen, daß von den vielen Sprachen, die in der Monarchie gesprochen wurden (die Volkszählung von 1910 gibt allein 9 Landessprachen an, daneben wurde eine Reihe anderer Sprachen gesprochen, zu denen auch das Jiddische gehörte), von den Universitätsstudentinnen bis 1918 nur folgende Muttersprachen angegeben wurden: Deutsch, Polnisch, Italienisch, Jiddisch und Hebräisch an der philosophischen Fakultät, bzw. Deutsch, Polnisch, Ruthenisch/Ukrainisch, Jiddisch und Hebräisch an der medizinischen Fakultät. Auffallend dabei ist, daß in der Zeit der antisemitischen Radikalisierung vor dem Ersten Weltkrieg das Bekenntnis zur jiddischen bzw. hebräischen Muttersprache zunahm. War die jiddische/hebräische Muttersprache im ersten Jahrzehnt des Frauenstudiums weder an der philosophischen noch an der medizinischen Fakultät vertreten, so nahmen besonders die Angaben der jiddischen Muttersprache (bei Hebräisch handelte es sich um einen kleinen Prozentsatz) ab 1909/10 deutlich zu, u. zw. sowohl an der philosophischen wie an der medizinischen Fakultät. An der philosophischen Fakultät in folgendem Verhältnis:

	1909/10	1910/11	1911/12	1912/13	1913/14
Jiddisch:	1,3%	2,5%	2,4%	2,6%	2,7%
Hebräisch:	0,2%	0,2%	–	–	–

an der medizinischen Fakultät:

Jiddisch:	3,9%	5,1%	8,8%	9,8%	12,2%
Hebräisch:	1,3%	1,0%	1,6%	1,3%	1,6%

Wir können diese Angaben der Studentinnen wohl zumindest als Ausdruck der Solidarisierung und als bewußten politischen Protest gegen den Antisemitismus werten, wenn nicht als politisches Bekenntnis zu einer jüdischen Nationalität. Nationalität, wie immer sie definiert wurde, spielte in dieser ,,Hoch-Zeit" der Nationalitätenfrage in Europa für alle Gruppen eine entscheidende Rolle. Es wäre freilich zu voreilig, deshalb von einem politischen Aktivismus der jüdischen Studentinnen zu sprechen.

Vergleichen wir den Anteil der Konfessionen der Gesamtbevölkerung mit den Vertreterinnen dieser Glaubensbekenntnisse an der Universität, so tritt das Interesse, das jüdische Studentinnen den Wissenschaften, vor allem den Naturwissenschaften entgegenbrachten, noch deutlicher hervor. Nach der Volkszählung von 1910[7)] gab es 4,68% Juden in der österreichischen Reichshälfte gegenüber 37,7% Studentinnen mosaischen Glaubens an der philosophischen und 58,5% an der medizinischen Fakultät der Universität Wien im WS 1913/14.

Im allgemeinen entspricht dieses Zahlenverhältnis zwar auch nicht ganz, aber eher den allgemeinen konfessionellen Verhältnissen an der Universität. Gary B. Cohen gibt für das Jahr 1900 das Verhältnis zwischen Katholiken, Juden, Protestanten und Orthodoxen folgendermaßen an:[8)]

Katholiken:	66,3%
Juden:	25,2%
Orthodoxe:	4,1%
Protestanten:	4,9%

Im Herbst 1918 – seltsamerweise in den dramatischen Monaten des Zusammenbruchs der Monarchie – inskribierte die größte Zahl von Frauen mosaischen Glaubens, die die Universität Wien je zu verzeichnen hatte.

In der Ersten Republik sollten die jüdischen Studentinnen langsam, aber kontinuierlich von der Universität verschwinden. Joseph Roth begann in diesen Jahren ein nostalgisch-verklärtes Bild von der Monarchie zu zeichnen, obwohl auch in dieser Zeit die Juden trotz formal-juridischer Gleichberechtigung Diskriminierung und antisemitischen Angriffen ausgesetzt waren. Ahnte er, was mitzuerleben sein früher Tod verhinderte, daß die Diskriminierung in der Folge andere Ausmaße annehmen sollte?

Noch nahm im WS 1918/19 Jiddisch als Muttersprache eine nicht zu übersehende Stelle ein[9)]: an der philosophischen Fakultät mit 4,5% (Hebräisch mit 0,6%), an der medizinischen Fakultät erreichte sie gar 12,7% (Hebräisch 0,2%). An der juridischen Fakultät, an der Frauen erstmals 1919 inskribieren durften, war allerdings ausschließlich die deutsche Muttersprache vertreten. Dies bedeutet angesichts der Tatsache, daß 51,7% aller Hörerinnen der juridischen Fakultät, also mehr als die Hälfte der Gesamtheit der Jusstudentinnen, mosaischen Bekenntnisses waren, einen starken Unterschied zu den Verhältnissen an den anderen Fakultäten. An der juridischen Fakultät spielten allerdings die Studentinnen aus dem ehemaligen Galizien (mit 1,7%) eine verschwindend kleine Rolle. Dagegen waren die Galizierinnen mosaischen Bekenntnisses 1918/19 sehr stark an der philosophischen Fakultät mit 25% und an der medizinischen Fakultät mit 36,2% vertreten. Sie waren es hauptsächlich, die sich zur jiddischen Muttersprache bekannten.

An dieser Stelle sei noch zur Sozialstruktur der jüdischen Studentinnen von 1897 bis 1938 erwähnt, daß sie fast durchgehend in erster Linie aus Kaufmannsfamilien stammten, deren tatsächliche materielle und soziale Lage, wie bereits erwähnt, nicht näher verifizierbar ist. An zweiter Stelle stehen die Töchter des jüdischen Bildungsbürgertums, der Ärzte, Rechtsanwälte, Universitätsprofessoren. Dies macht ein besonders deutliches Merkmal der Sozialstruktur der Jusstudentinnen aus. Bei den Philosophiestudentinnen überwiegen – nach den Kaufleutenstöchtern manchmal – jene, die aus dem besitzenden Bürgertum (Bankiers, Industrielle etc.) stammten. Das Vorherrschen der Studentinnen, die dem Bildungsbürgertum entstammten, gilt generell für alle Studentinnen anderer Konfessionen und jeglicher regionaler Herkunft. Erst in der Ersten Republik vermehrte sich langsam die Anzahl der Studentinnen mittel- und kleinbürgerlicher Provenienz.

Die jüdischen Studentinnen nahmen schon im ersten Jahrfünft der Republik drastisch ab, besonders an der philosophischen Fakultät, aber auch (in der Reihenfolge der Stärke) an der juridischen und medizinischen. Die vermutliche Heimkehr der galizisch-jüdischen Studentinnen in ihre nunmehr polnische Heimat wird wohl zum Teil zu dieser Ver-

JUS - Religionszugehoerigkeit 1919-1939
Absolutzahlen 5.3.a

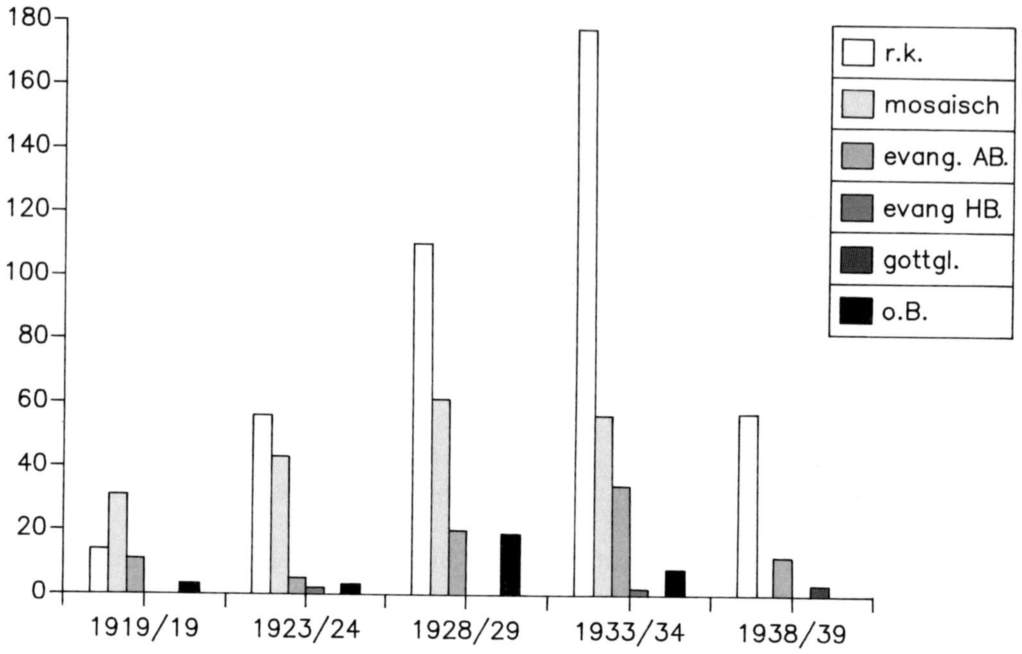

JUS - Religionszugehoerigkeit 1919-1939
Prozentzahlen 5.3.b

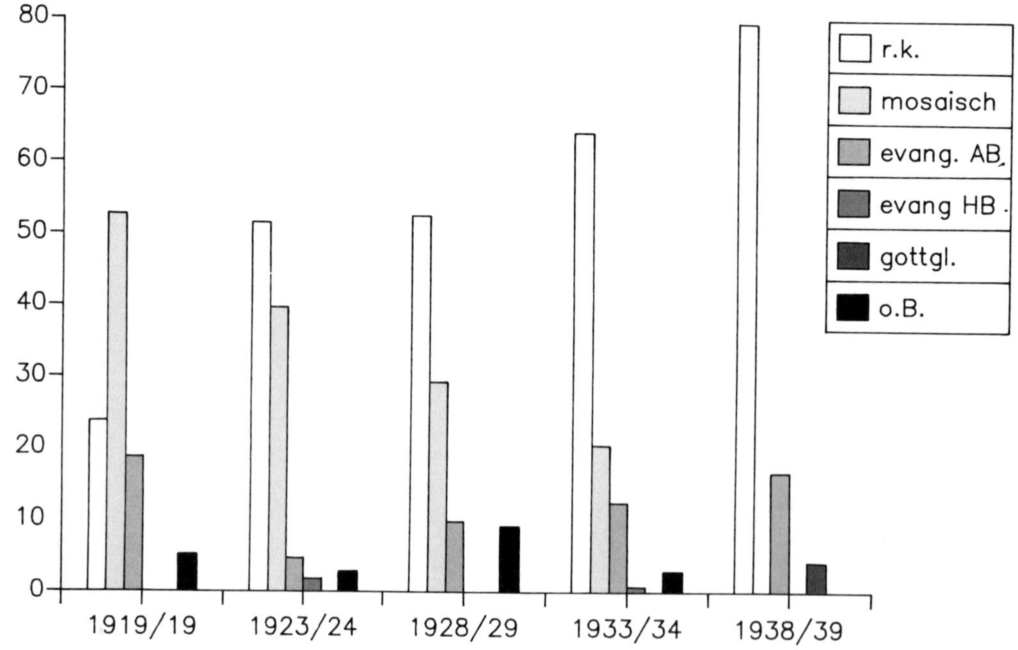

ringerung beigetragen haben. Gerade die Abnahme der jüdischen Studentinnen an der juridischen Fakultät, an der die galizischen kaum vertreten gewesen waren, relativiert jedoch den Wert dieser Argumentation. Die zunehmende Verarmung, die auch (groß)-bürgerliche jüdische Familien betraf, das allgemeine gesellschaftlich-politische Klima der Ersten Republik, das sich nicht minderheiten- und schon gar nicht judenfreundlich gestaltete, waren viel eher verantwortlich für die Abnahme der jüdischen Studentinnen (und damit der jüdischen Muttersprache, die bereits 1923/24 fast vollkommen von der Universität verschwunden war). Besonders an der Universität nahm die Radikalisierung zu, die den jüdischen Studenten schon lange vor dem Einmarsch Hitlers in Österreich Studium und Leben erschwerte.

So spiegelt sich die zunehmende politische Radikalisierung und der steigende Antisemitismus der dreißiger Jahre auch deutlich im Frauenstudium wider. Trotz der starken Abnahme der Studentinnen war jedoch das Interesse der jungen Frauen aus jüdischem Elternhause an höherer Bildung relativ noch immer enorm hoch, vergleichen wir diese mit den allgemeinen konfessionellen Verhältnissen Österreichs, wie sie sich in der Volkszählung von 1934[10] darstellen: 90,5% der österreichischen Bevölkerung war katholisch, nur 2,8% jüdisch, der Rest verteilte sich auf verschiedene andere Religionen. Dagegen waren im WS 1933/34 an der philosophischen Fakultät 12,6%, an der medizinischen Fakultät 37,6%, an der juridischen Fakultät 20,1% Studentinnen mosaischen Glaubens vertreten.

Von der tatsächlichen Lage der jüdischen Studentinnen (wohl auch im allgemeinen der Juden in Wien) spricht allerdings mehr das Bekenntnis zur Volkszugehörigkeit, das erstmals seit den späten zwanziger Jahren erhoben wurde. Trotz dieses relativ zur Bevölkerung noch sehr hohen Anteils der Studentinnen mosaischen Glaubens bekannten sich im WS 1933/34 nur 5,2% der Philosophiestudentinnen, 24,2% der Medizinstudentinnen und 8,6% der Jusstudentinnen der jüdischen „Volksgruppe" zugehörig. Der überwiegende Teil der jüdischen Studentinnen erklärte sich als „deutsch" und nicht als österreichisch, eine Kategorie, die auch zur Wahl gestanden wäre. Die allgemeine Attraktion des Begriffs der „deutschen Kulturnation", die in der gebildeten Öffentlichkeit stark propagiert wurde, wird deutlich.

Im WS 1938/39 ist die Säule, die den Anteil der Studenten mosaischen Bekenntnisses anzeigt, aus den Graphiken vollkommen verschwunden. Die Einführung der Nürnberger Rassengesetze in Österreich[11] verbannte die jüdische Intelligenz von den österreichischen Universitäten, zu deren wissenschaftlicher und geistiger Entfaltung sie nicht wenig beigetragen hatte – und nicht nur von dort! „Vertriebene Vernunft" nannte ein Symposion im Herbst 1987 diesen Terror, Vernunft im Sinne der Aufklärung, die seit Joseph II. den Juden den Zugang zur Universität gewährt hatte.

Diese nüchternen und nüchtern präsentierten Statistiken geben, dessen sind sich die Verfasser wohl bewußt, nichts vom realen Leben wieder, das die jüdischen Studentinnen an der Universität vorfanden. Sie erzählen uns nichts von Lehrern und Freunden, die sie begleiteten, von Plänen oder Motiven, die Mühen eines Studiums in einer weder frauen- noch judenfreundlichen Atmosphäre auf sich zu nehmen. Wir wissen, einige von ihnen, wie Lise Meitner und Elise Richter, gingen unter vielen Entsagungen einen Schritt weiter, den Weg in die Universitätskarriere, auf dem sie in dieser Zeit kaum von Geschlechtsgenossinnen begleitet wurden.

Die Erwartungen und Wünsche, die die vielen anderen der Pionierinnen an ein Studium banden, ihre enttäuschten Hoffnungen und Ängste finden wir nur spurenhaft in Tagebüchern und Briefen. Trotzdem glauben wir, daß es wert ist, diese überwältigenden Zahlen zu publizieren, die von Energie, Intelligenz, Emanzipationsdrang sprechen, und damit vielleicht den Anstoß zu geben, weitere Fragen zu stellen, weitere Forschungsarbeit zu leisten.

Anmerkungen:

1) Vgl. zu dieser Entwicklung A. LIND, Das Frauenstudium in Österreich, Deutschland und in der Schweiz (staatswiss. Diss., Wien 1961) S. 126, 130 und 172. Ein Überblick in M. FORKL und E. KOFFMAHN (Hg.), Frauenstudium und akademische Frauenarbeit in Österreich (Wien/Stuttgart 1968) S. 15 f.; und DREISSIG JAHRE FRAUENSTUDIUM IN ÖSTERREICH 1897–1927. Festschrift hg. vom Festausschuß anläßlich des dreißigjährigen Frauenstudium-Jubiläums (Wien 1927) S. 9f.

2) Vgl. M. TICHY, Die geschlechtliche Unordnung. Zur Diskussion um das Frauenstudium um die Jahrhundertwende. In: Projekt: Die Studentinnen der Universität Wien. Ein Beitrag zur Bildungs- und Wissenschaftsgeschichte (ab 1897), S. 21–34, und W. HEINDL, Zur Entwicklung des Frauenstudiums in Österreich (ab 1897), ebd., S. 35–55.

3) Über die Zusammenhänge von gesellschaftlicher Entwicklung und Frauenstudium W. HEINDL, Ausländische Stundentinnen an der Universität Wien vor dem Ersten Weltkrieg. In: Wegnetz europäischen Geistes II. Universitäten und Studenten. Die Bedeutung studentischer Migrationen in Mittel- und Südosteuropa vom 18. bis zum 20. Jahrhundert, hg. von R. G. PLASCHKA und K. MACK (= Schriftenreihe des Österreichischen Ost- und Südosteuropa-Instituts 12, 1987) S. 339–343; über demographische Entwicklung und Frauenbildung S. HOCHSTADT, Demography and Feminism. In: P. ROBERTSON, An Experience of Women. Pattern and Change in Nineteenth-Century Europe (Philadelphia 1982) S. 544–560.

4) Vgl. J. AVRAT, Allgemeine Hochschulstatistik. In: Die Studentinnen der Universität Wien (zit. Anm. 2) 56–79.

5) Zum Folgenden W. HEINDL, Die Studentinnen der philosophischen Fakultät 1897–1914. In: Die Studentinnen der Universität Wien (zit. Anm. 2) 80–129.

6) W. HEINDL, Die Studentinnen der medizinischen Fakultät 1900–19 in: ebd. Die Studentinnen der Universität Wien (zit. Anm. 2) 130–163.

7) Die Ergebnisse der Volkszählung vom 31. Dezember 1910 in den im Reichrate vertretenen Königreichen und Ländern 1/1: Die summarischen Ergebnisse der Volkszählung (= Österreichische Statistik, Neue Folge 1/1, Wien 1912) 54, Übersicht XXV, 56; dazu die ausgezeichnete Darstellung von PETER URBANITSCH, Die Deutschen in Österreich. In: ADAM WANDRUSZKA – PETER URBANITSCH (Hg.) Die Habsburgermonarchie 3/1: Die Völker des Reiches (Wien 1980) 38.

8) G. B. COHEN, Die Studentinnen der Universität Wien von 1860–1900. In: Wegenetze des europäischen Geistes II. Universitäten und Studenten. Die Bedeutung studentischer Migrationen in Mittel- und Südosteuropa vom 18. bis zum 20. Jahrhundert, hg. von R. G. PLASCHKA und K. MACK (= Schriftenreihe des Österreichischen Ost- und Südosteuropa-Instituts 12) 297.

9) Zum folgenden J. AVRAT, Das Frauenstudium an der philosophischen Fakultät zwischen 1918 und 1938. In: die Studentinnen (zit. Anm. 2) S. 164–193; M. TICHY, Das Frauenstudium an der medizinischen Fakultät zwischen 1918 und 1938, ebd., S. 209–249; M. TICHY, Zum Beginn des Frauenstudiums an der juridischen Fakultät der Universität Wien, ebd. S. 250–257; M. TICHY, Das Frauenstudium an der juridischen Fakultät zwischen 1918 und 1938, ebd., S. 258–303.

10) DIE ERGEBNISSE DER ÖSTERREICHISCHEN VOLKSZÄHLUNG vom 22. März 1934, Heft I, Statistik des Bundesstaates Österreich, Textheft, bearbeitet und herausgegeben vom Bundesamt für Statistik (Wien 1934).

11) Zu der Lage an der Universität während der nationalsozialistischen Ära H. ENGELBRECHT, Geschichte des österreichischen Bildungswesens. Erziehung und Unterricht auf dem Boden Österreichs. Bd. 5 (voraussichtlich 1988 publiziert). Wir danken Herrn Hofrat Dr. Engelbrecht für freundliche Hinweise.

Die Autoren:

Univ.-Prof. Dr. Jacob Allerhand
geboren 1927 in Chelm, Russisch-Polen, Matura 1947 in München, studierte an den Universitäten Berlin und Wien Judaistik, Arabistik und Slawistik, Promotion 1971; Univ.-Dozent für Judaistik mit besonderer Berücksichtigung des osteuropäischen Judentums an der Universität Wien.

Dr. phil. Thomas Dombrowski
geboren in Wien 1960, Studium der Musikwissenschaft und Judaistik an der Universität Wien. Freiberuflicher Journalist und Musikkritiker.

Oberrabbiner Paul Chaim Eisenberg
geboren in Wien 1950, Matura in Wien 1968, Rabbinatsstudien in Israel abgeschlossen 1978, Gemeinderabbiner in Wien 1978 – 1983, Oberrabbiner von Wien seit 1983, Oberrabbiner von Österreich seit 1988, verheiratet, 4 Kinder.

Architekt Dipl.-Ing. Thomas Feiger
geboren 1947 in Budapest, 1966 – 1974 Studium der Architektur an der Technischen Universität Wien, 1974 Diplomingenieur, 1981 Architekt und staatlich befugter und beeideter Ziviltechniker. Ausgeführte Projekte u. a. Jüdisches Gemeindezentrum und Jüdische Volksschule der IKG (1980), Mercure-Hotel am Fleischmarkt und Zwi Perez Chajes-Schule der IKG Wien (1984), Generalsanierung Stadttempel und Verwaltung der IKG-Wien (1988); weitere Projekte: Hotel- und Verwaltungsbauten, Geschäfts- und Einkaufszentren, öffentliche Bauten, usw.

Ruth Heidrich-Blaha
geboren 1955 in Wien, Matura im Juni 1974, seither Studium der Kunstgeschichte und der Völkerkunde an der Universität Wien.

Dr. phil. Waltraud Heindl
geboren 1939 in Wien, Studium der Kunstgeschichte und der Germanistik an der Universität Wien, Studienaufenthalte in London und Rom; seit 1969 Mitarbeit an der Edition der Österreichischen Ministerratsprotokolle am österreichischen Ost- und Südosteuropa-Institut. Forschungsschwerpunkte: Bürokratie-, Bildungs- und Frauengeschichte.

Hans Kann
geboren 1927 in Wien, Konzertpianist, Klavierpädagoge, Komponist; zahlreiche Konzerttourneen in der ganzen Welt. Hans Kann ist besonders als Interpret moderner Musik mit zahlreichen Ur- und Erstaufführungen in Europa, Japan und Südamerika in Erscheinung getreten. Seit 1977 Professor an der Hochschule für Musik und darstellende Kunst in Wien.

Mag. Michael Ley
geboren am 12. 1. 1955 in Konstanz, BRD; Soziologe. Lebt zur Zeit in Wien und arbeitet an einem Forschungsprojekt über Antisemitismus und Nationalsozialismus. Lehrbeauftragter der Univ. Klagenfurt und Wien.

Dr. phil. Klaus Lohrmann
geboren 1949, nach dem Studium der Geschichte, Romanistik und Byzantinistik von 1976 bis 1987 Archivar im Wiener Stadt- und Landesarchiv, seit 1. 1. 1988 Direktor des Instituts für Geschichte der Juden in Österreich in St. Pölten. Seit 1977 Mitglied des Instituts für Österreichische Geschichtsforschung. Publikationen zur französischen Geschichte, österreichischen Stadt- und Landesgeschichte und seit 1977 vor allem zur Geschichte der Juden. Herausgeber des Kataloges „1000 Jahre Österreichisches Judentum".

Dr. med. Ariel Muzicant
geboren 1952 in Haifa, lebt seit 1956 in Wien, Besuch und Abschluß des Französischen Lyzeums Wien 1958 – 1970; Medizinstudium an der Universität Wien, Promotion 1976, bis 1977 Turnusarzt, seit 1977 Immobilienmakler. 1973/74 Vorsitzender der Vereinigung Jüdischer Hochschüler; 1977 – 1981 Vorsitzender des Dachverbandes der Jüdischen Jugend; 1981 – 1986 Kultusvorsteher; 1982 Vizepräsident der IKG. Seit 1980 Obmann der Jüdischen Schule (Z. P. C.); seit 1988 Vizepräsident der B. B. Loge Z. P. Chajes.

Zum Artikel „Unsere Opfer: 1938 – 1945"
Dieser Arbeit liegen Monographien zur Zeitgeschichte von Professor Dr. Jonny Moser zugrunde, erschienen im Europa Verlag. Sie wurden redaktionell bearbeitet.

Bildnachweis:
Archiv der Israelitischen Kultusgemeinde Wien
und Erich Lessing (S. 53)

ISBN 3-85058-025-3

Herausgegeben von der Israelitischen Kultusgemeinde Wien,
1190 Wien, Bauernfeldgasse 4

Auf dem Einband vorne:
Lünette und Thoraschreinvorhang
(in der Mitte Abbildung der Gesetzestafeln)
Auf dem Einband hinten:
Menschenansammlung nach dem Anschlag auf die Wiener Synagoge
am 29. 8. 1981. Siebenarmiger Leuchter.